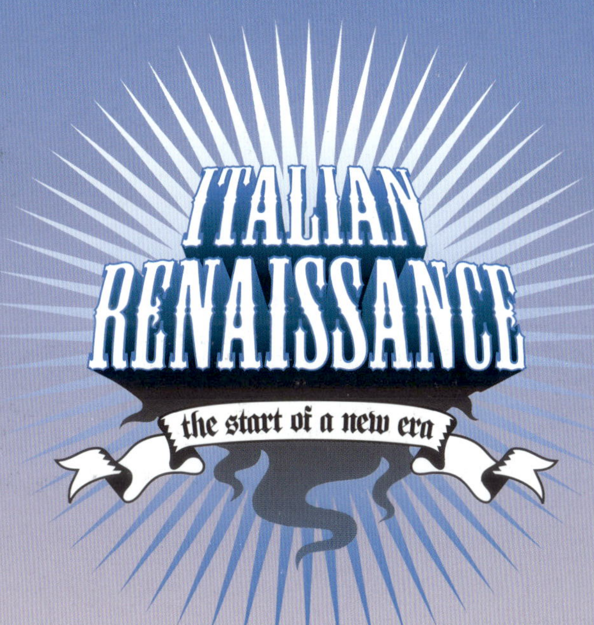
ITALIAN
RENAISSANCE
the start of a new era

ITALIAN RENAISSANCE
THE START OF A NEW ERA

project concept created by
Kalimera

collected and selected by
Red Publishing

designed and edited by
Kalimera

prologue written by
Carlo Branzaglia

english translation by
Antonietta Di Sciuva

printed by
Grafiche Pioppi
Reggio Emilia, Italy.

Red Publishing, 2006

ISBN 88-8492-04-6

RED PUBLISHING
viale prampolini, 110
41100 modena italy
phone +39 059 212792
fax +39 059 4392133
www.redonline.it
info@redonline.it

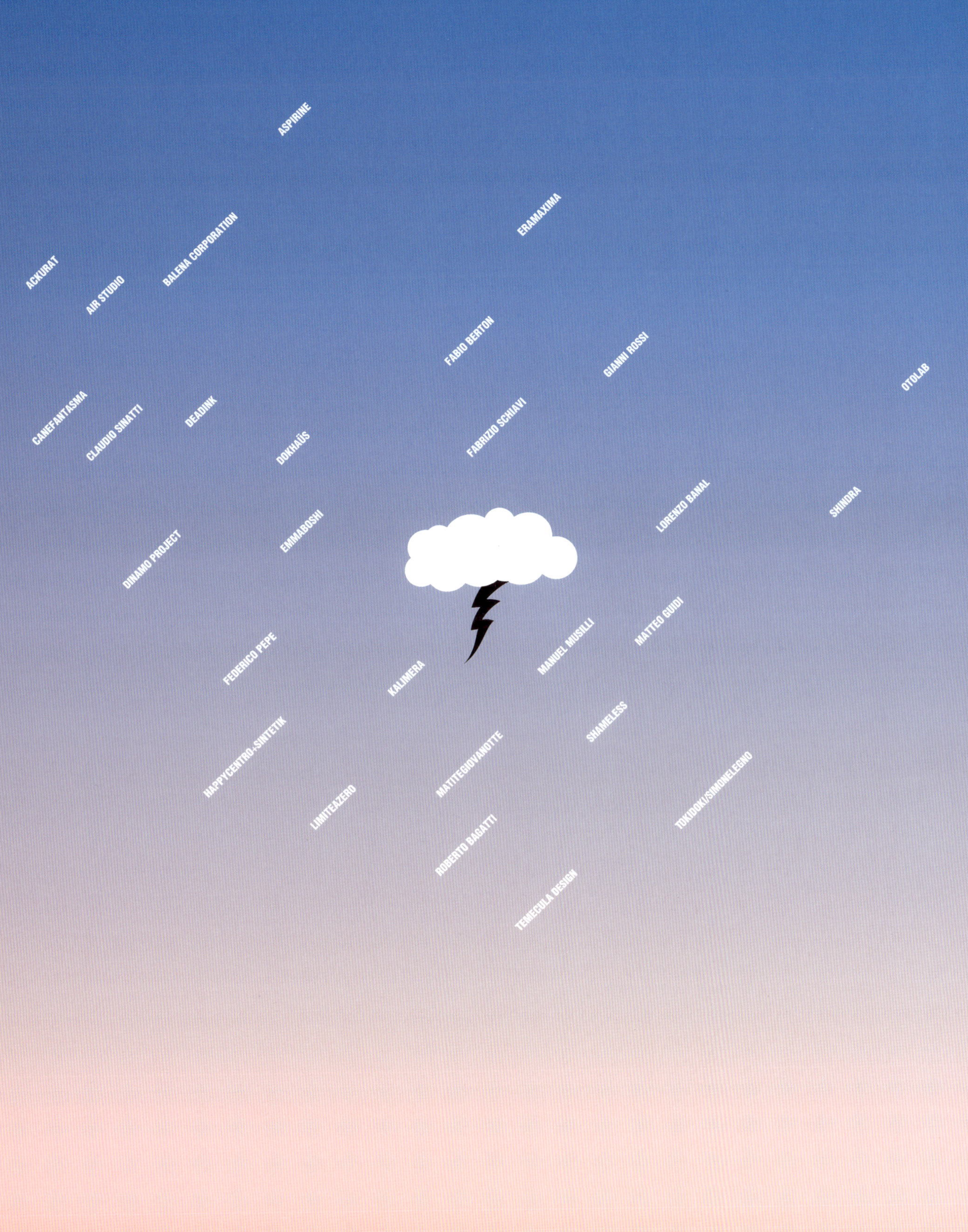
ACKURAT
AIR STUDIO
BALENA CORPORATION
ASPIRINE
ERAMAXIMA
CAMEFANTASMA
CLAUDIO SINATTI
DEADINK
FABIO BERTON
GIANNI ROSSI
OTOLAB
DOKHAÜS
FABRIZIO SCHIAVI
DINAMO PROJECT
EMMABOSH
LORENZO BANAL
SHINDRA
FEDERICO PEPE
KALIMERA
MANUEL MUSILLI
MATTEO GUIDI
HAPPYCENTRO-SINTETIK
SHAMELESS
LIMITEAZERO
MATITEGIOVANOTTE
TOKIDOKI/SIMONELEGNO
ROBERTO BAGATTI
TEMECULA DESIGN

Un altro Rinascimento. Quello originale, nel Quattrocento, trasformò in centro di eccellenza un paese in realtà inesistente (l'Italia), perché in buona parte sottomesso a regnanti stranieri, e per il resto suddiviso in principati e signorie. La discrepanza fra eccellenze locali e situazione politica generale è ampia oggi come allora: anche ai giorni nostri, spesso, la sensibilità di amministratori, imprenditori, mecenati locali può sopperire alle mancanze di indirizzo del governo centrale, grazie anche alla capacità, sia nel XV che nel XX secolo, di dialogare con il resto del mondo conosciuto. La premessa non è inutile, perché in Italia il graphic design è davvero dappertutto, da un punto di vista geografico in primis. E, come sempre accade, gli spunti local si fondono alle politiche global. Ma questa è una costante della nostra cultura contemporanea: forse allora più che perdersi a definire le caratteristiche peculiari di questo linguaggio global, o rimarcare la continuità fra la cultura italiana nel graphic design e quelle di altri paesi, è più interessante seguire il suggerimento proposto dal titolo: partire dal Rinascimento, dunque. Le pagine di questo volume raccontano una situazione eclettica ed una indubbia conoscenza diretta (per contatti, collaborazioni, amicizie) di ciò che avviene fuori dai patri confini; una situazione però particolare, la cui peculiarità non si risolve certo in una questione unicamente stilistica, ma nasce da un modo di fare dalle radici più profonde.

TRADIZIONI 1: SCHEGGE DI STORIA

Non vogliamo esagerare ricordando che la tipografia (e quindi il graphic design) arrivarono presto in Italia, proprio durante il Rinascimento, quando Venezia fu culla di incisori (Jenson, per esempio) ed editori (Aldo Manuzio, primo fra tutti), oltre che di grandi maestri della pittura tonale (Bellini). Il rapporto fra la precisione della misura e il piacere della bellezza è figlio del Rinascimento, che inventa un sistema geometrico per la nostra visione, ma lo interpreta con una straordinaria felicità di tecniche e di stili. Una dicotomia che si protrae nei secoli, anche nell'interpretazione della storia e degli autori. Giovanbattista Bodoni, nel suo lungo lavoro per il Duca di Parma, fu un neoclassicista, attento alla sistematicità matematica della progettazione dei suoi caratteri tipografici; o un romantico, intento ad esasperare i contrasti interni al loro corpo? E non troviamo forse una ambivalenza consimile (fra regola e invenzione, magari) in Fabrizio Schiavi e Roberto Bagatti, che si sono formati all'Istituto d'Arte di quella città, dove sicuramente qualche fantasma bodoniano aleggia ancora?

TRADIZIONI 2: MODERNISMI ED EREDI

Tempi più recenti: la tradizione razionalista mitteleuropea, giunta in Italia anche tramite la costante presenza di autori svizzeri, incrocia dal secondo dopoguerra una vena non sistemica che spinge vuoi alla figura, vuoi alla variazione continua, vuoi alla ricerca di un rapporto con le coeve avanguardie artistiche. Non è solo la celeberrima immagine scoordinata di Giovanni Pintori per Olivetti; ma anche Tovaglia, Grignani, Steiner. Ne troviamo traccia in una serie di maestri sbocciati negli anni Sessanta e tuttora in attività: come Iliprandi, Provinciali, Armando e Maurizio Milani. Così come nella rarefazione della stessa modularità del sistema grafico proposta da Lupi o Cerri, e ancor più dallo scomparso Fronzoni.

E' ancora questa capacità di sintesi che caratterizza una generazione seguente, cresciuta negli anni Ottanta, quella che porterà davvero il graphic design dappertutto, forgiando a sua volta allievi di rilievo (in questo libro, per esempio, Matite Giovanotte): Dolcini, Casamenti, Ognibene, Rauch, Vignali, Segno Associati.... E non è detto che si tratti solo di graphic designer: si veda l'influenza effettivamente progettuale di un animatore come Ro Marcenaro su Kalimera ed altri studi dell'Emilia.

Ci sono altri maestri, però: Giacomo Spazio di Airstudio, presente in queste pagine: è la tradizione delle subculture, più recente senza dubbio, ma sempre tradizione. Che ha le sue ovvie connessioni internazionali (il japonisme manga style di Tokidoki), ma vanta anche delle vene iconografiche autoctone (il Riviera beat di Gianni Rossi, o il giocoso eclettismo di Balena). Una doppia valenza dunque, sistemica ed estetica, come tratto caratterizzante ma connaturato della tradizione italiana: a fronte di una storia del graphic design nella quale queste due stesse polarità rappresentano spesso momenti cronologicamente e geograficamente disgiunti. Una caratteristica che può spiegare anche la scelta di questo libro di ospitare per ogni studio, al posto dei canonici progetti effettivamente realizzati per i clienti, una serie di pagine libere da committenza diretta: dunque, sottoposte alla regola insita nel graphic design, ma interpretate con libertà del tutto autoriale.

Carlo Branzaglia
Docente all'Accademia di Belle Arti di Bologna
Direttore editoriale di ARTLAB

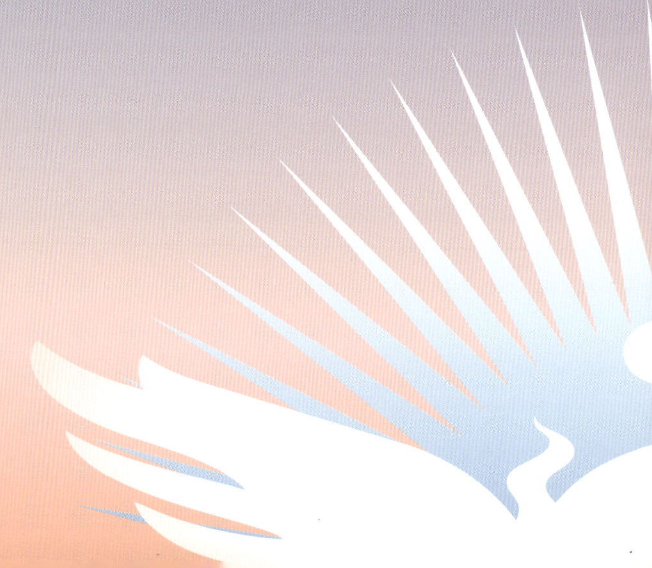

ANOTHER RENAISSANCE

Another Renaissance. The original one, in the XIV century, turned a non existing country (Italy) into a centre of excellence. As a matter of fact, at that time Italy was partly submitted to foreign rulers, partly divided into principalities and signorias. The gap between local excellence and general political situation still exists: even nowadays, the sensibility of local administrators, entrepreneurs and patrons of the arts often compensates for the lack of a central government's policy. In the XIV as in the XX century, most of this is due to the ability to communicate with the rest of the world.

These preliminary remarks are by no means useless, since in Italy graphic design is literally everywhere, first of all from a geographic point of view. As it always goes, local ideas merge with global policies. However, as this is a standard feature of our contemporary culture, more then going through the peculiarities of this glocal language or remarking the continuity between Italian and foreign culture of graphic design, it sounds more interesting to follow the suggestion of the title: let's start from Renaissance, then. This book tells an eclectic situation and an undoubted direct knowledge of what happens beyond our borders (gained through job contacts and friendly relations); what it tells, anyway, is a peculiar situation which is not only a mere stylistic matter, but comes out of a deeply rooted attitude.

It is no exaggeration to say that typography (hence graphic design) arrived in Italy exactly during the Renaissance, when Venice was the cradle of engravers (Jensen, for example), publishers (Aldo Manuzio, first of all), and of great masters of tone painting (Bellini). The relation between the precision in measure and the pleasure for beauty is a direct legacy of the Renaissance, which invents a geometric system for our vision, but interprets it with a great richness of styles and techniques. This dichotomy lasts through centuries and reflects itself in the interpretation of history and authors. For instance, when working for the Duke of Parma, was Giovanbattista Bodoni a Neoclassicist, for his effort to regularity in the design of typographic characters, or a Romantic, for his attempt at exaggerating the internal contrasts of character's body? Isn't there a similar dichotomy (this time, in fact, between rules and creativity) in Fabrizio Schiavi e Roberto Bagatti, who studied at the School of Art of the same town, where certainly the presence of a bodonian legacy is still in the air?

Most recently: in the years after the Second World War, the Middle-European rationalist tradition, which arrived in Italy thanks to the presence of Swiss authors, came across a non systemic tendency moving toward different directions: figure, continuous variation, search for a relationship with the contemporary avantgardes. We are referring not only to the best-known Pintori's disjointed image for Olivetti, but also to Tovaglia, Grignani, Steiner. We can find a trace of that in authors born as such in the 60s and still active (Iliprandi, Provinciali, Armando and Maurizio Milani) or in the rarefaction of graphic system modularity by Lupi, Cerri and, most of all, by the late Fronzoni.

This ability to synthesis spreads out to the following generation, grown up in the 80s. It is them who will actually take graphic design everywhere, moulding in turn excellent pupils (in this book Matite Giovanotte, for instance). We are referring to Dolcini, Casamenti, Ognibene, Rauch, Vignali, Segno Associati... And it is not only a matter of graphic designers, if we only consider the influence a leading force like Ro Marcenaro has on design for Kalimera and other studios in Emilia Romagna.

There are other masters, though (Giacomo Spazio from Airstudio, for example) who display the tradition of subcultures (a more recent tradition, no doubt, but still a tradition) that has international connections (the japonisme manga style by Tokidoki), but is also has autochthonous iconographic elements (the Riviera beat by Gianni Rossi, or the playful eclecticism by Balena). A double importance then, both systemic and aesthetic, as an inner and peculiar trait of the Italian tradition. An importance which is inbred in our history of graphic design, where these two polarities often have represented different chronological and geographical moments. This can explain why the authors of the present book chose not to feature real projects, as is usual for graphic books, but to give each studio a number of free pages, which are certainly subdue to the rules of graphic design, but can be totally freely interpreted by the authors.

Carlo Branzaglia
Teacher at the Bologna Academy of Fine Arts
Managing director of Artlab

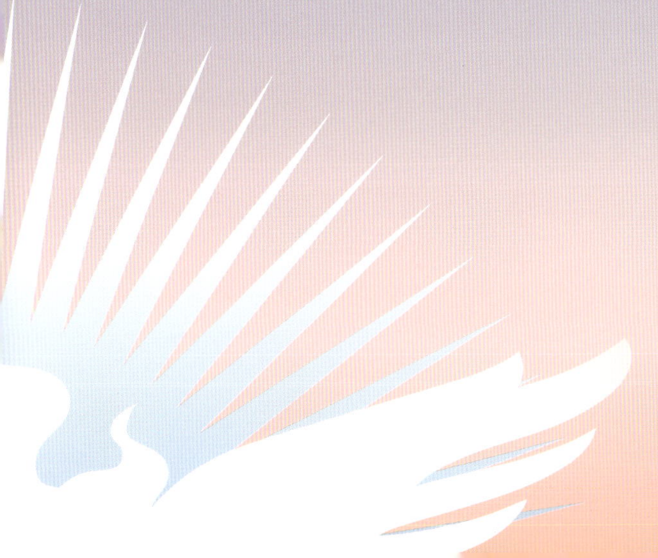

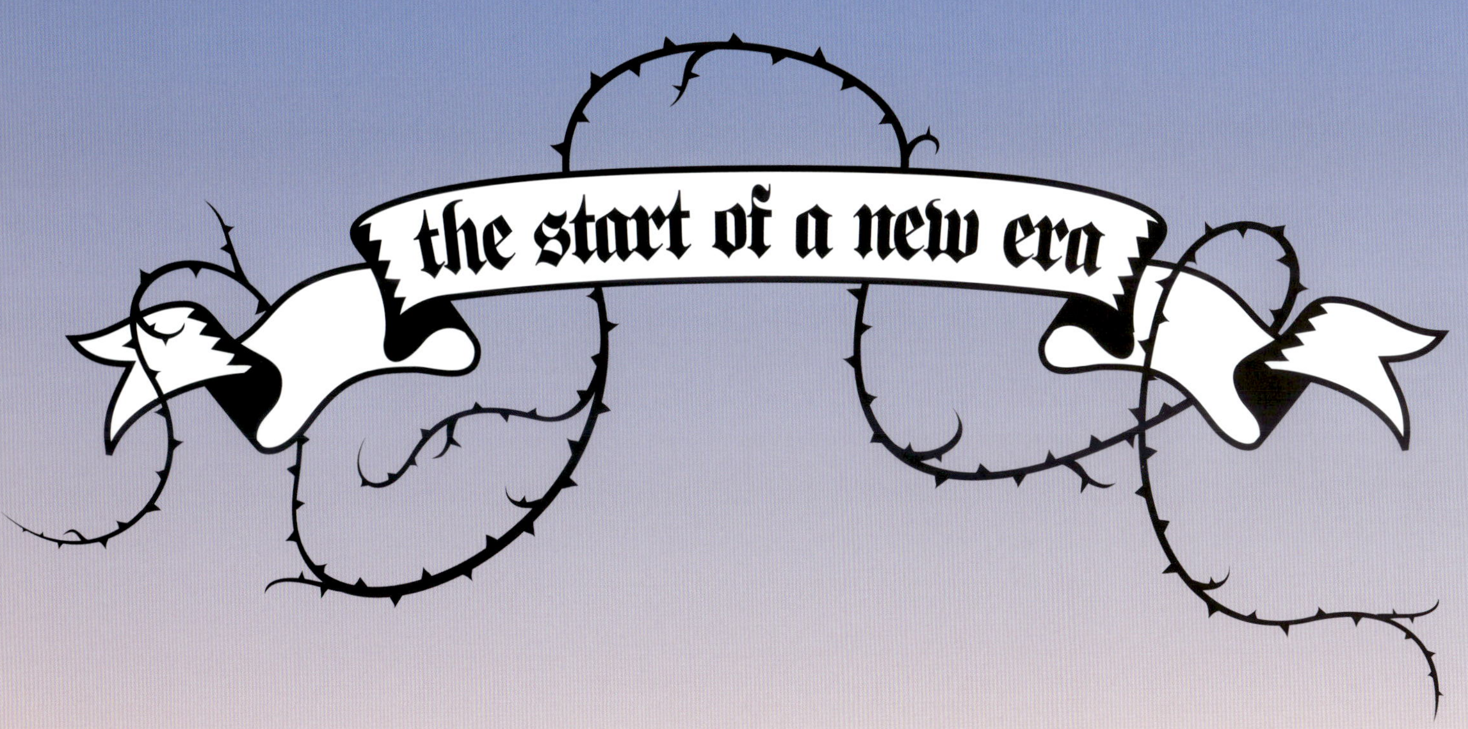
the start of a new era

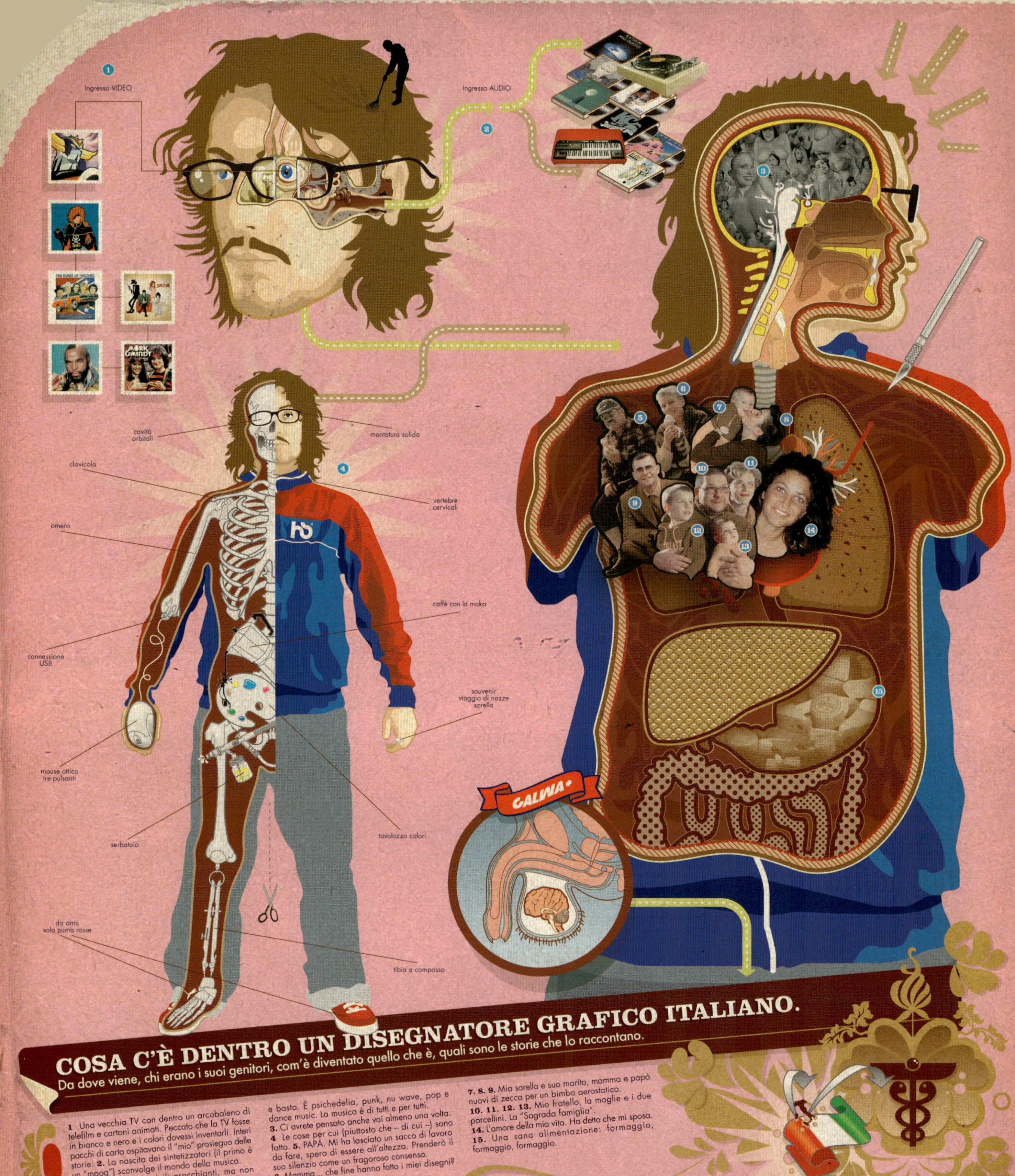

COSA C'È DENTRO UN DISEGNATORE GRAFICO ITALIANO.

Da dove viene, chi erano i suoi genitori, com'è diventato quello che è, quali sono le storie che lo raccontano.

1 Una vecchia TV con dentro un arcobaleno di telefilm e cartoni animati. Peccato che la TV fosse in bianco e nero e i colori dovessi inventarli. Interi pacchi di carta ospitavano il "mio" prosieguo delle storie. **2.** La nascita dei sintetizzatori (il primo è un "moog") sconvolge il mondo della musica. Il giradischi suona vinili gracchianti, ma non suonano bene perché rovinati, non suonano bene e basta. È psichedelia, punk, nu wave, pop e dance music. La musica è di tutti e per tutti. **3.** Ci avrete pensato anche voi almeno una volta. **4** Le cose per cui (piuttosto che – di cui –) sono fatto. **5.** PAPÀ. Mi ha lasciato un sacco di lavoro da fare, spero di essere all'altezza. Prenderò il suo silenzio come un fragoroso consenso. **6.** Mamma... che fine hanno fatto i miei disegni? **7. 8. 9.** Mia sorella e suo marito, mamma e papà nuovi di zecca per un bimbo aerostatico. **10. 11. 12. 13.** Mio fratello, la moglie e i due porcellini. La "Sagrada famiglia". **14.** L'amore della mia vita. Ha detto che mi sposa. **15.** Una sana alimentazione: formaggio, formaggio, formaggio.

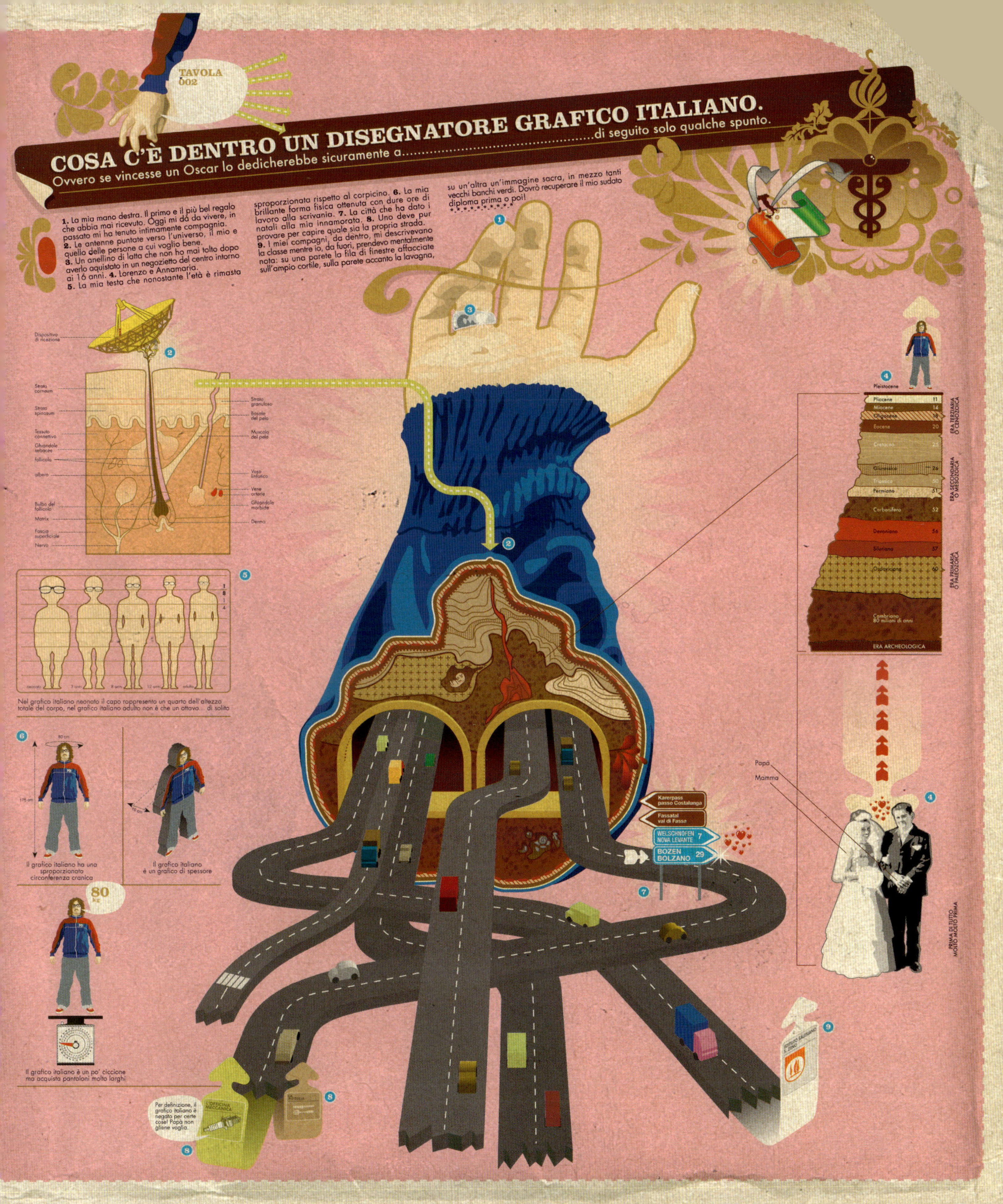

TAVOLA 002
COSA C'È DENTRO UN DISEGNATORE GRAFICO ITALIANO.
...di seguito solo qualche spunto.
Ovvero se vincesse un Oscar lo dedicherebbe sicuramente a..................
1. La mia mano destra. Il primo e il più bel regalo che abbia mai ricevuto. Oggi mi dà da vivere, in passato mi ha tenuto intimamente compagnia.
2. Le antenne puntate verso l'universo, il mio e quello delle persone a cui voglio bene.
3. Un anellino di latta che non ho mai tolto dopo averlo aquistato in un negozietto del centro intorno ai 16 anni. 4. Lorenzo e Annamaria.
5. La mia testa che nonostante l'età è rimasta sproporzionata rispetto al corpicino. 6. La mia brillante forma fisica ottenuta con dure ore di lavoro alla scrivania. 7. La città che ha dato i natali alla mia innamorata. 8. Uno deve pur provare per capire quale sia la propria strada.
9. I miei compagni, da dentro, mi descrivevano la classe mentre io, da fuori, prendevo mentalmente nota: su una parete la fila di finestre affacciate sull'ampio cortile, sulla parete accanto la lavagna, su un'altra un'immagine sacra, in mezzo tanti vecchi banchi verdi. Dovrò recuperare il mio sudato diploma prima o poi!
--*-*-*-*-*-*-*-*
Dispositivo di ricezione
Strato corneo
Strato spinoso
Tessuto connettivo
Ghiandole sebacee
follicolo
silibro
Bulbo del follicolo
Matrice
Fascia superficiale
Nervo
Strato granuloso
Radice del pelo
Muscolo del pelo
Vaso linfatico
Vena arteria
Ghiandola sudoripa
Derma
Nel grafico italiano neonato il capo rappresenta un quarto dell'altezza totale del corpo, nel grafico italiano adulto non è che un ottavo... di solito
Il grafico italiano ha una sproporzionato circonferenza cranica
Il grafico italiano è un grafico di spessore
80 kg
Il grafico italiano è un po' ciccione ma acquista pantaloni molto larghi
Per definizione, il grafico italiano è negato per certe cose! Papà non gliene voglia.
Karerpass passo Costalunga
Fassatal val di Fassa
WELSCHNOFEN NOVA LEVANTE 7
BOZEN BOLZANO 29
Papà
Mamma
PRIMA DI TUTTO, MOLTO MOLTO PRIMA
ISTITUTO SALESIANO S. ZENO
Pleistocene
Pliocene 11
Miocene 14
Eocene 20
Cretaceo 25
Giurassico 26
Triassico 50
Permiano 51
Carbonifero 52
Devoniano 56
Siluriano 57
Ordoviciano 60
Cambriano 80 milioni di anni
ERA ARCHEOLOGICA
ERA CENOZOICA
ERA MESOZOICA O SECONDARIA
ERA PALEOZOICA O PRIMARIA

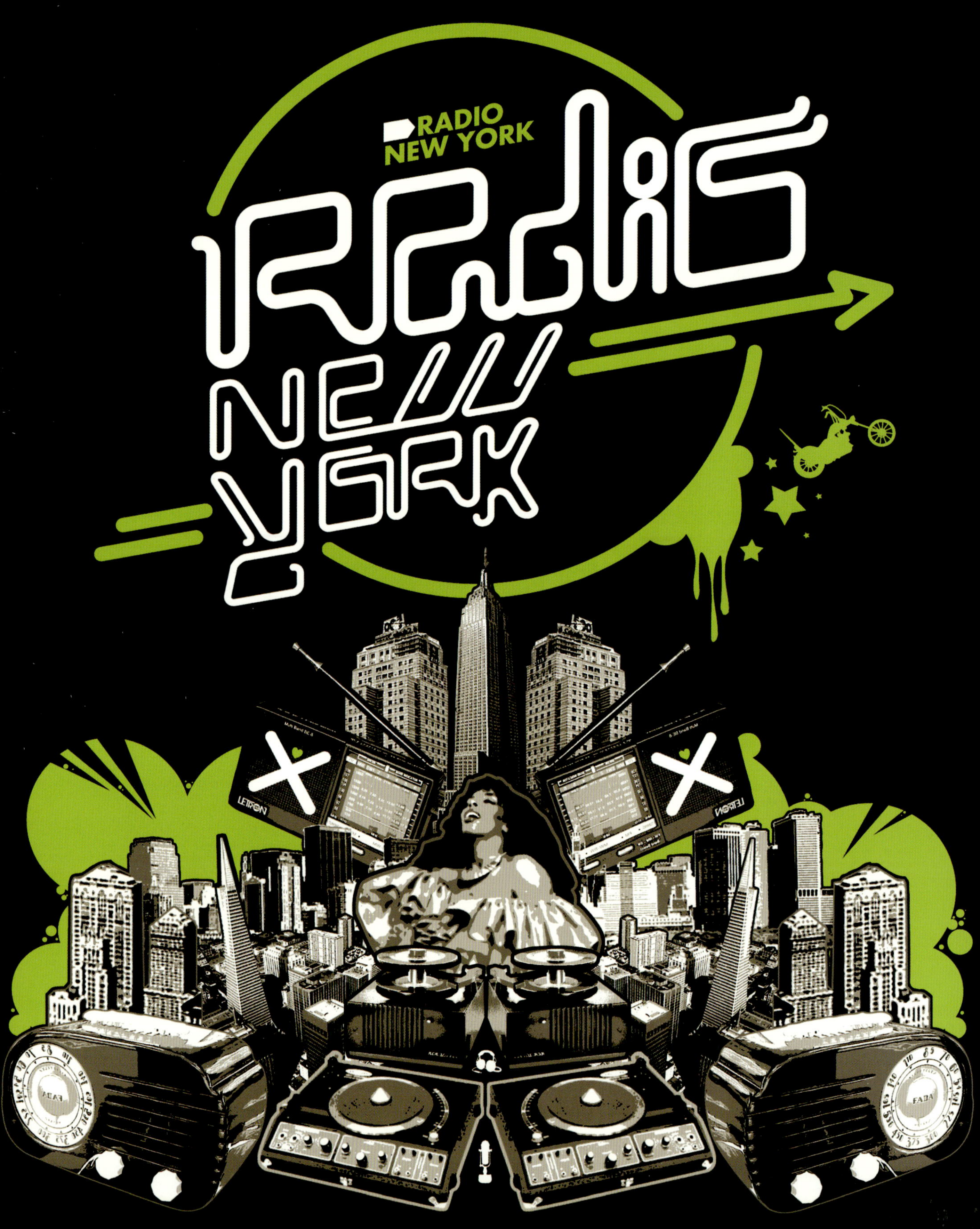
RADIO
NEW YORK
RADIO
NEW YORK

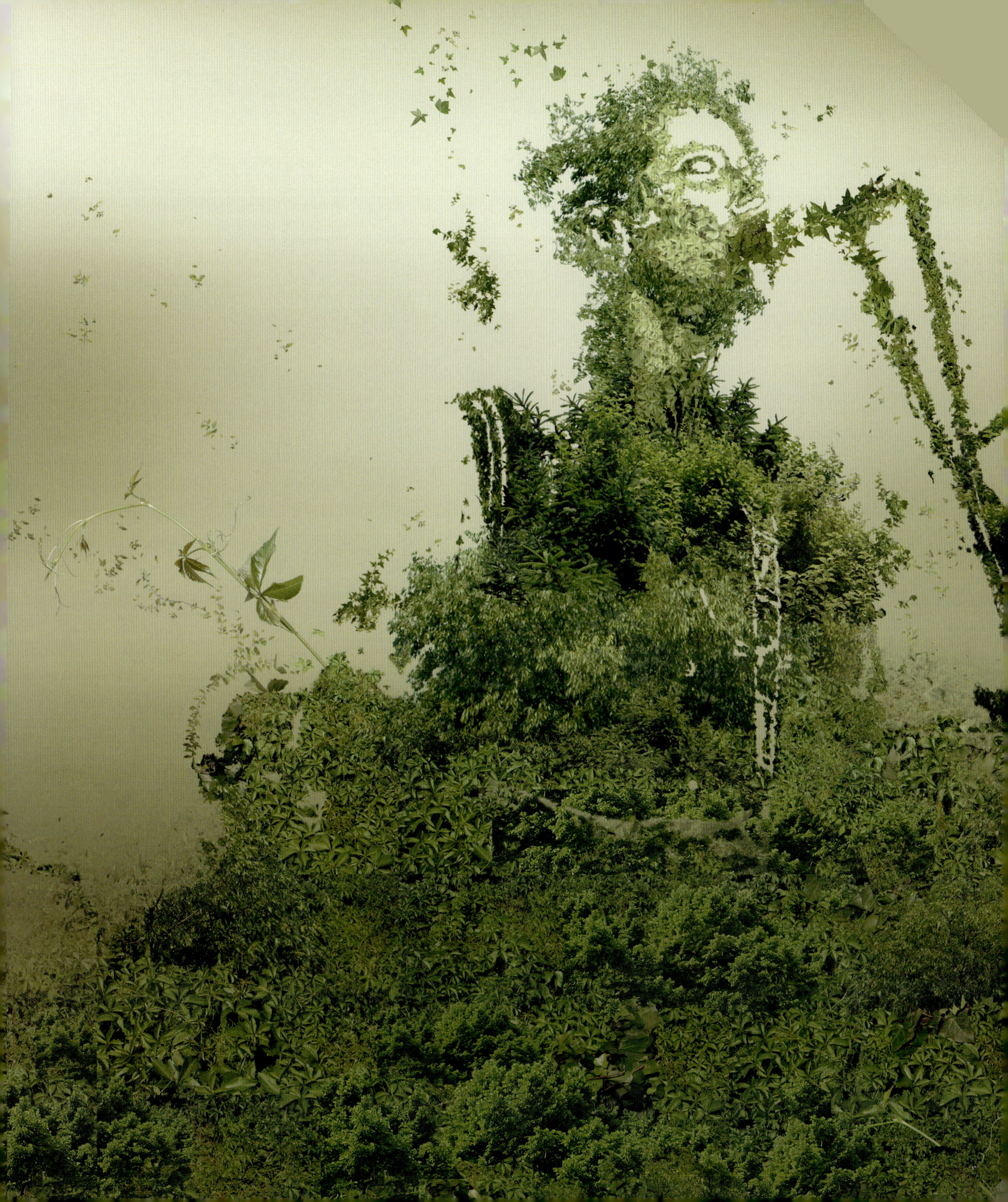

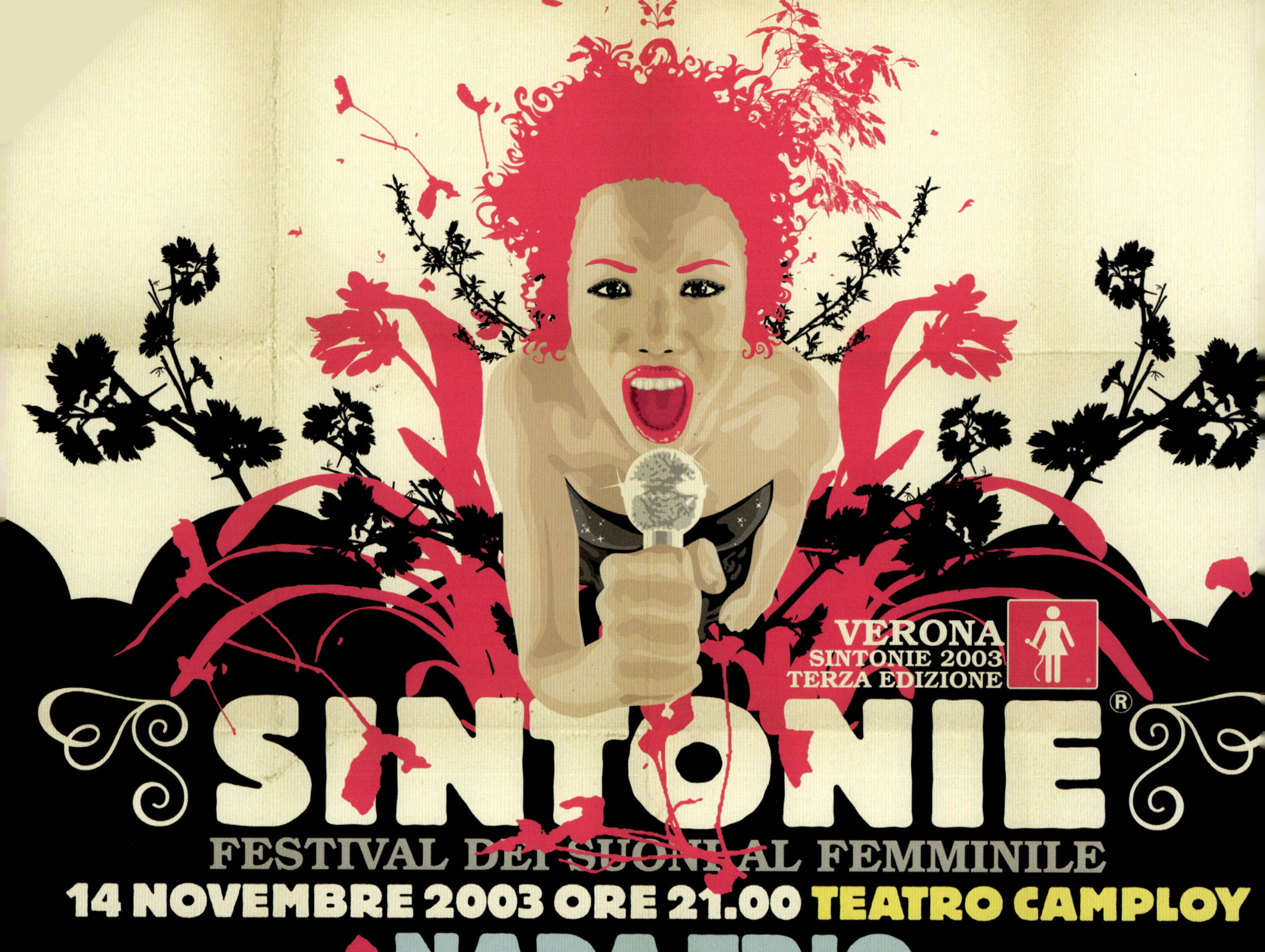

VERONA
SINTONIE 2003
TERZA EDIZIONE
SINTONIE ®
FESTIVAL DEI SUONI AL FEMMINILE
14 NOVEMBRE 2003 ORE 21.00 TEATRO CAMPLOY
NADA TRIO
ROSALIA DE SOUZA
LARA MARTELLI
VERONICA MARCHI
GIOVEDÌ 13 NOVEMBRE 2003 - ORE 17.00
UNIVERSITÀ DEGLI STUDI DI VERONA // SALA CIPOLLA
"CREATIVITÀ AL FEMMINILE"
INGRESSO GRATUITO
SABATO 15 NOVEMBRE 2003 - ORE 18.30
VERONA // OSTELLO DELLA GIOVENTÙ - SANTA CHIARA
NINFA LIVE SET
INGRESSO GRATUITO CON INVITO

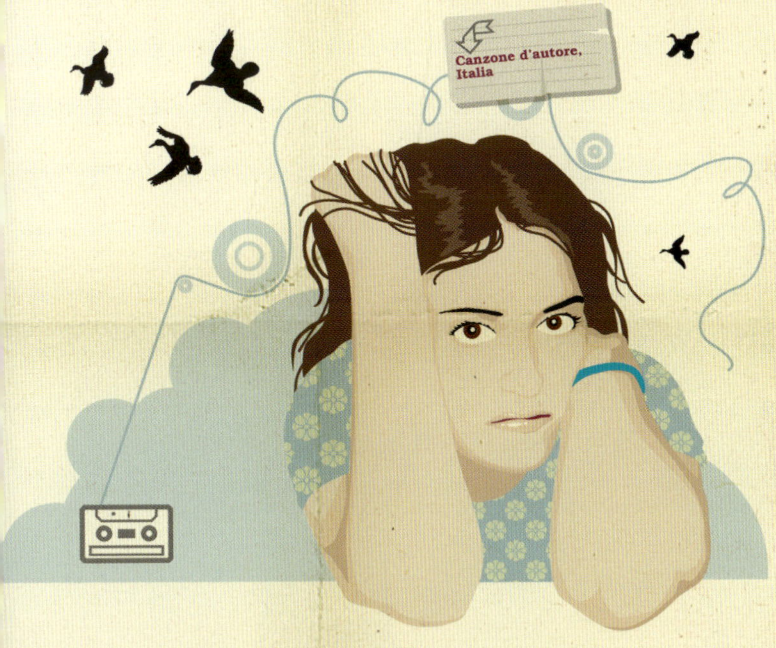

Canzone d'autore, Italia
Indie rock, Italia
Bossa Nova - Lounge, Brasile
Canzone d... Italia

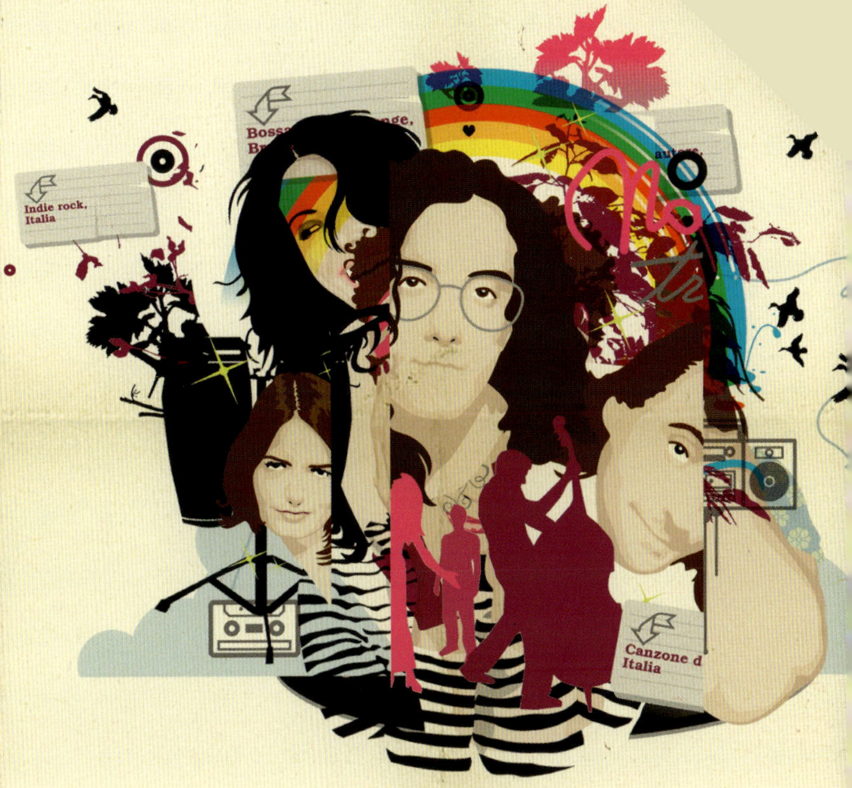

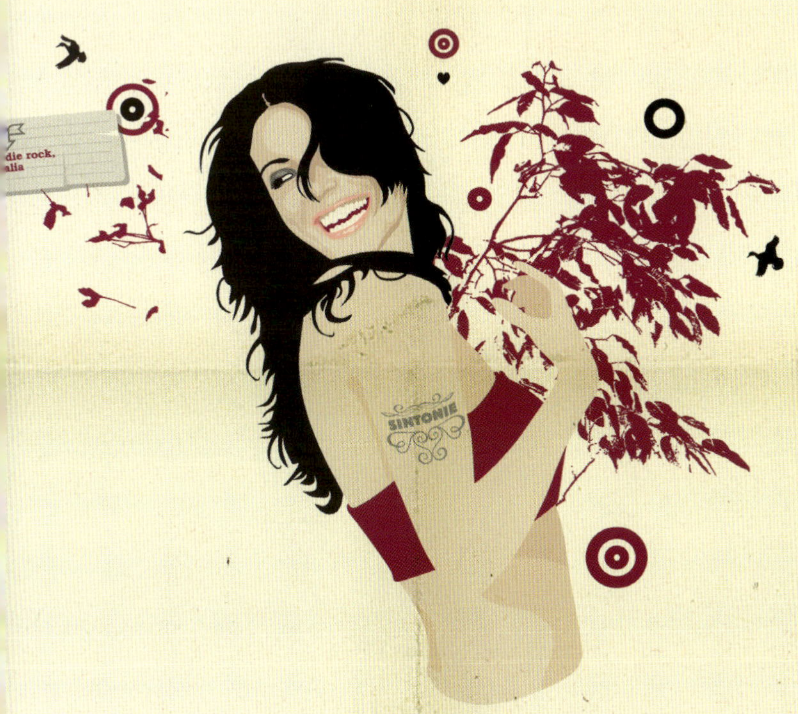
Indie rock, Italia
SINTONIE

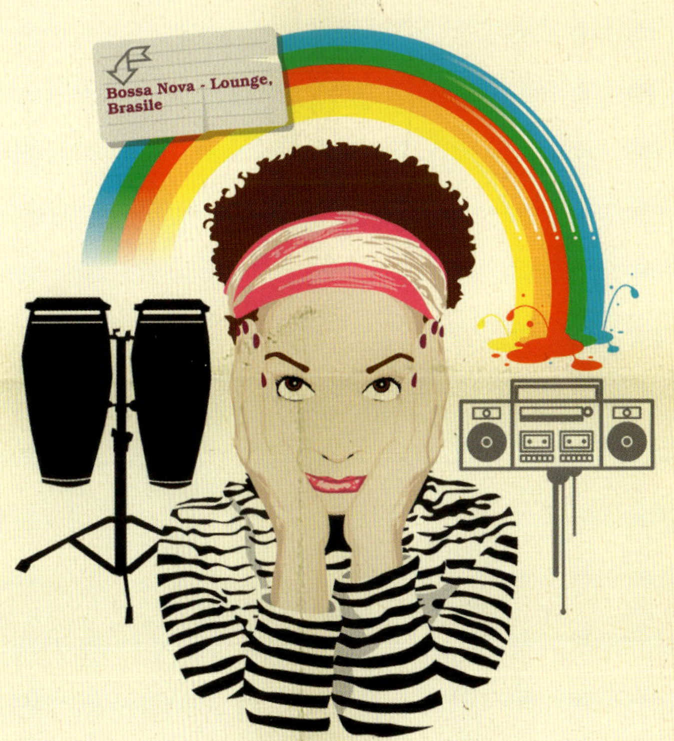
Bossa Nova - Lounge, Brasile

SPORTS
D'HIVER

ENJOY THE
RACE
TIME
OUT

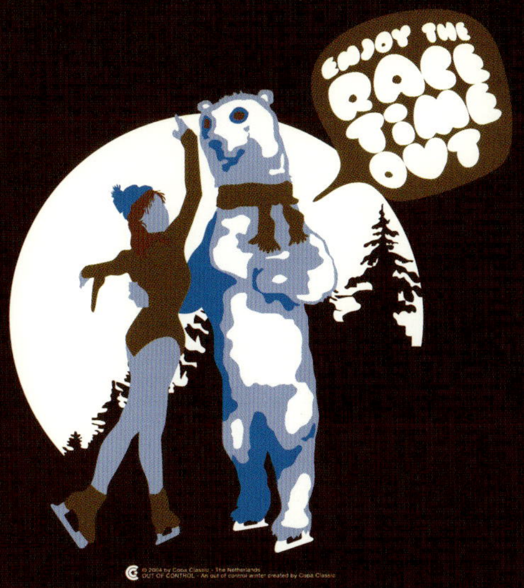

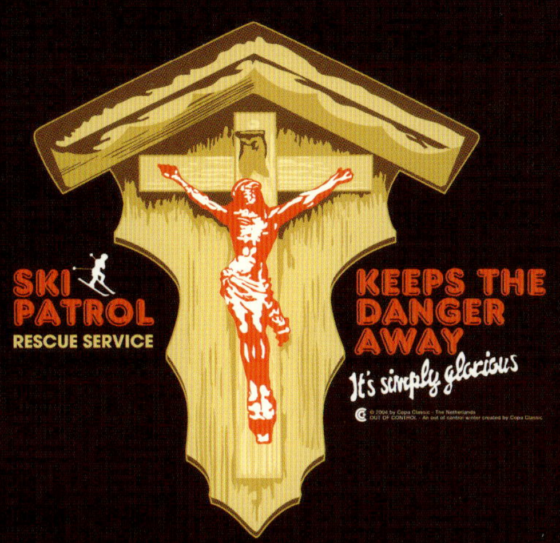
SKI
PATROL
RESCUE SERVICE
KEEPS THE
DANGER
AWAY
It's simply glorious

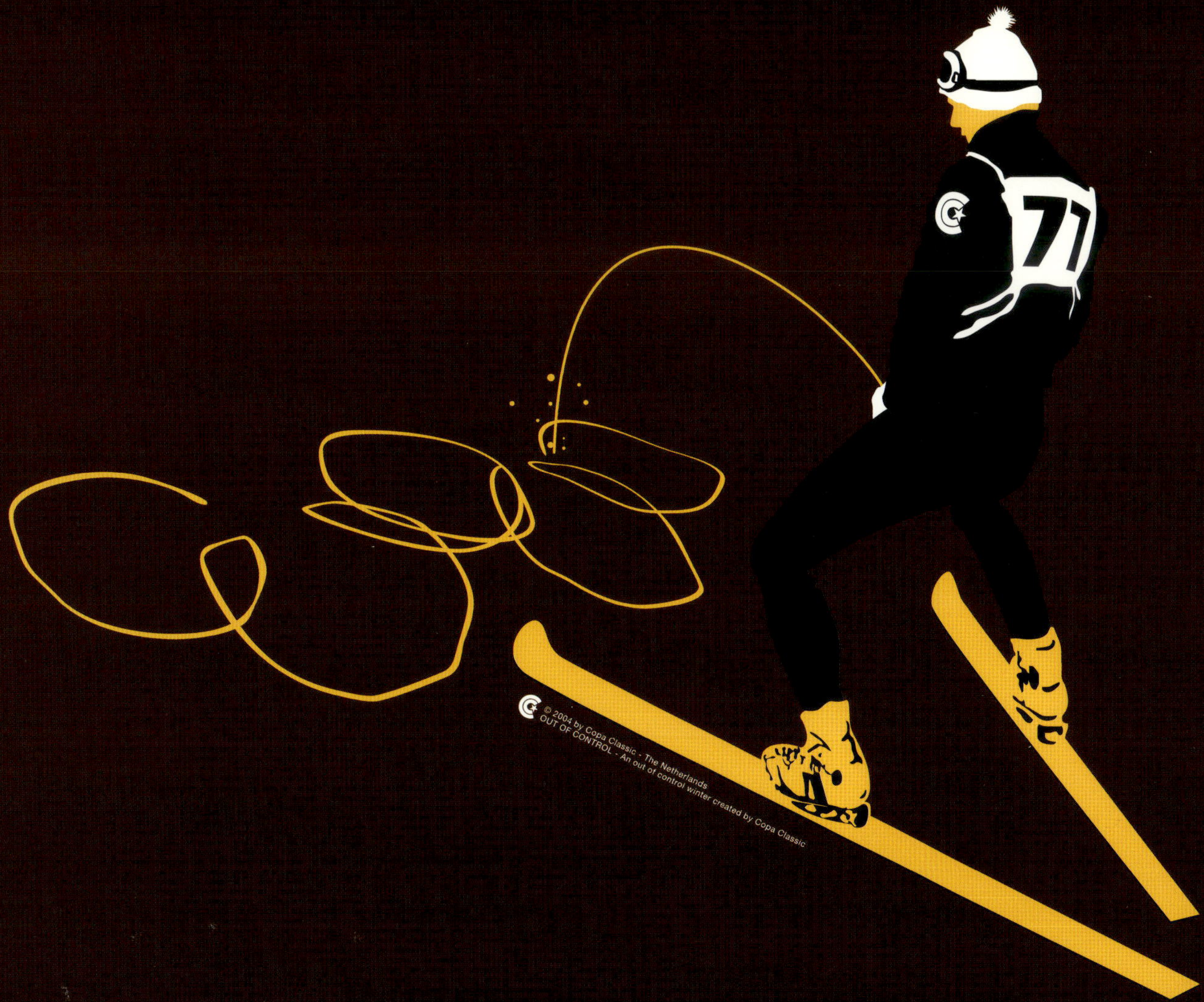

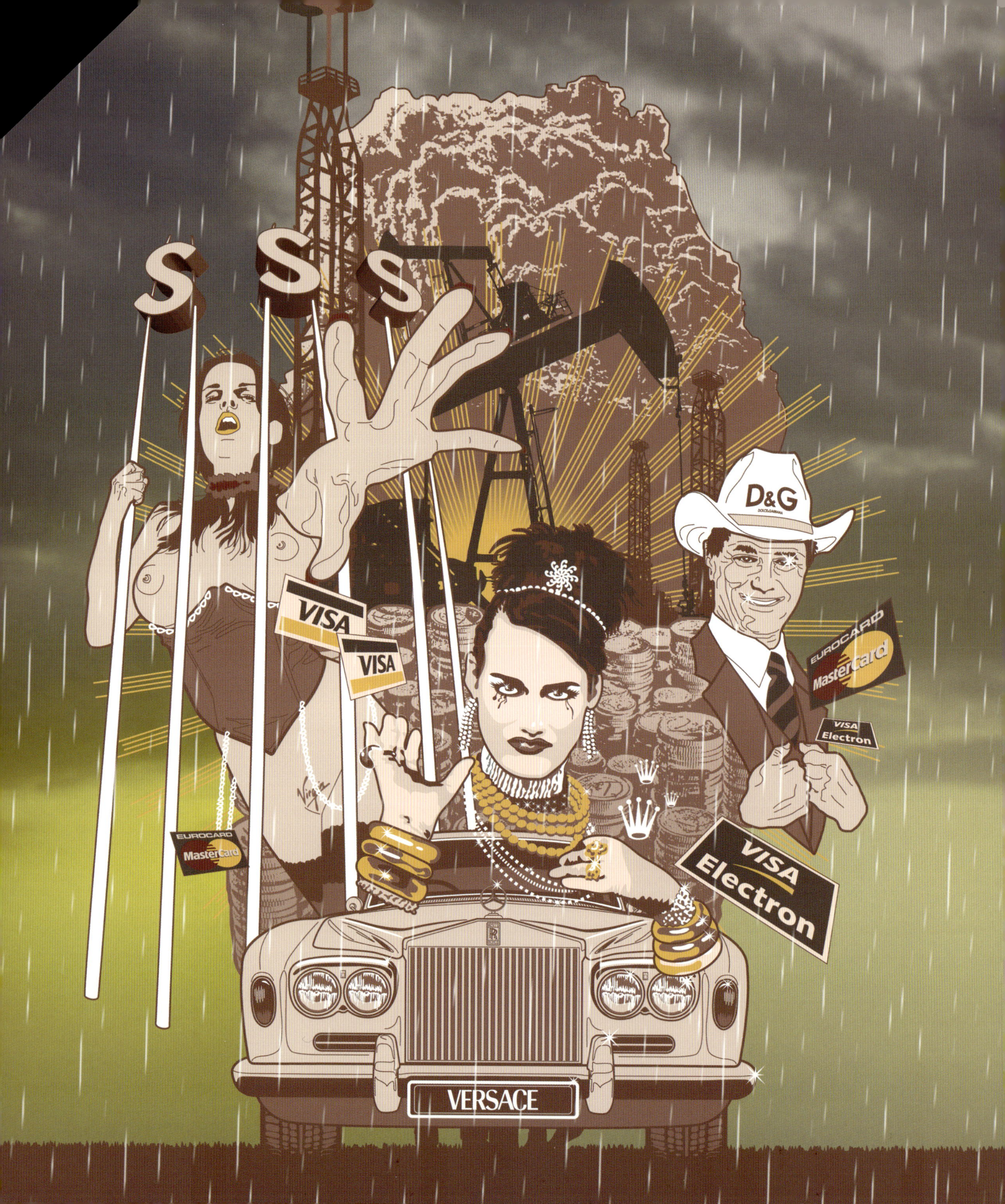

S S S
VISA
VISA
EUROCARD
MasterCard
D&G
DOLCE&GABBANA
EUROCARD
MasterCard
VISA
Electron
VISA
Electron
VERSACE

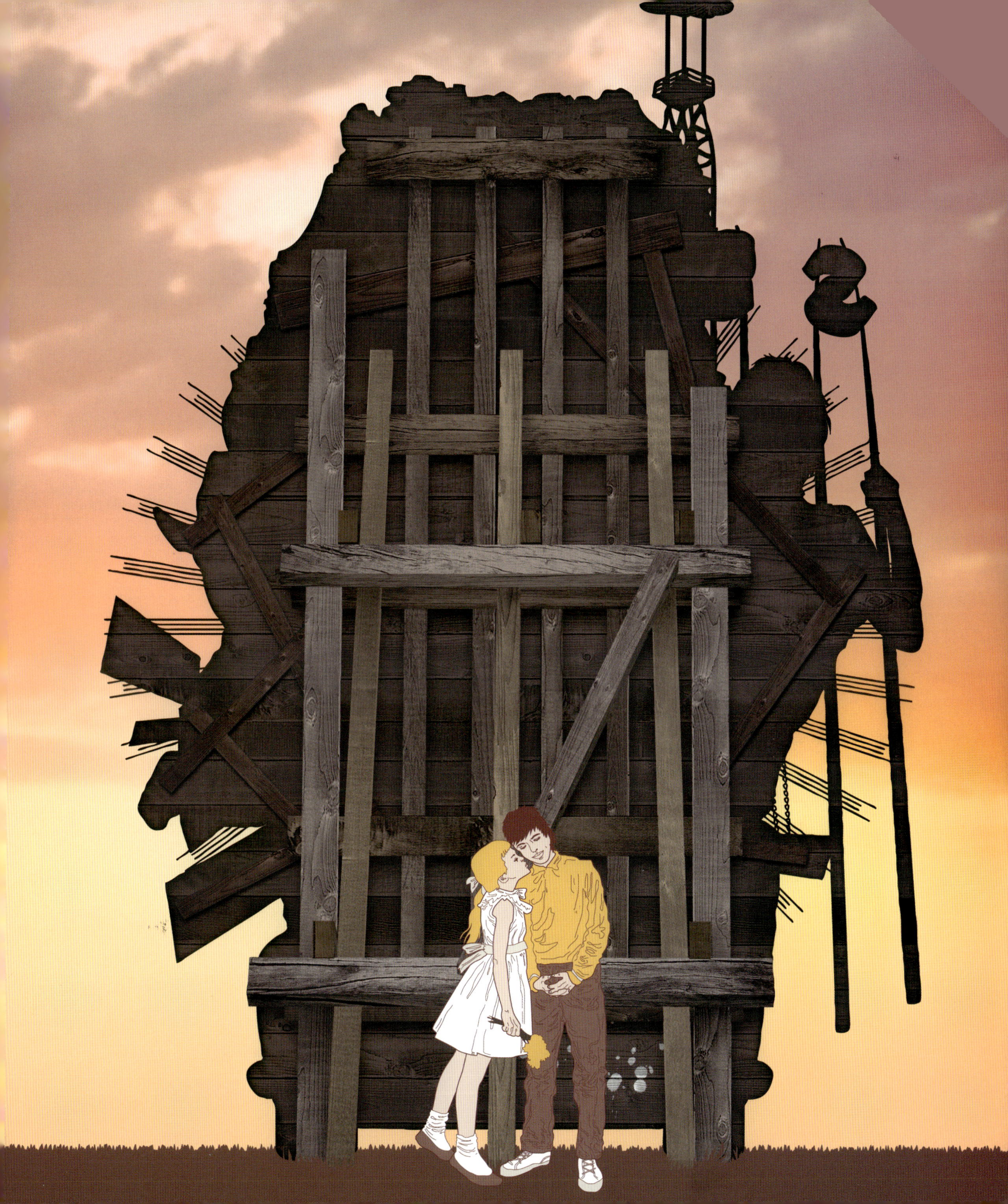

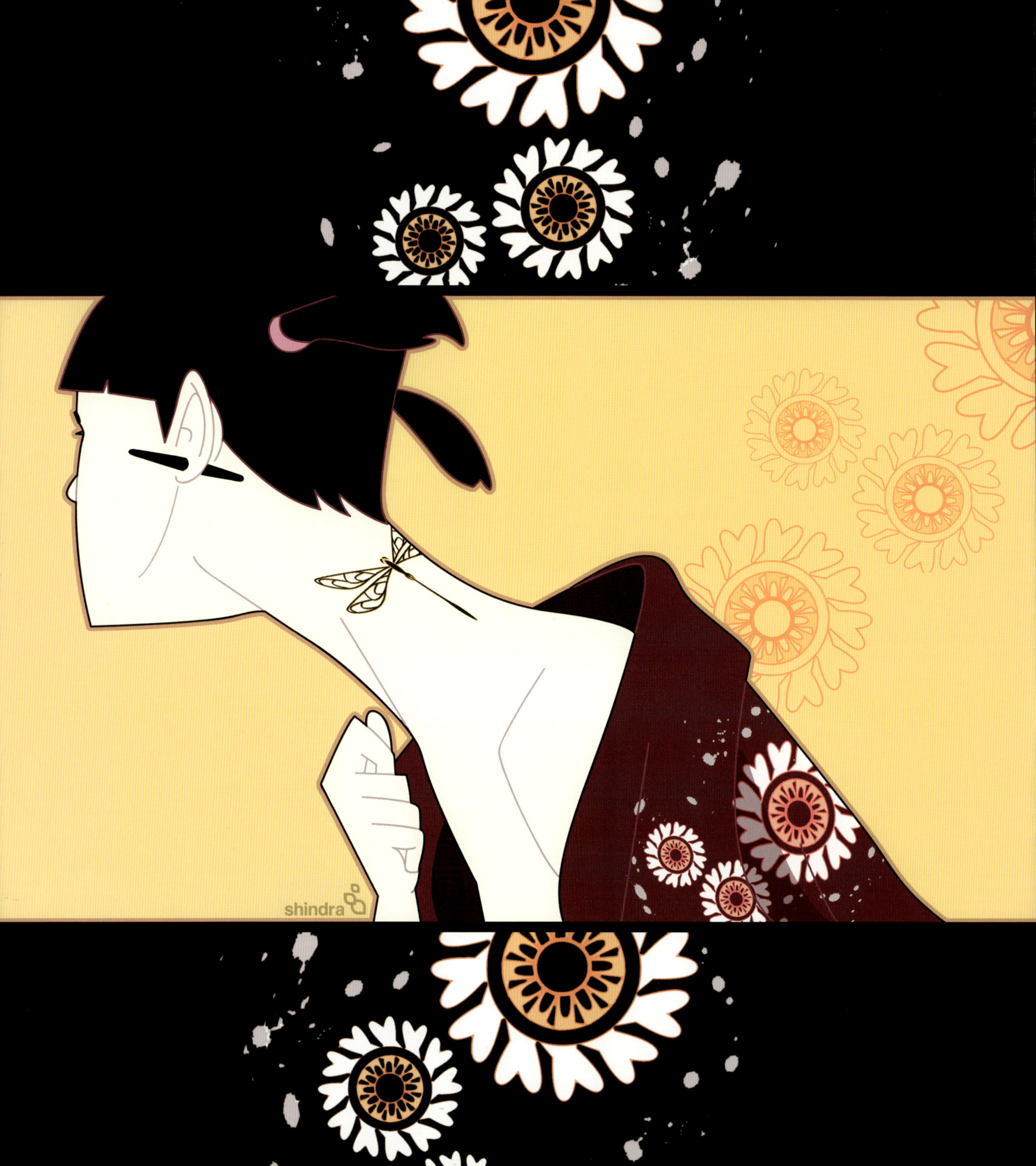

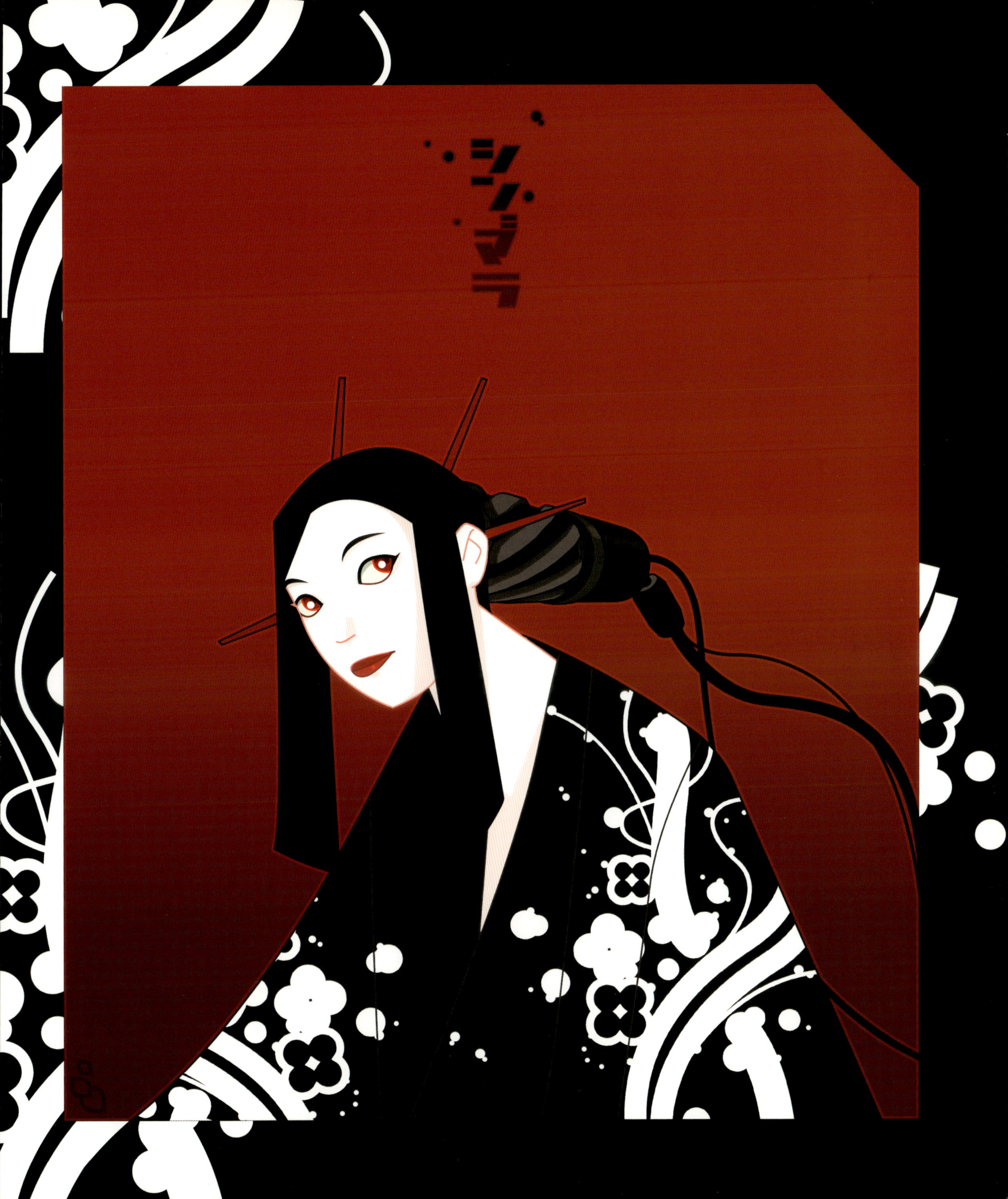

シグマ

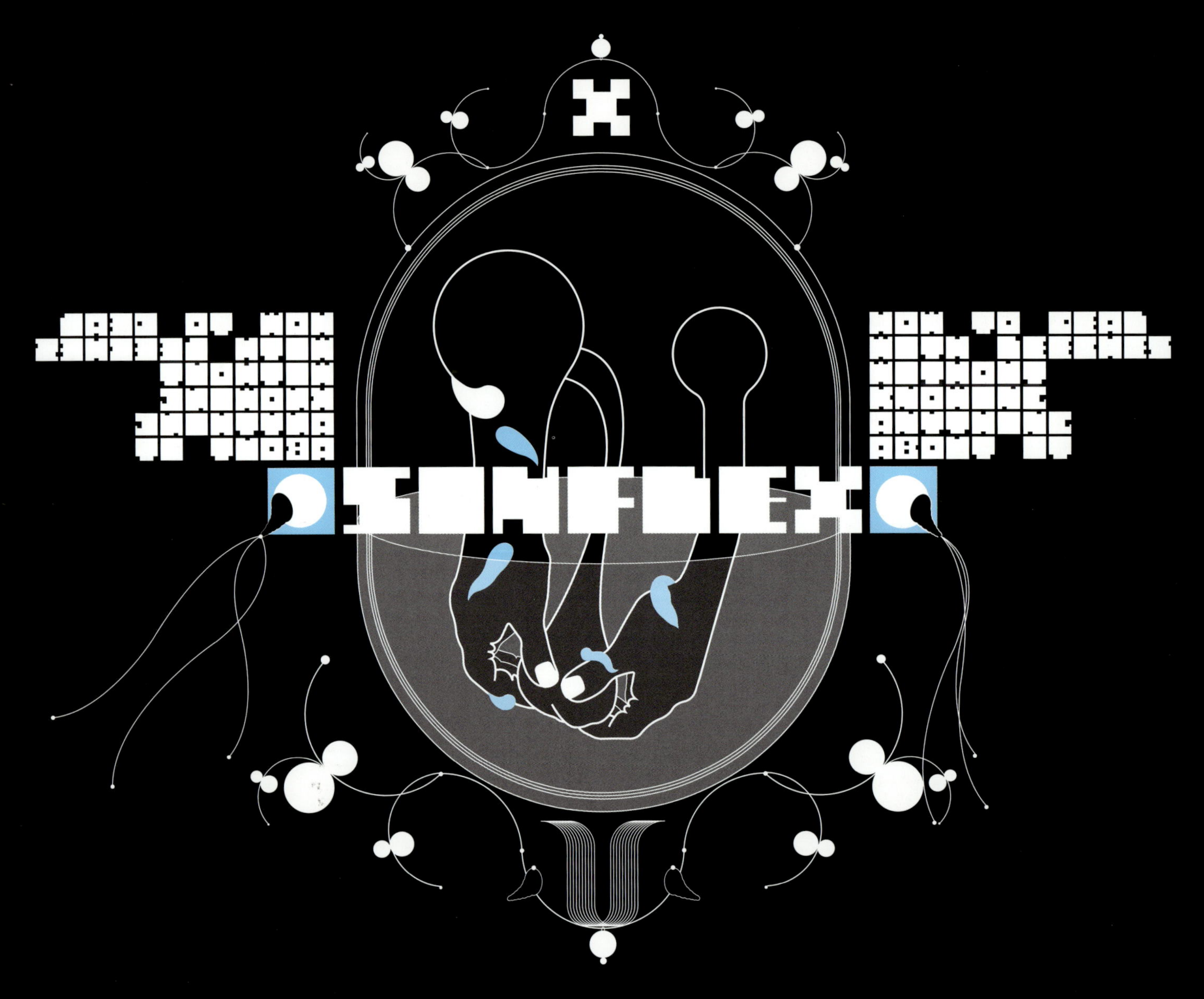
HOW TO DEAL
WITH DISEASES
WITHOUT
KNOWING
ANYTHING
ABOUT IT
CONFLEX

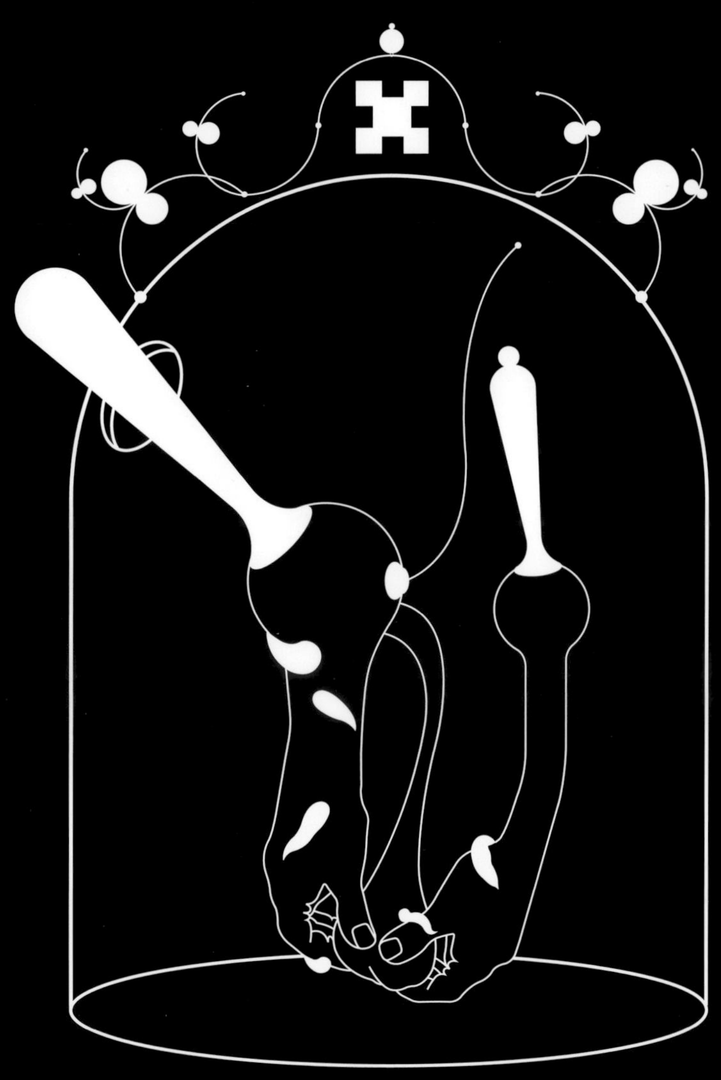

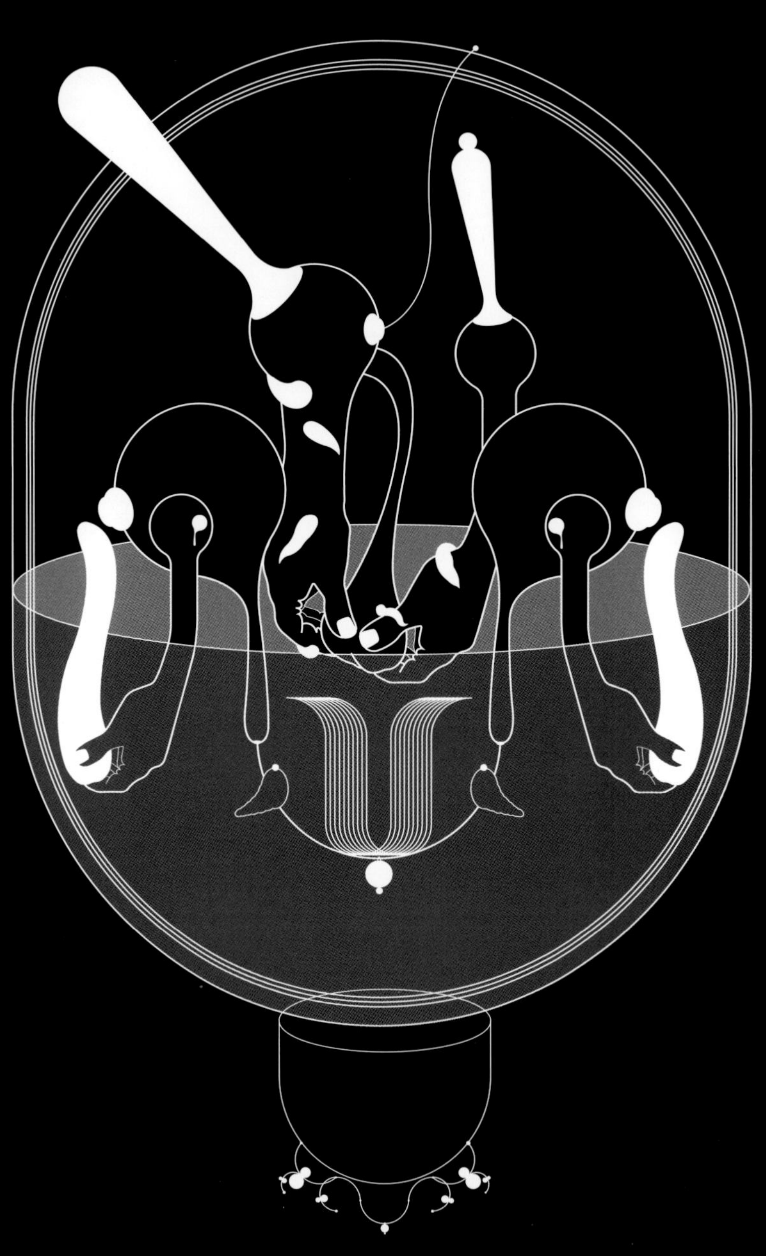

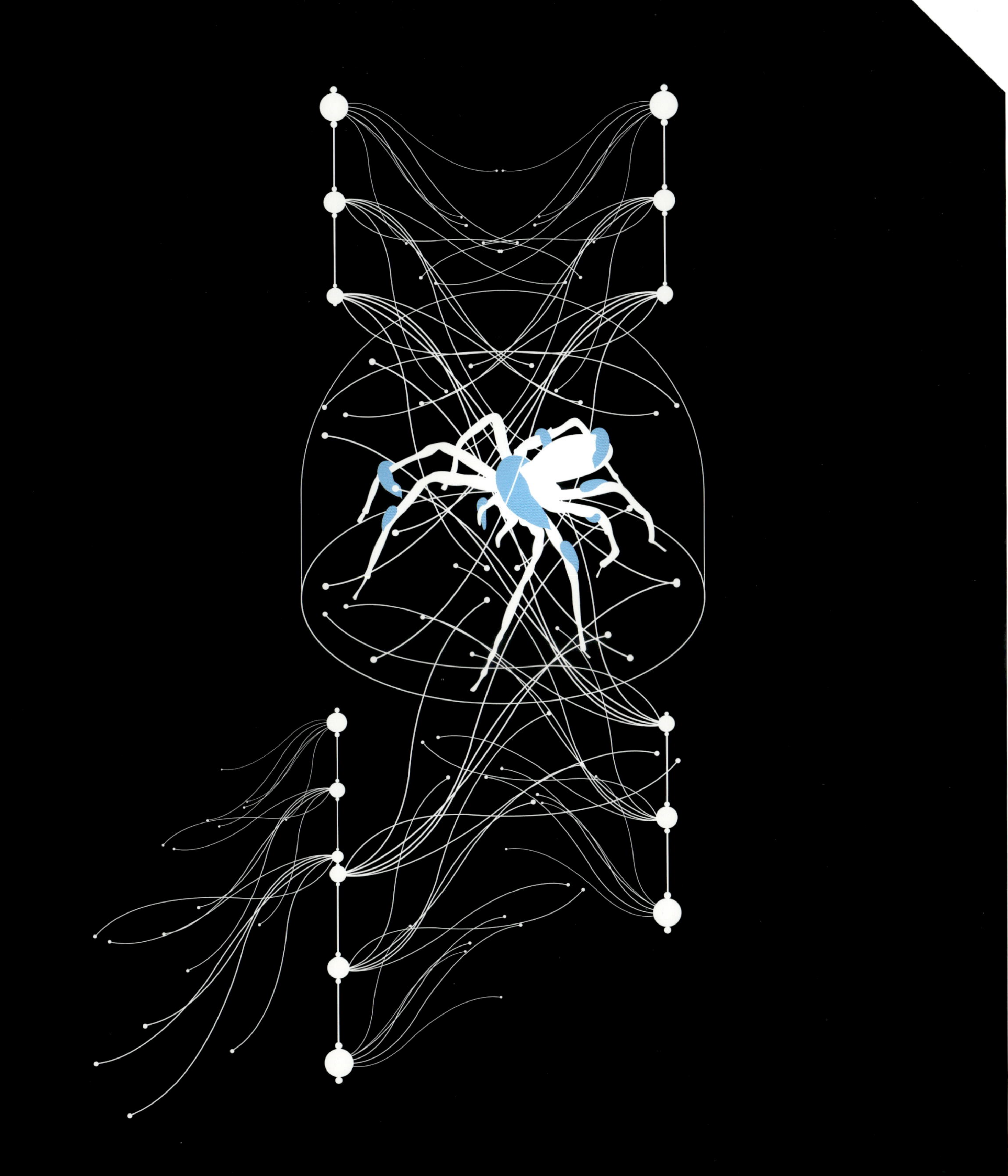

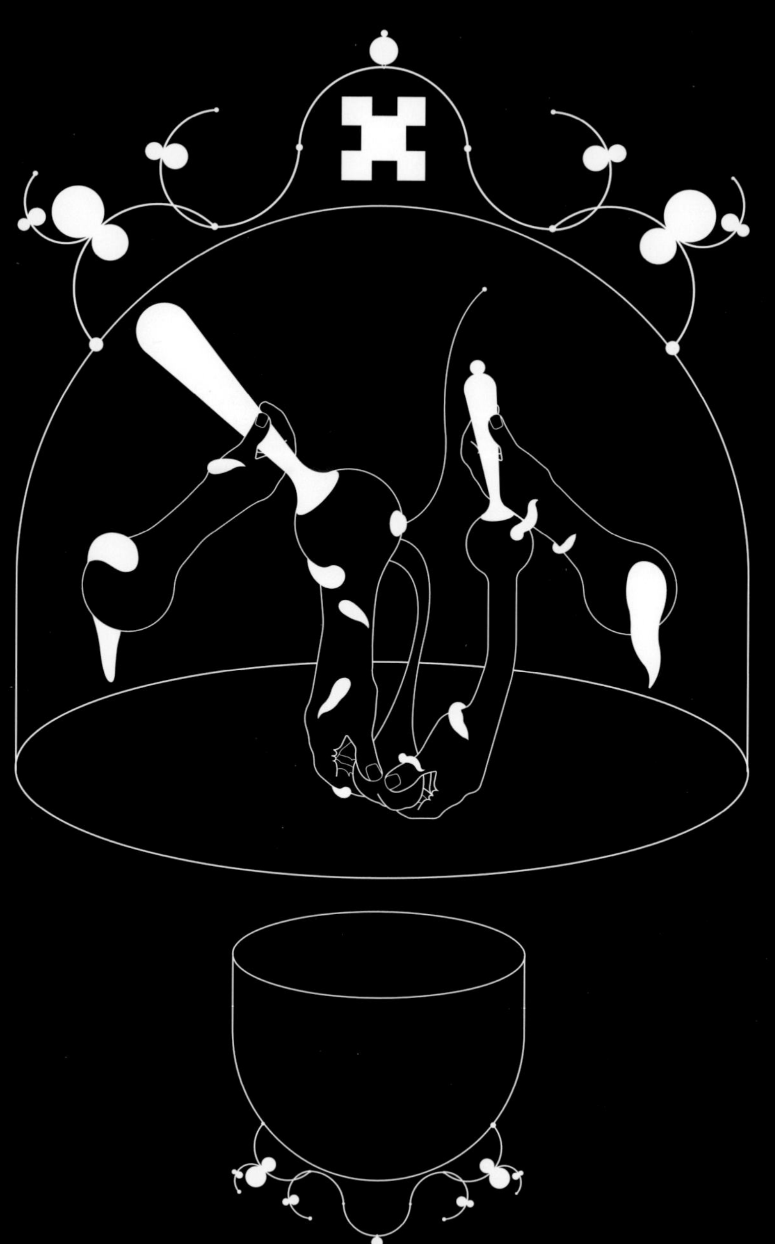

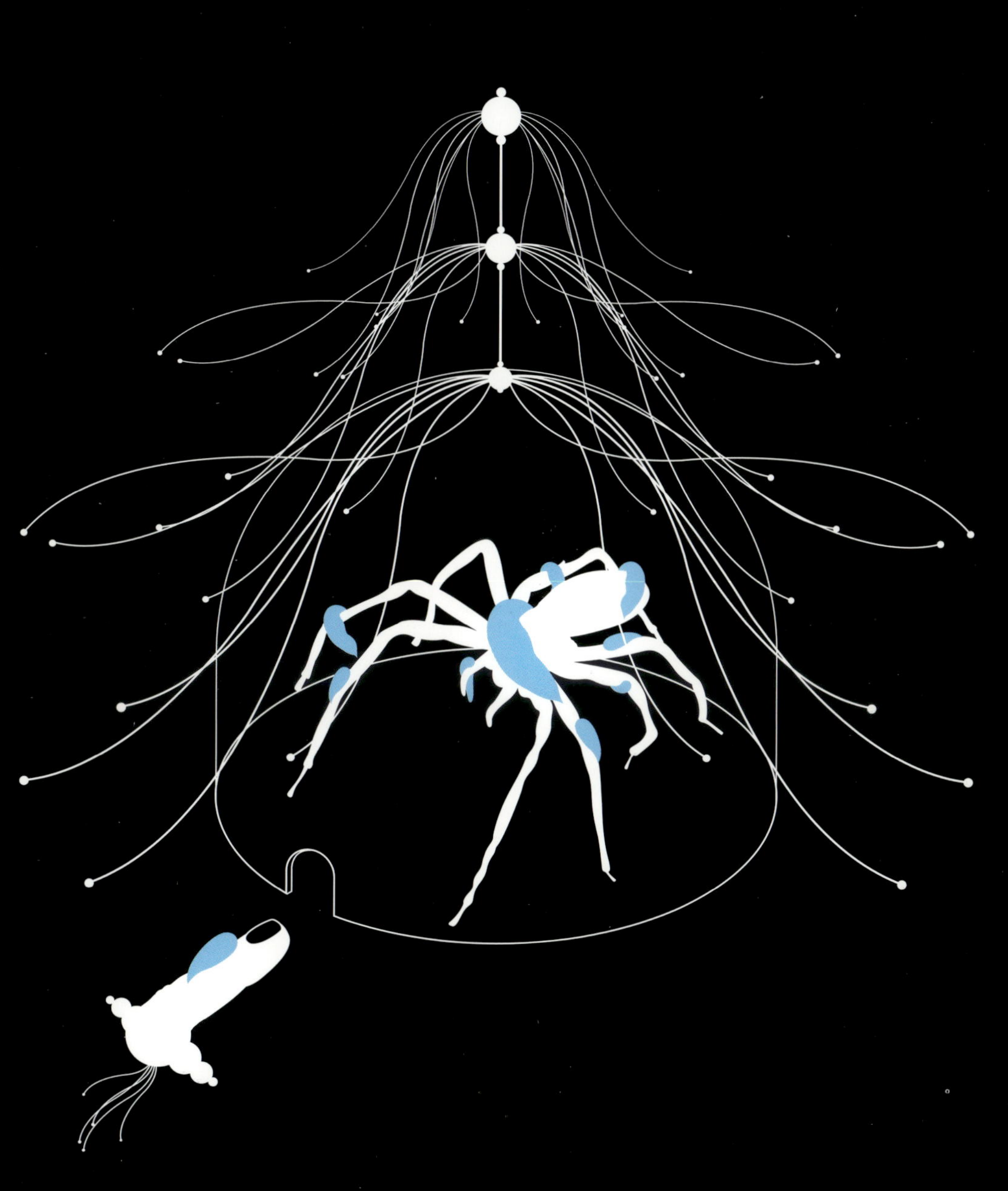

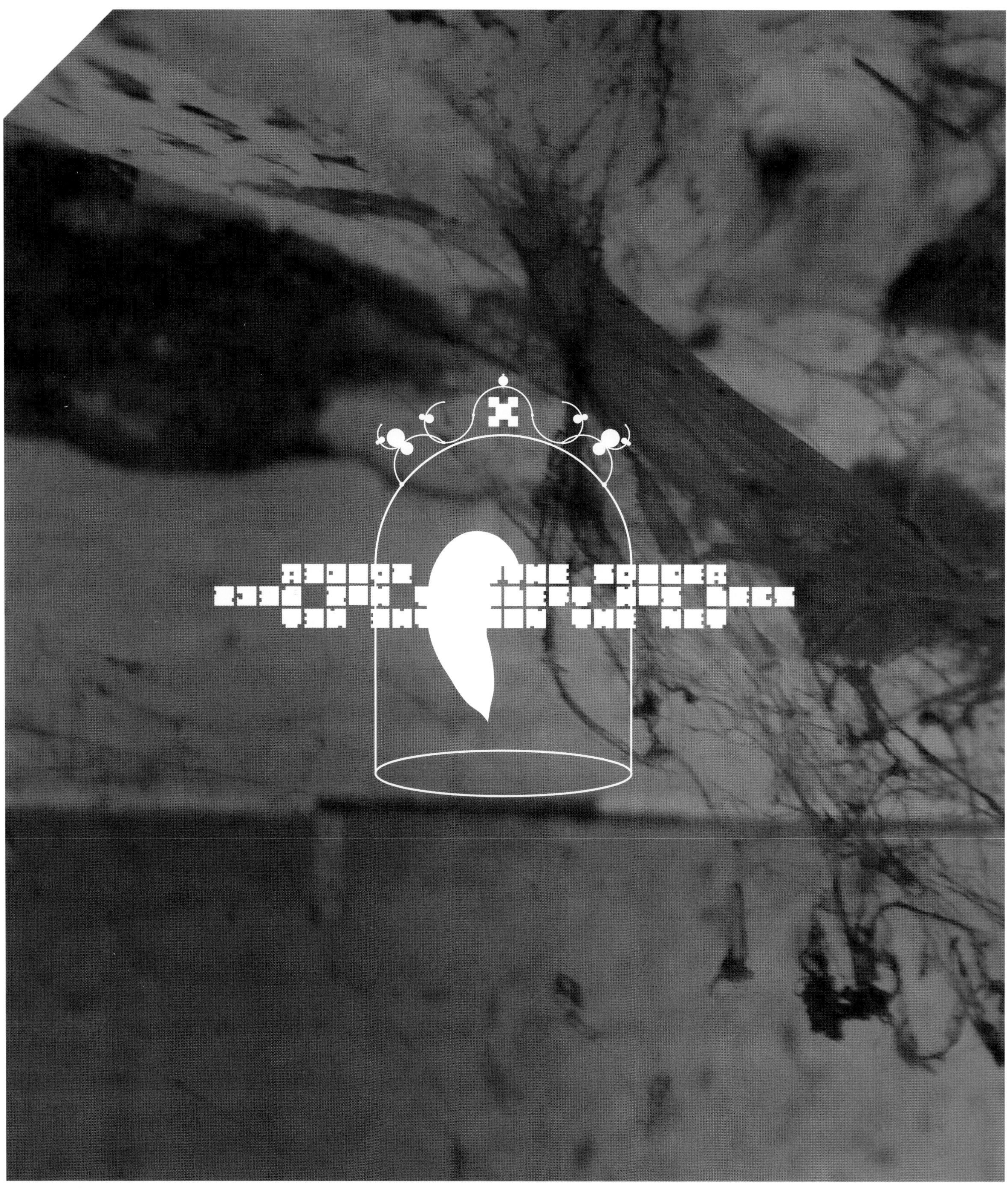

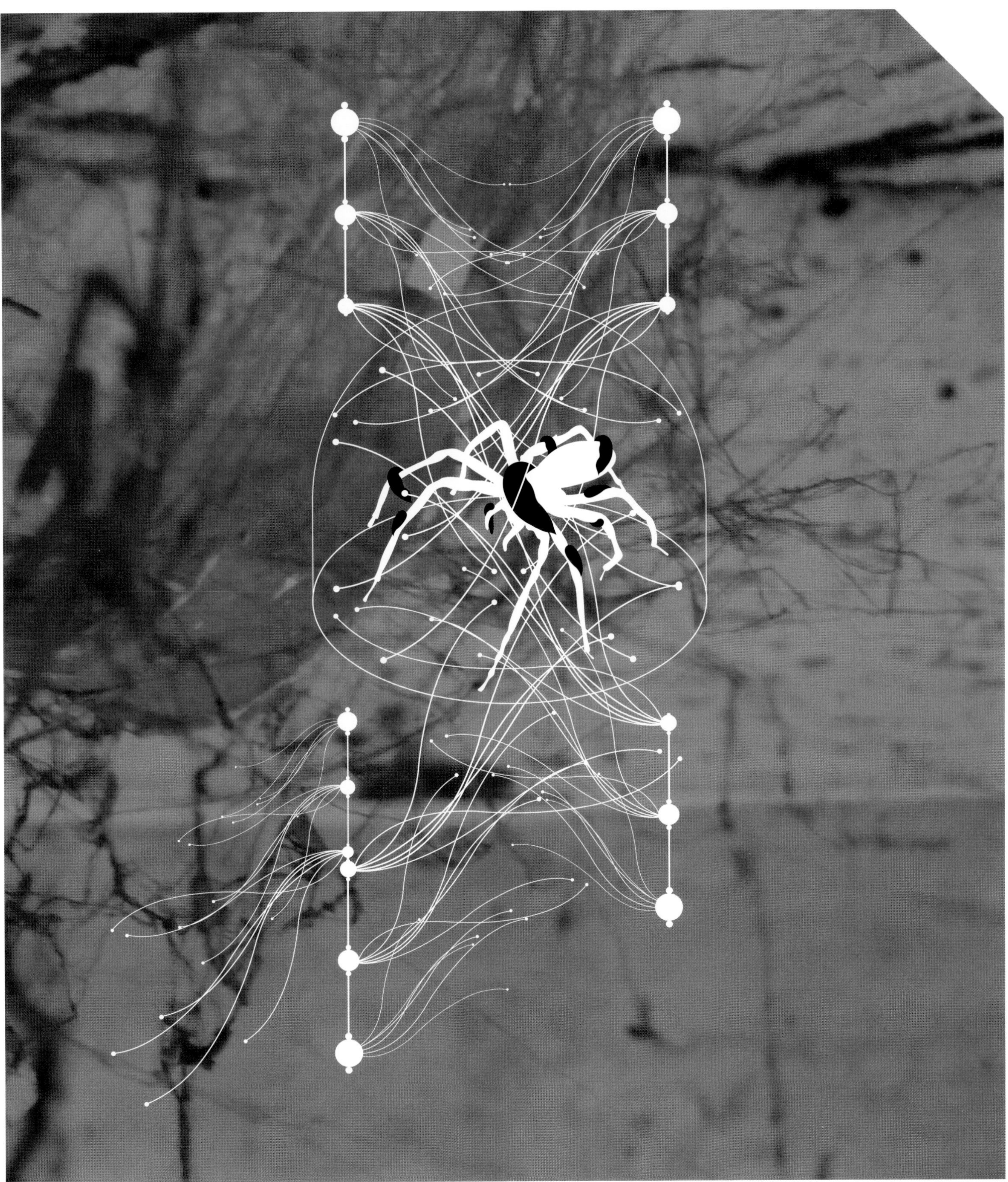

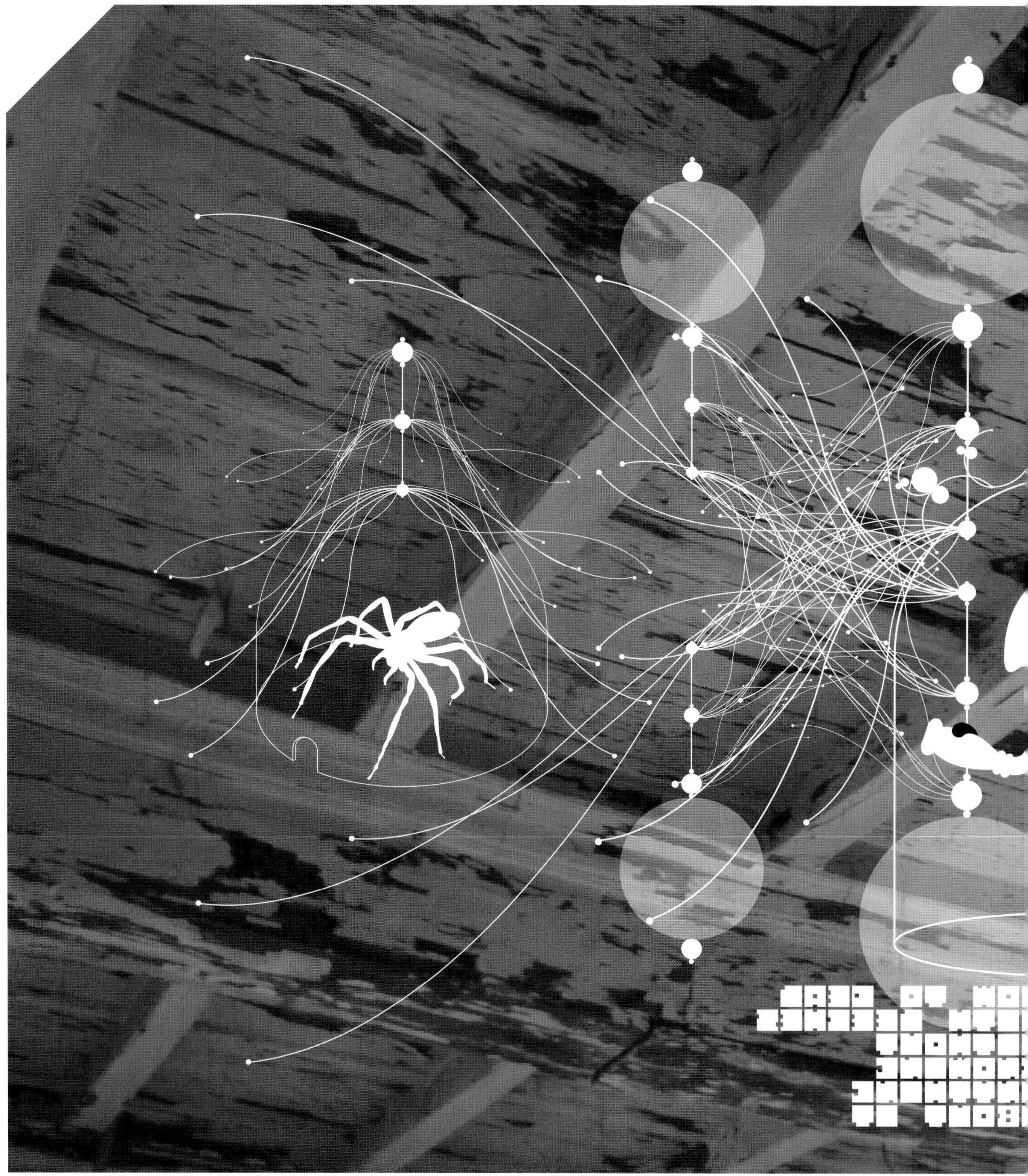

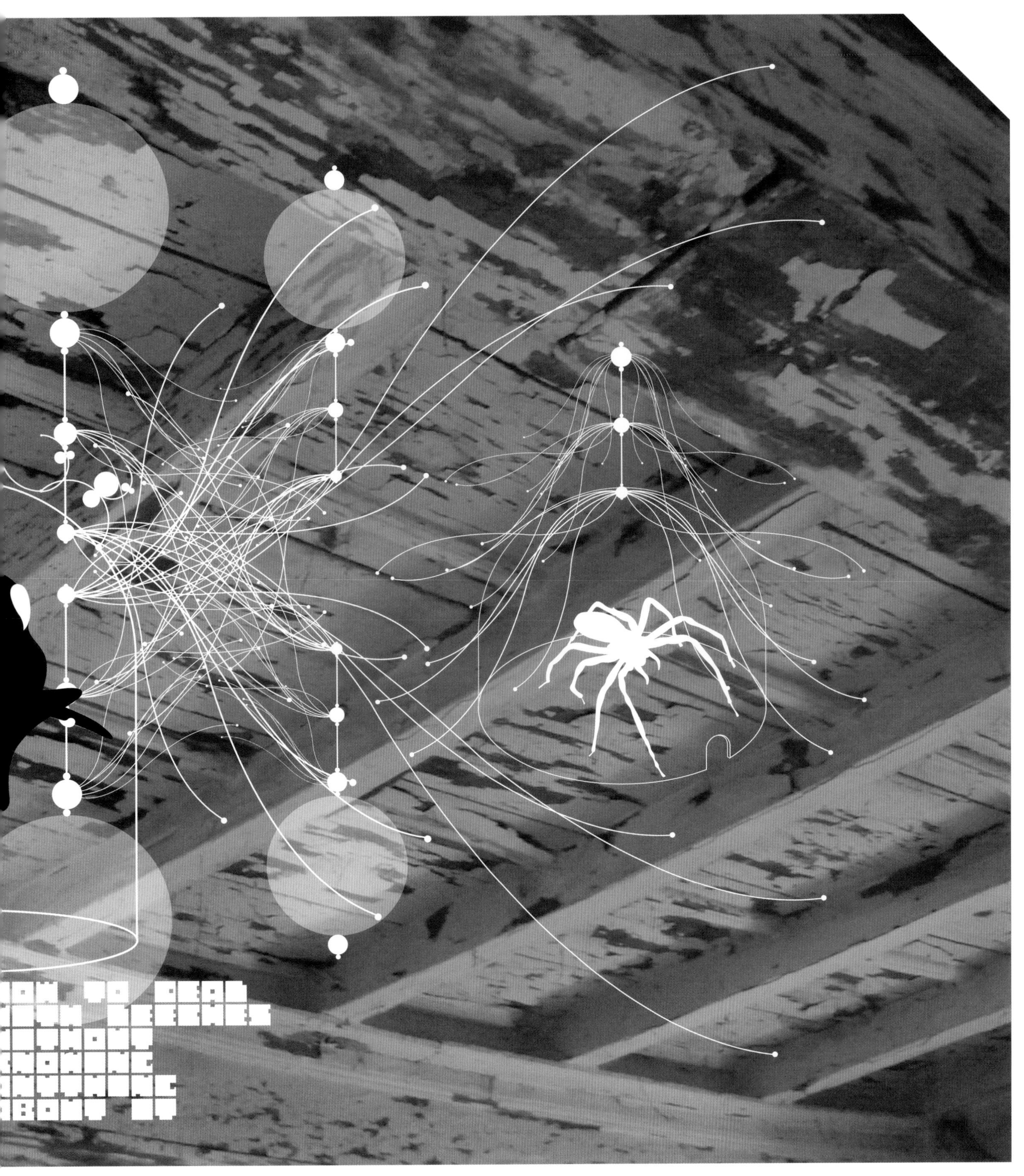

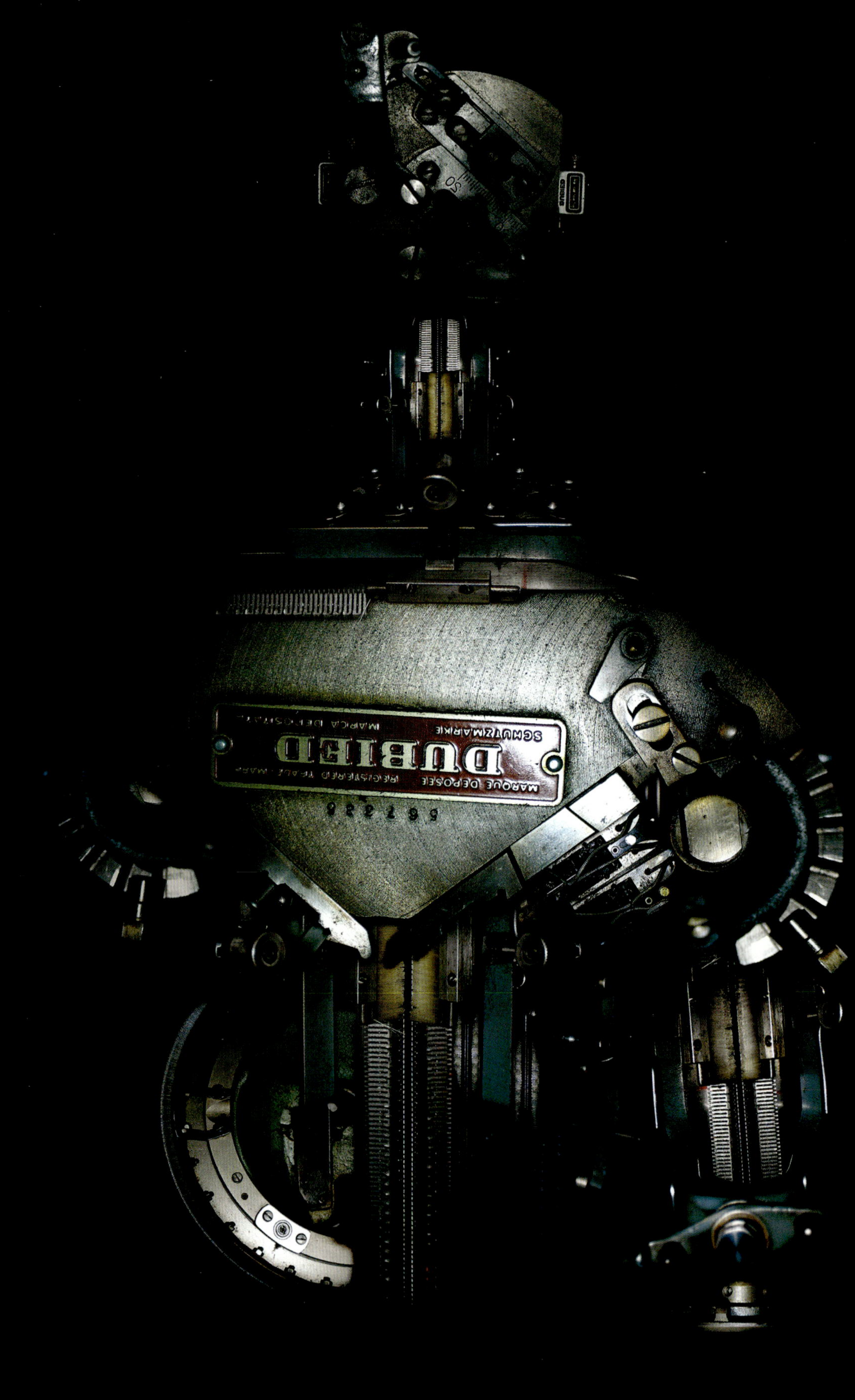

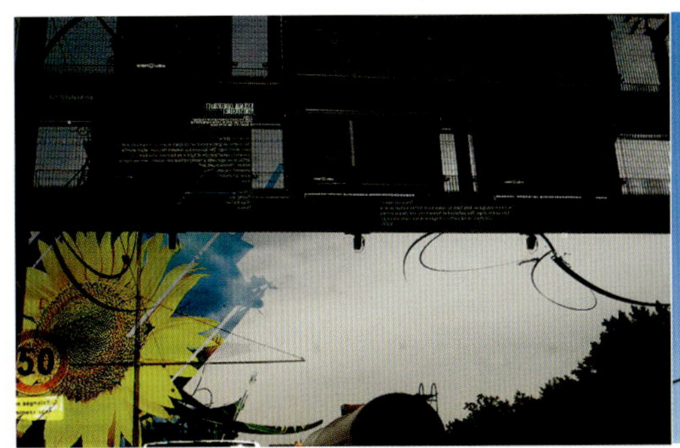
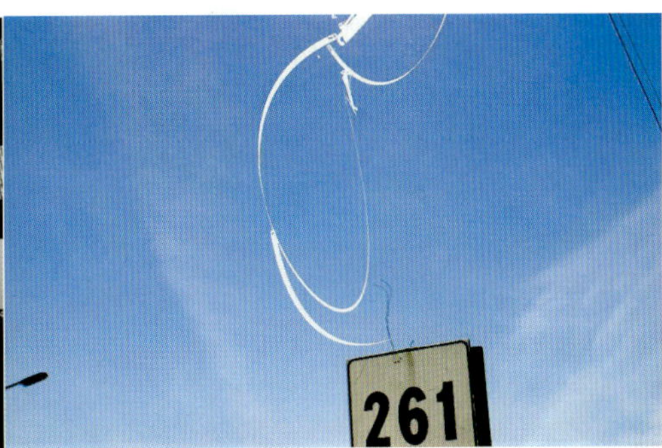
261
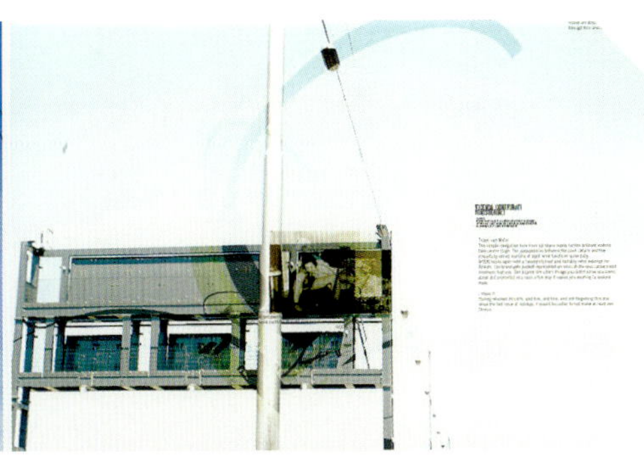
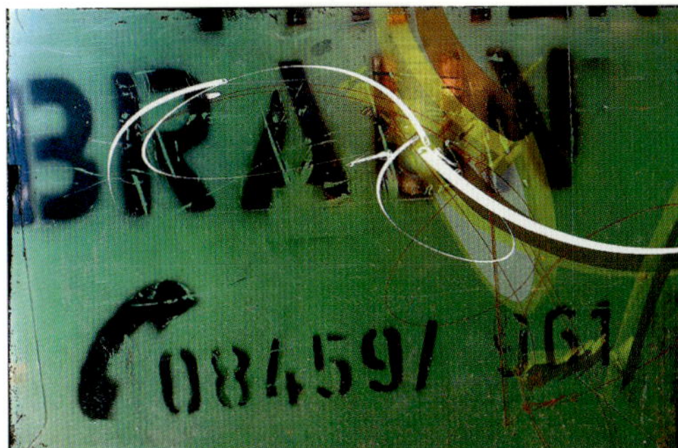
BRA
08459/ 061
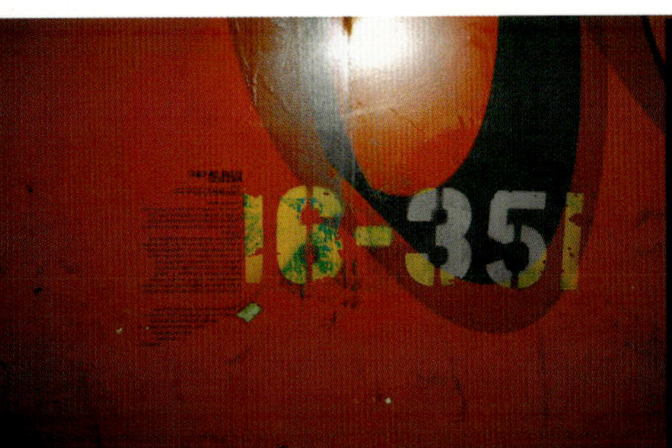
18-351
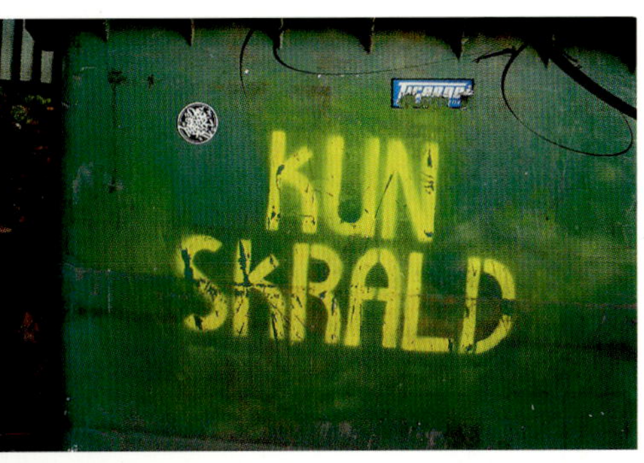
KUN
SKRALD
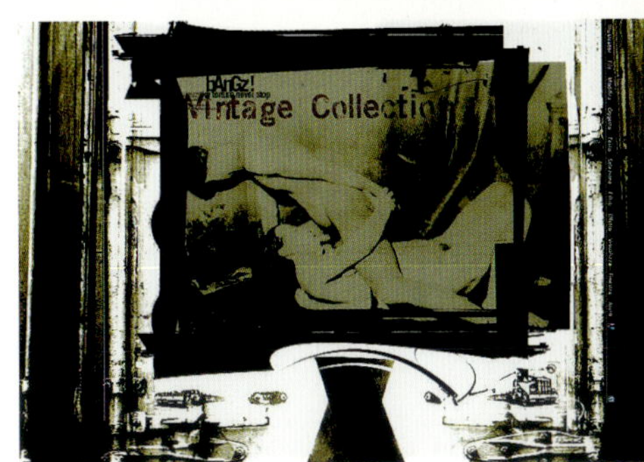
Vintage Collection
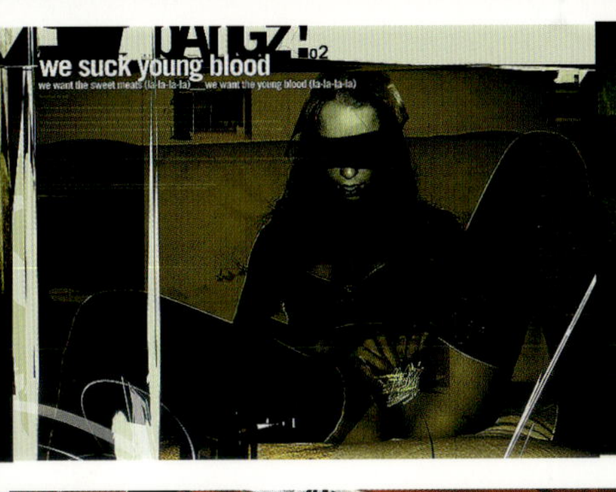
we suck young blood
we want the sweet meats (la-la-la-la) __ we want the young blood (la-la-la-la)
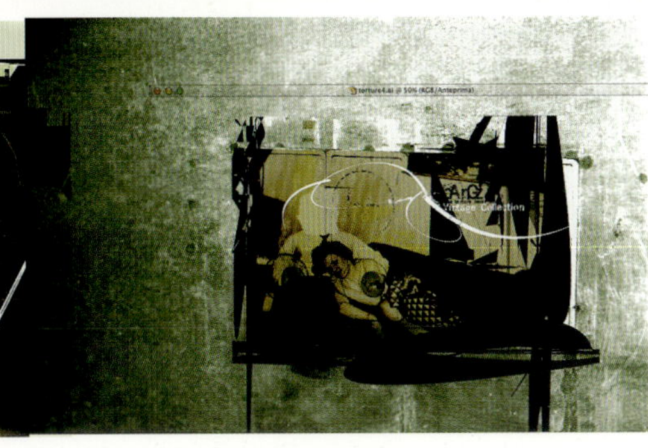
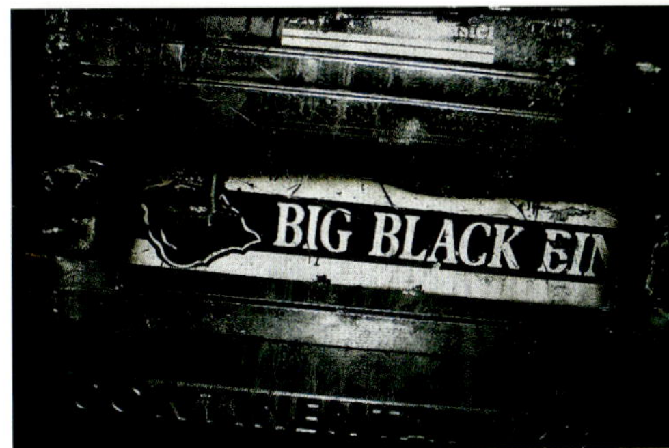
BIG BLACK EI
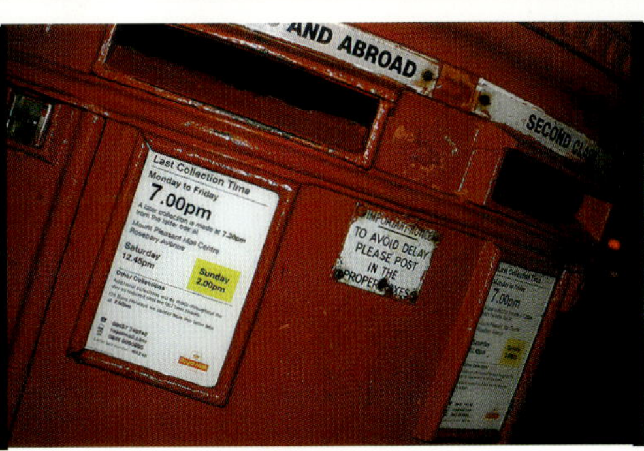
AND ABROAD
SECOND CL
Last Collection Time
Monday to Friday
7.00pm
Saturday
12.45pm
Sunday
2.00pm
TO AVOID DELAY
PLEASE POST
IN THE
PROPER
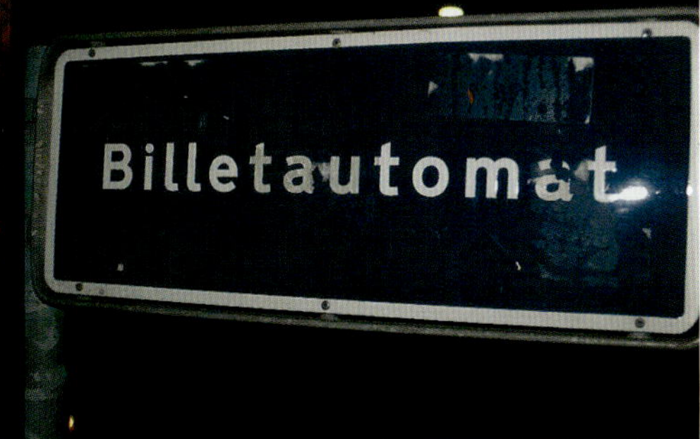
Billetautomat
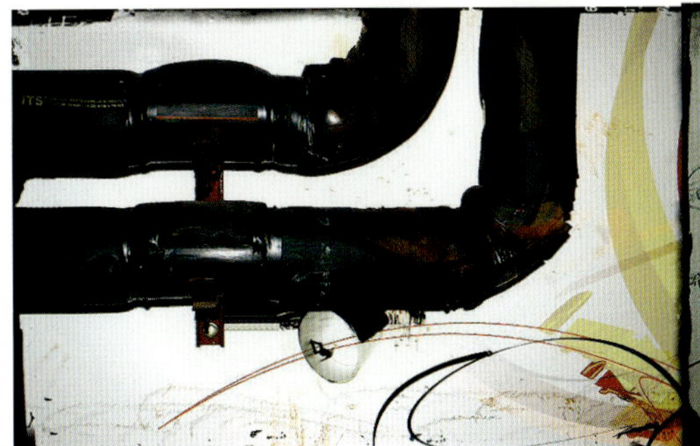
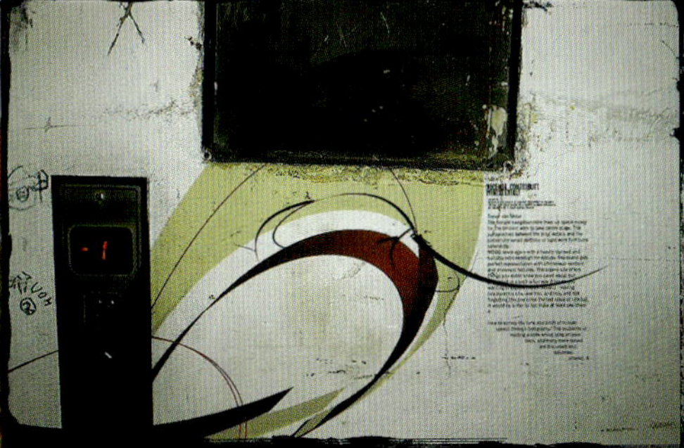
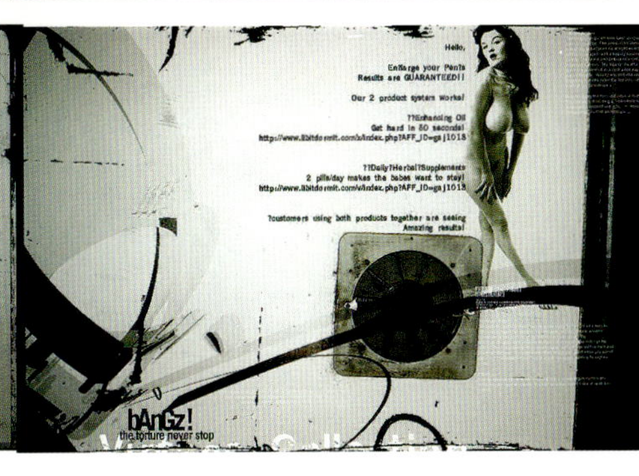
Hello,
Enllarge your Penis
Results are GUARANTEED!!
Our 2 prodent system works!
2 pills/day makes the babes want to play!
bAnGz!
the torture never stop

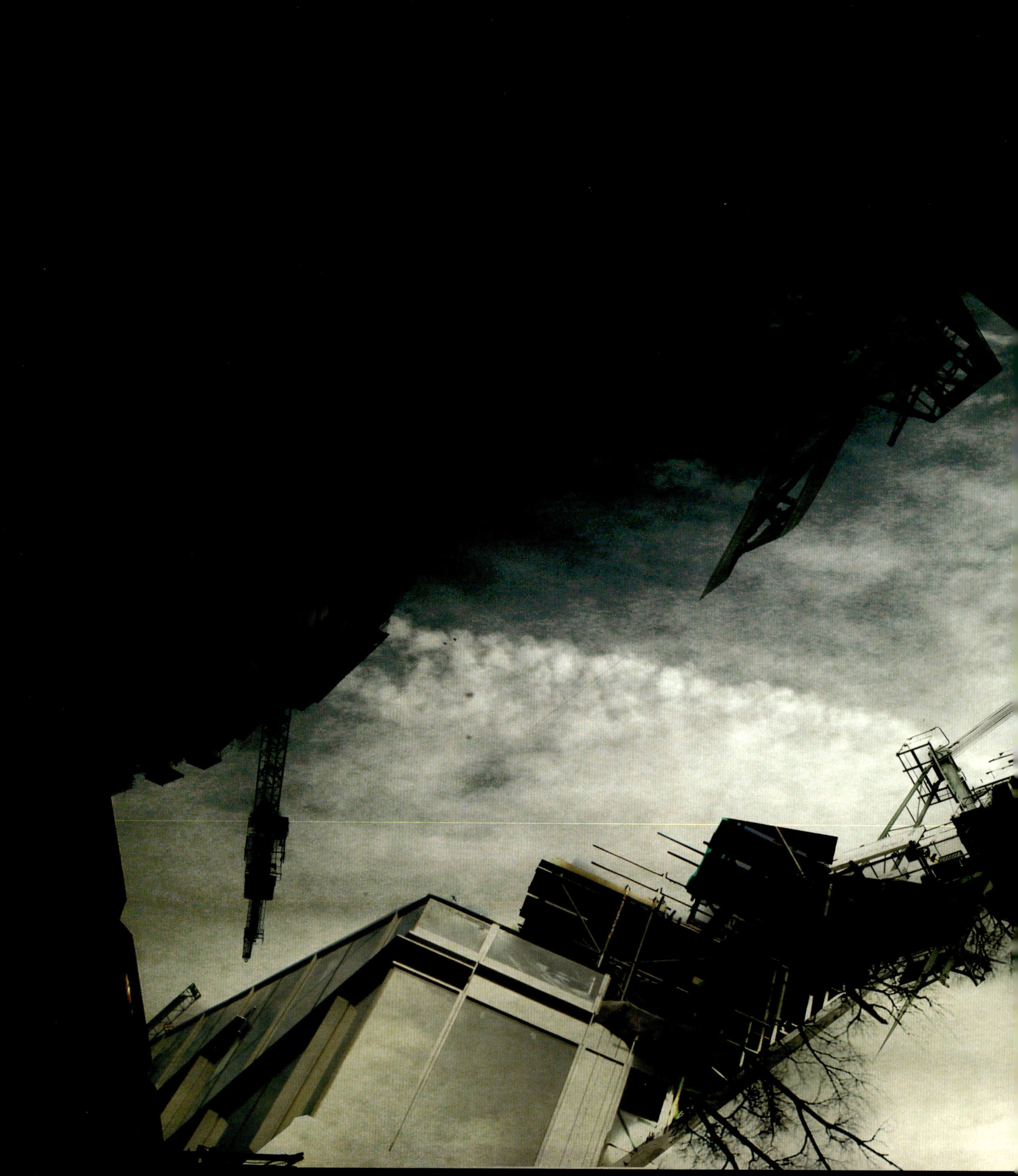

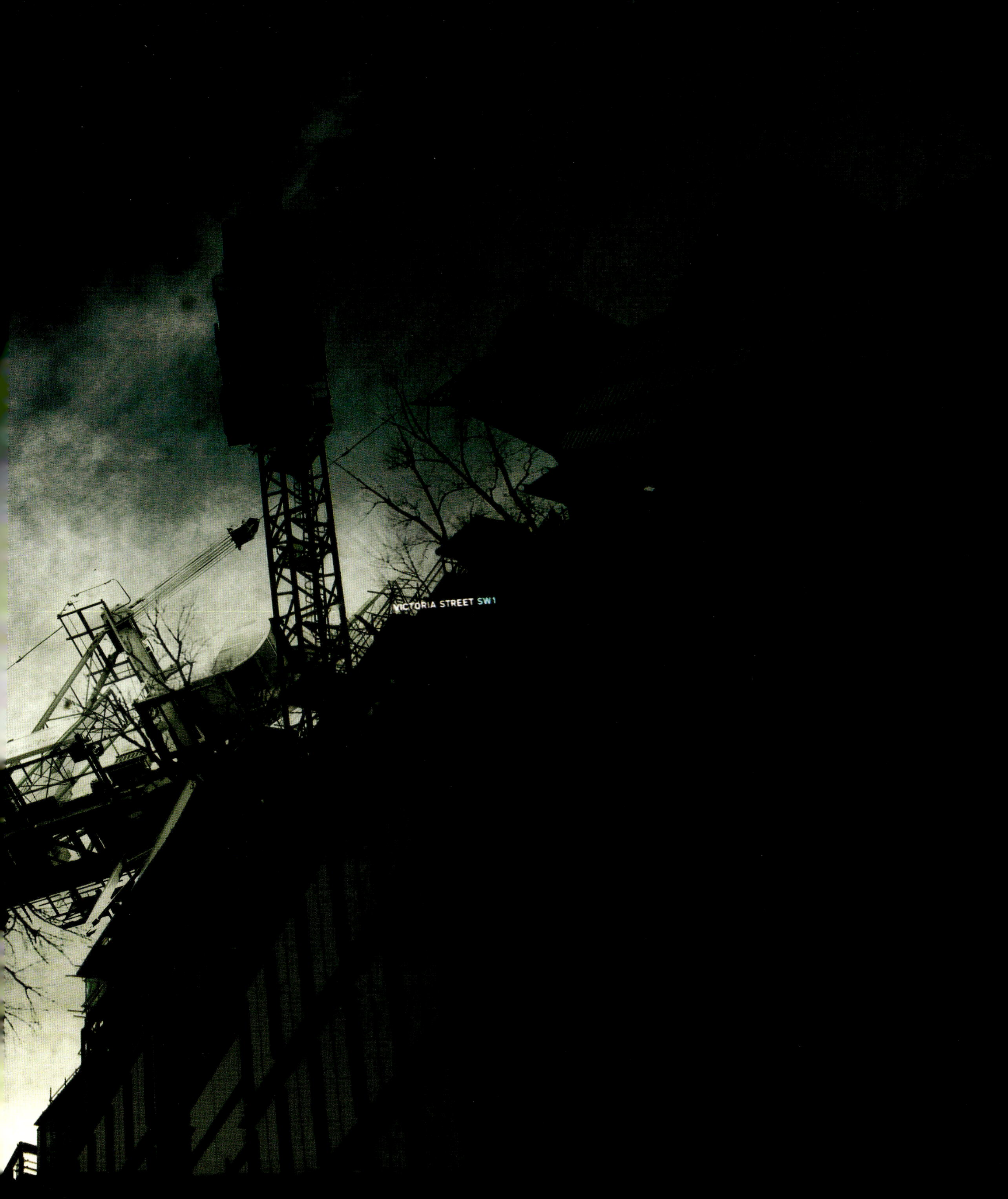

VICTORIA STREET SW1

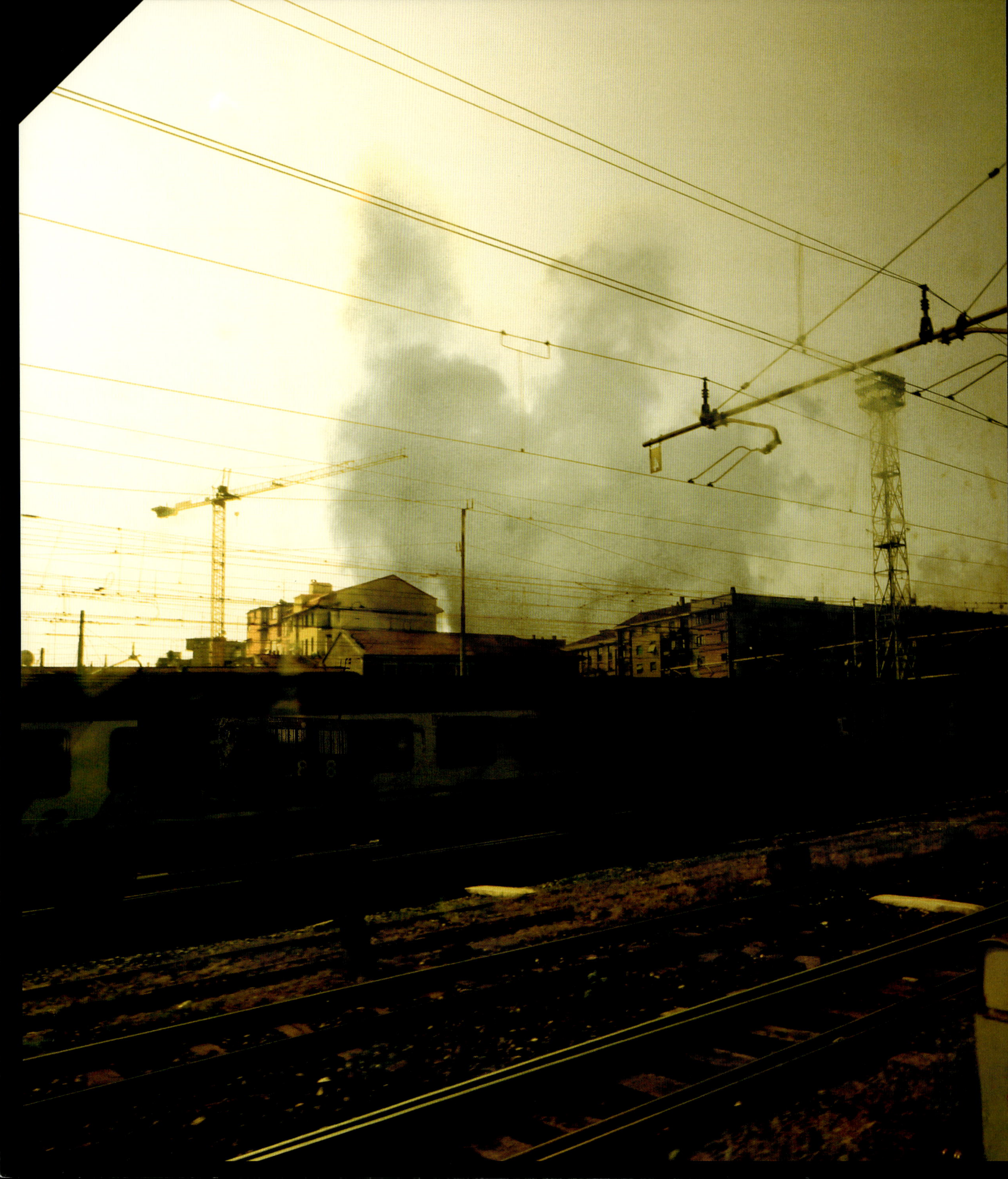

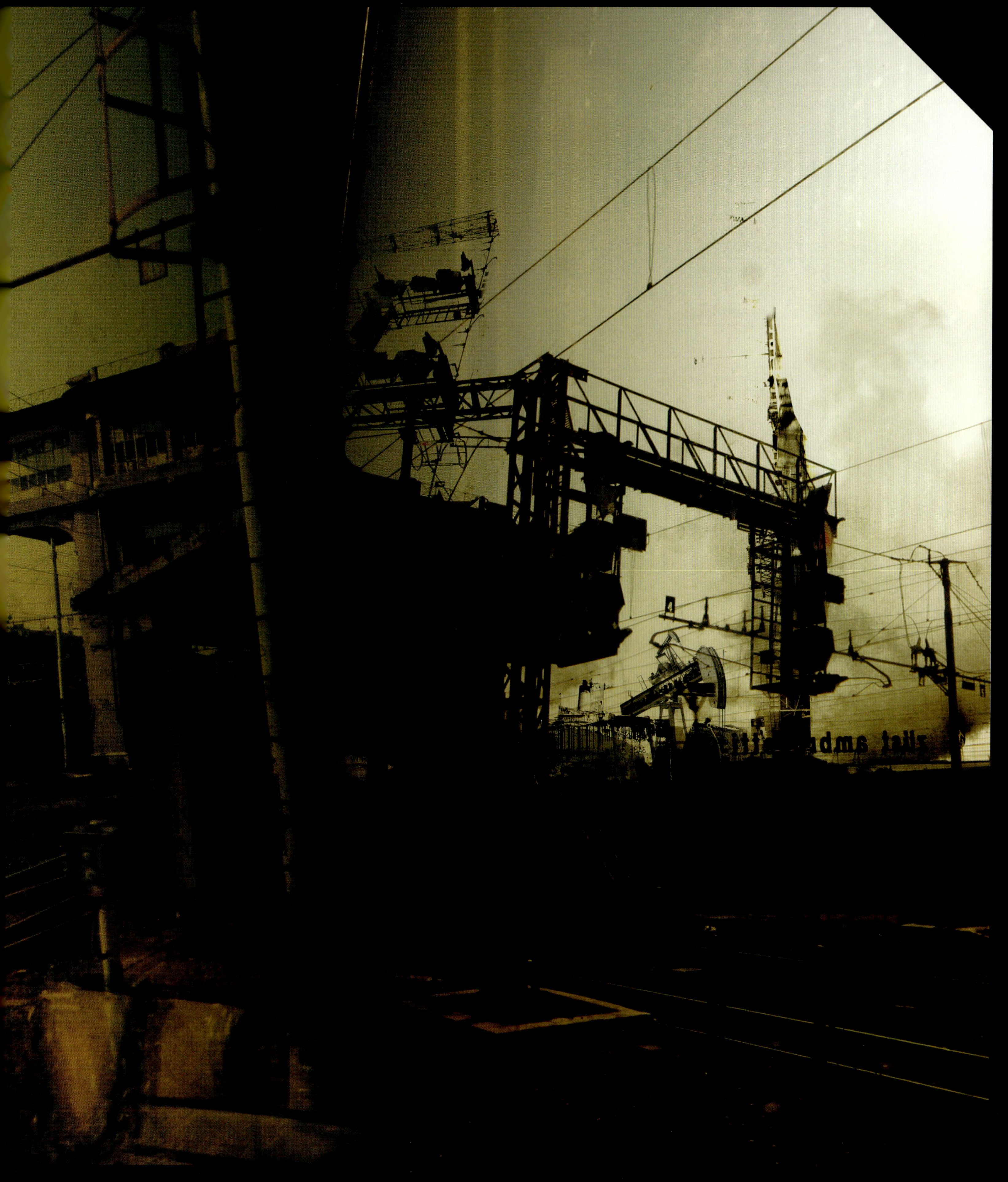
giant ambassador falls

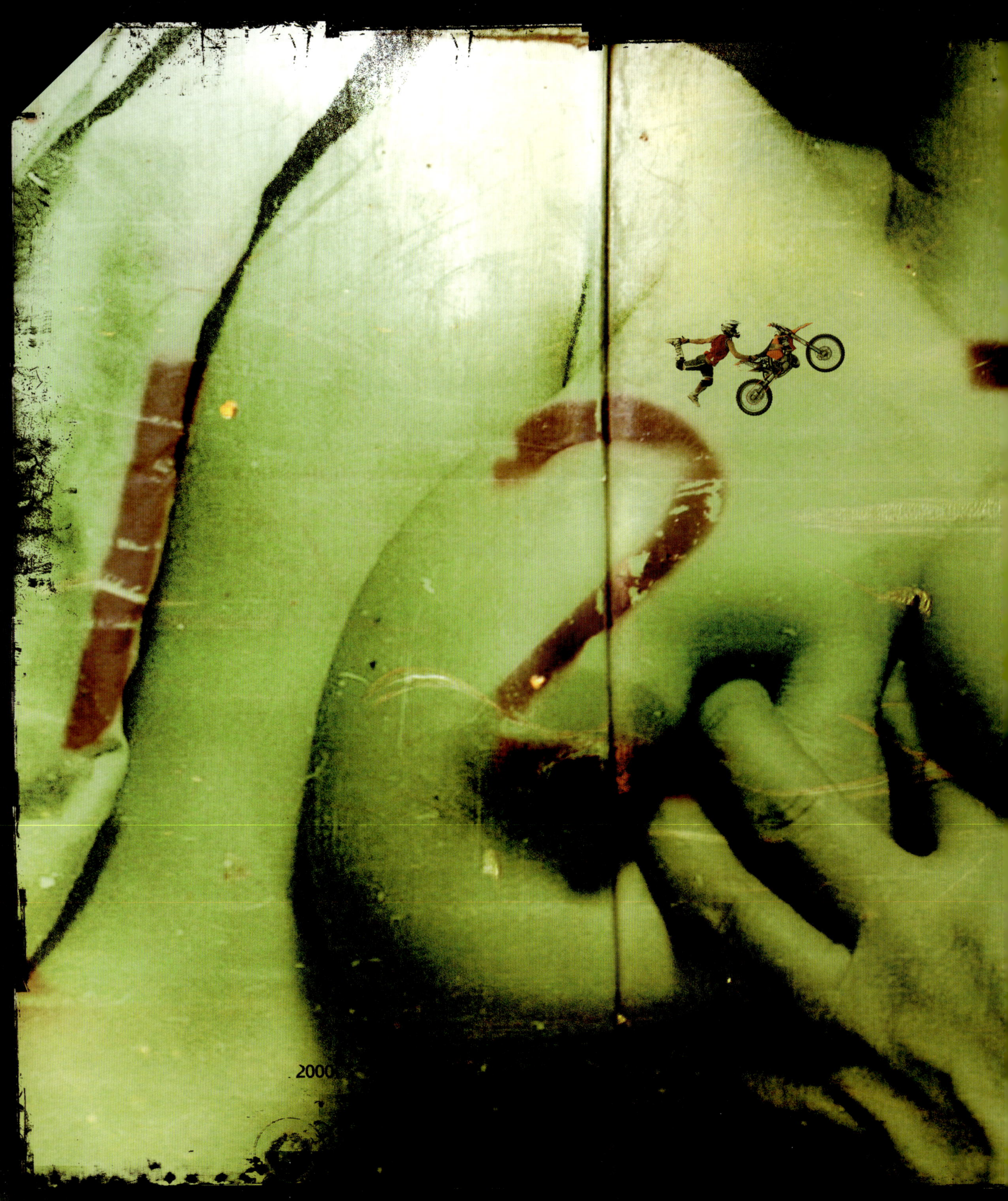
2000

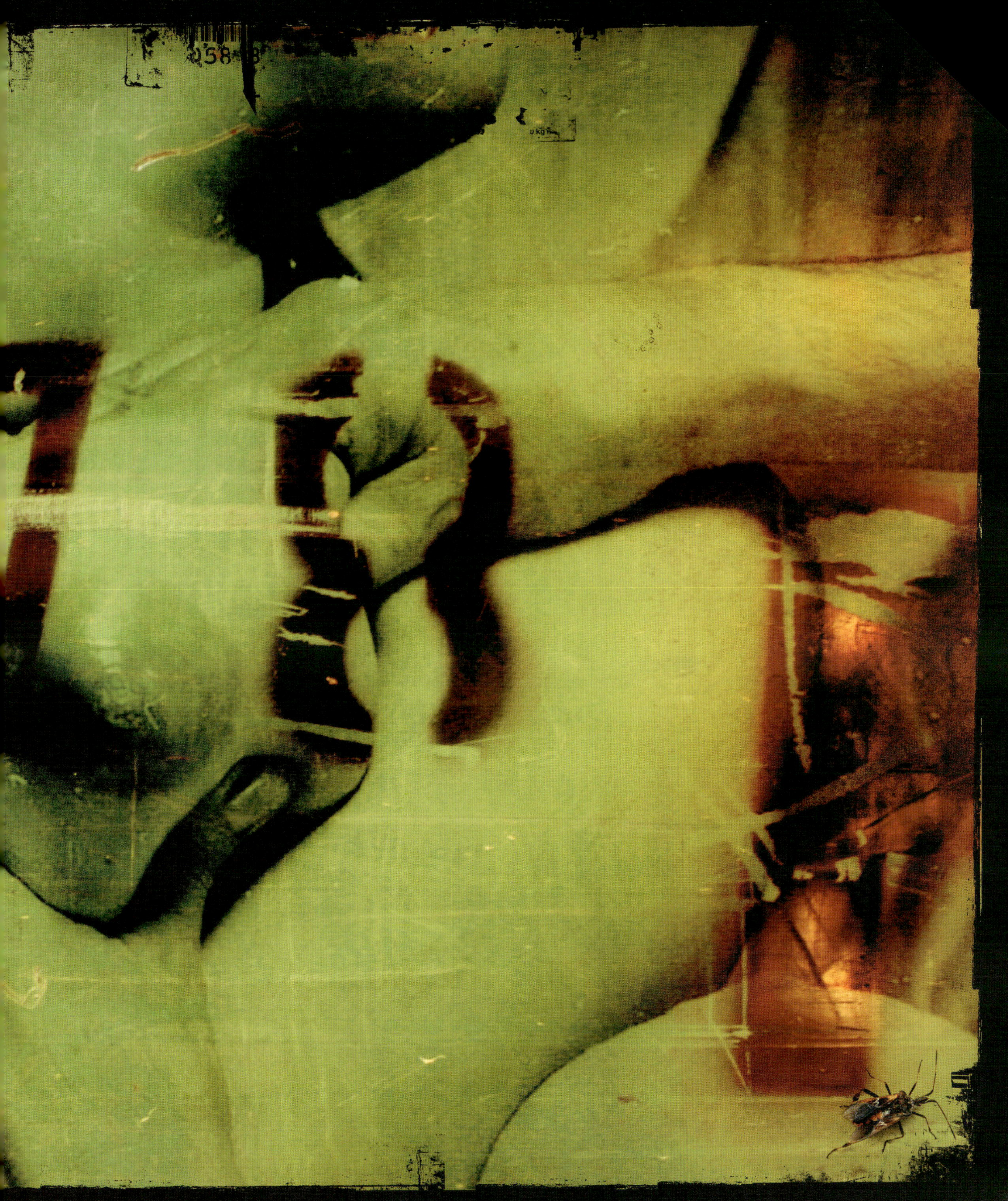

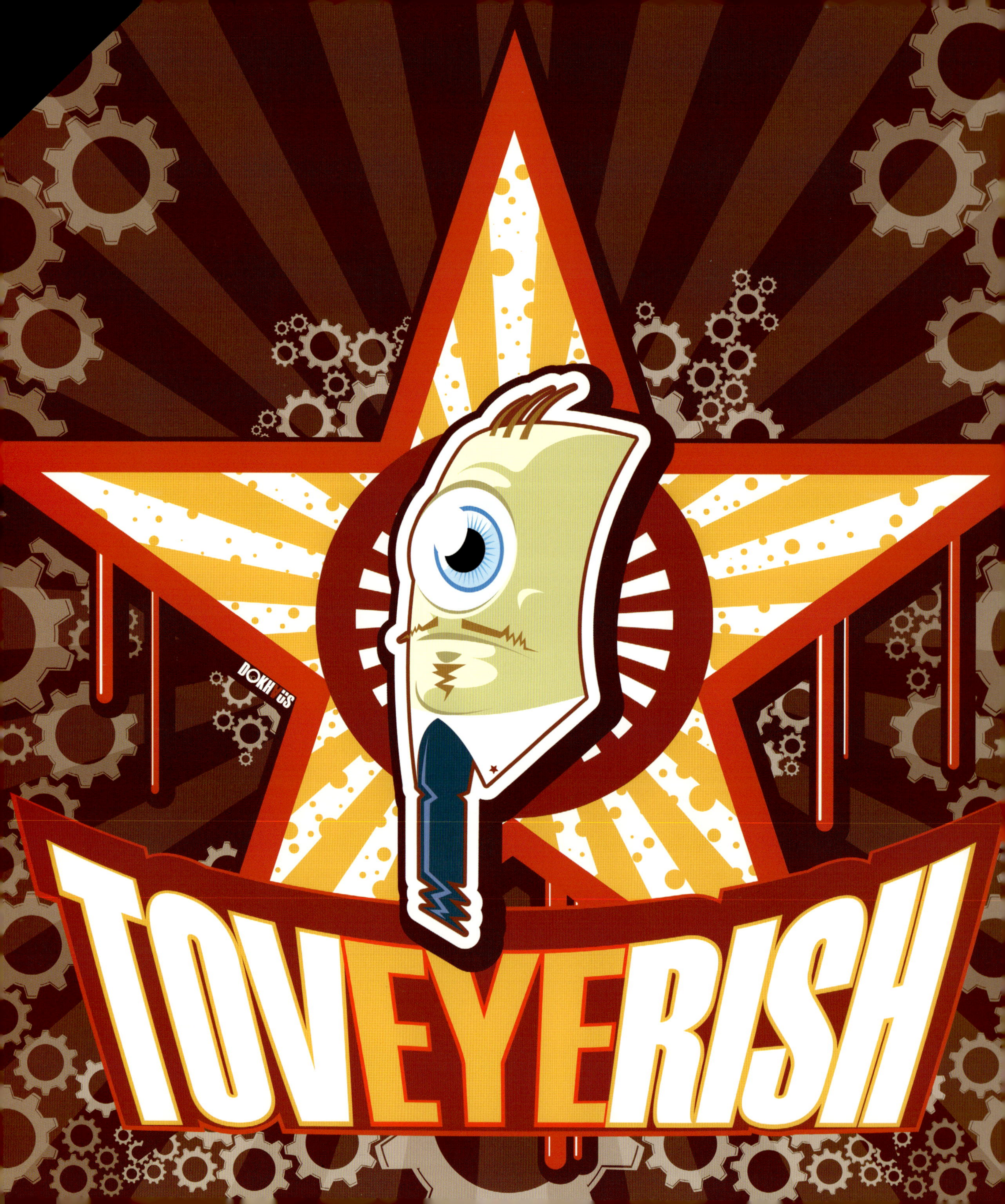
BOKH öS
TOVEYERISH

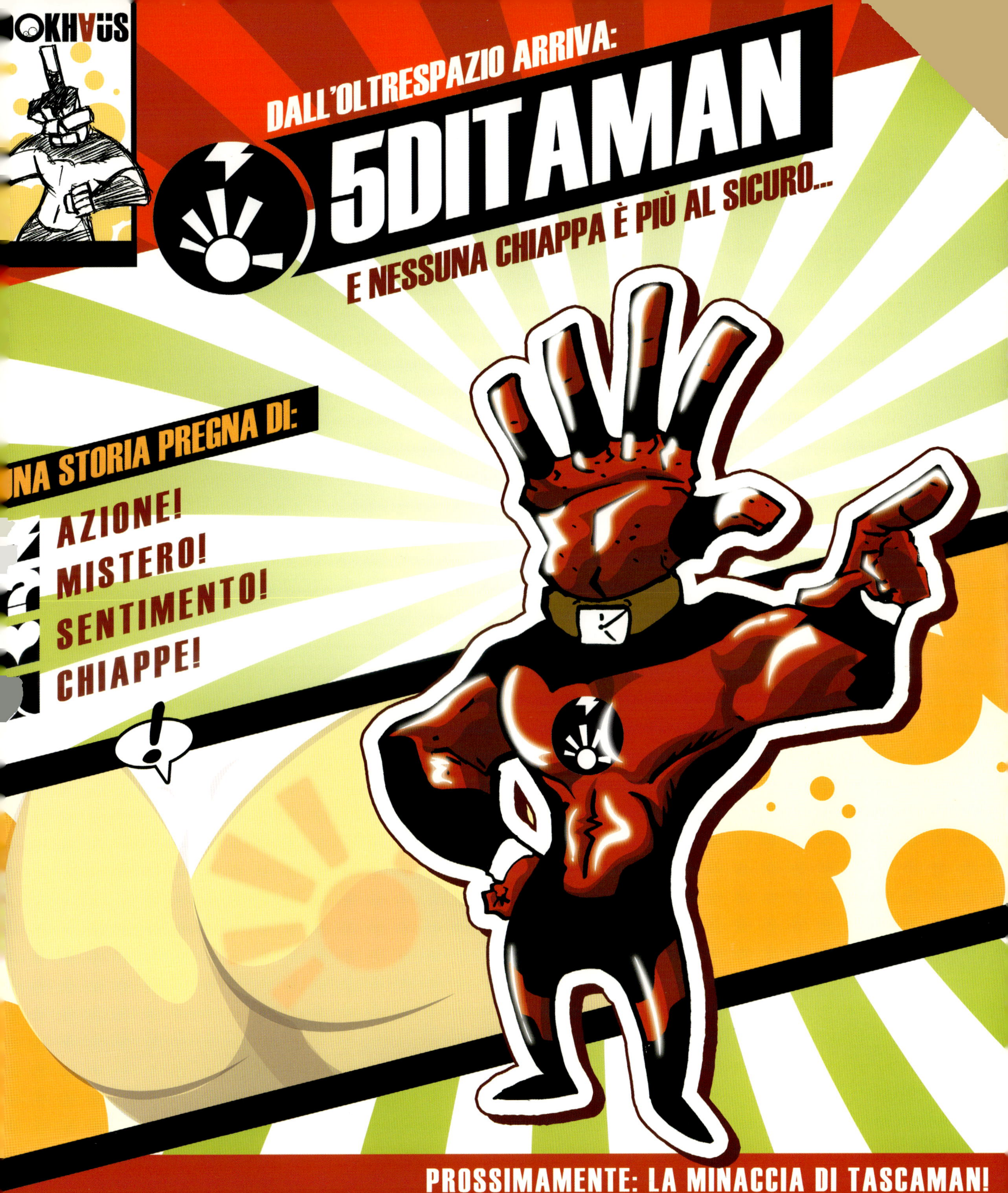
OKHVÜS
DALL'OLTRESPAZIO ARRIVA:
5DITAMAN
E NESSUNA CHIAPPA È PIÙ AL SICURO...
UNA STORIA PREGNA DI:
AZIONE!
MISTERO!
SENTIMENTO!
CHIAPPE!
!
PROSSIMAMENTE: LA MINACCIA DI TASCAMAN!

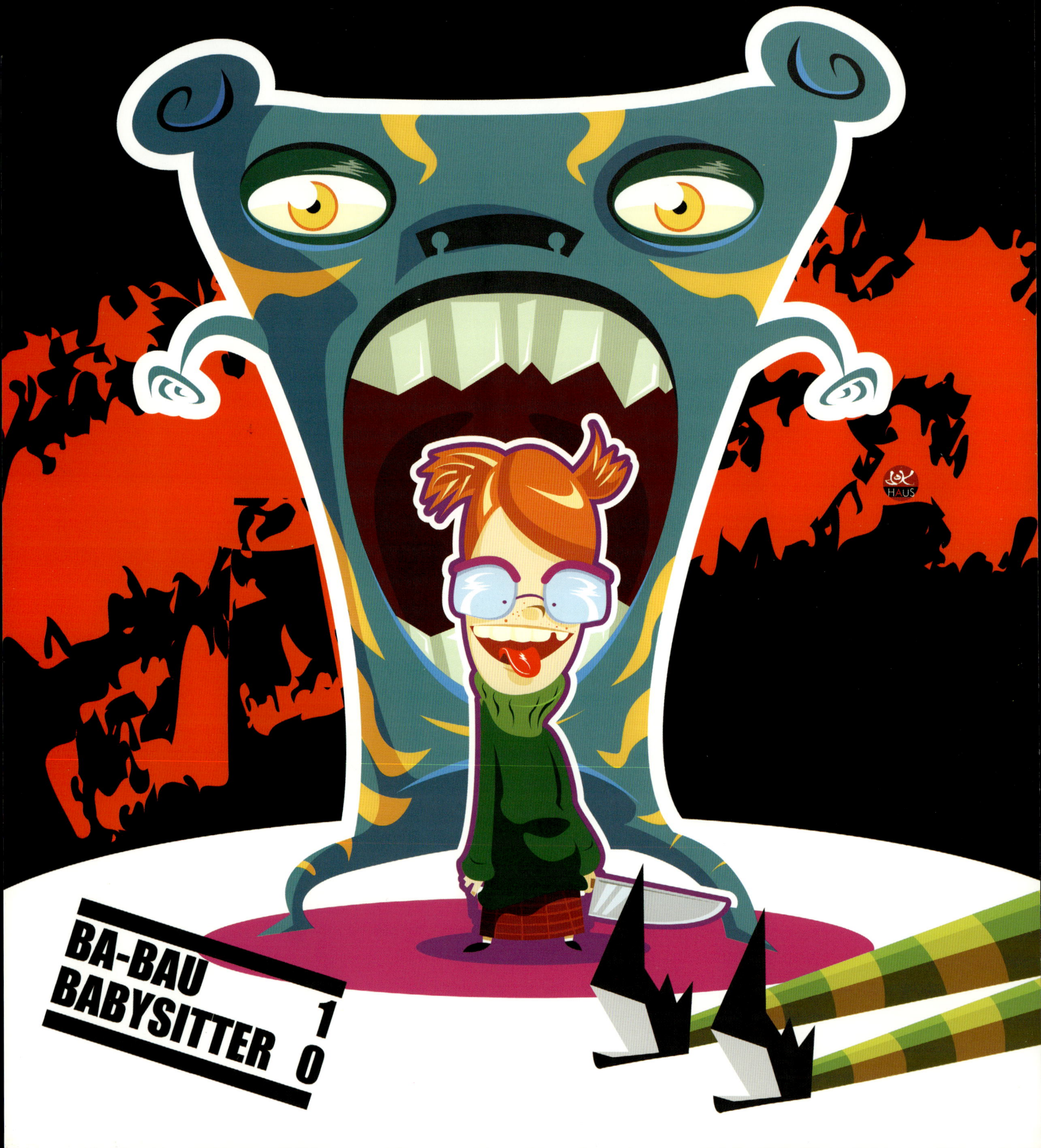
BA-BAU
BABYSITTER
1
0
HAUS

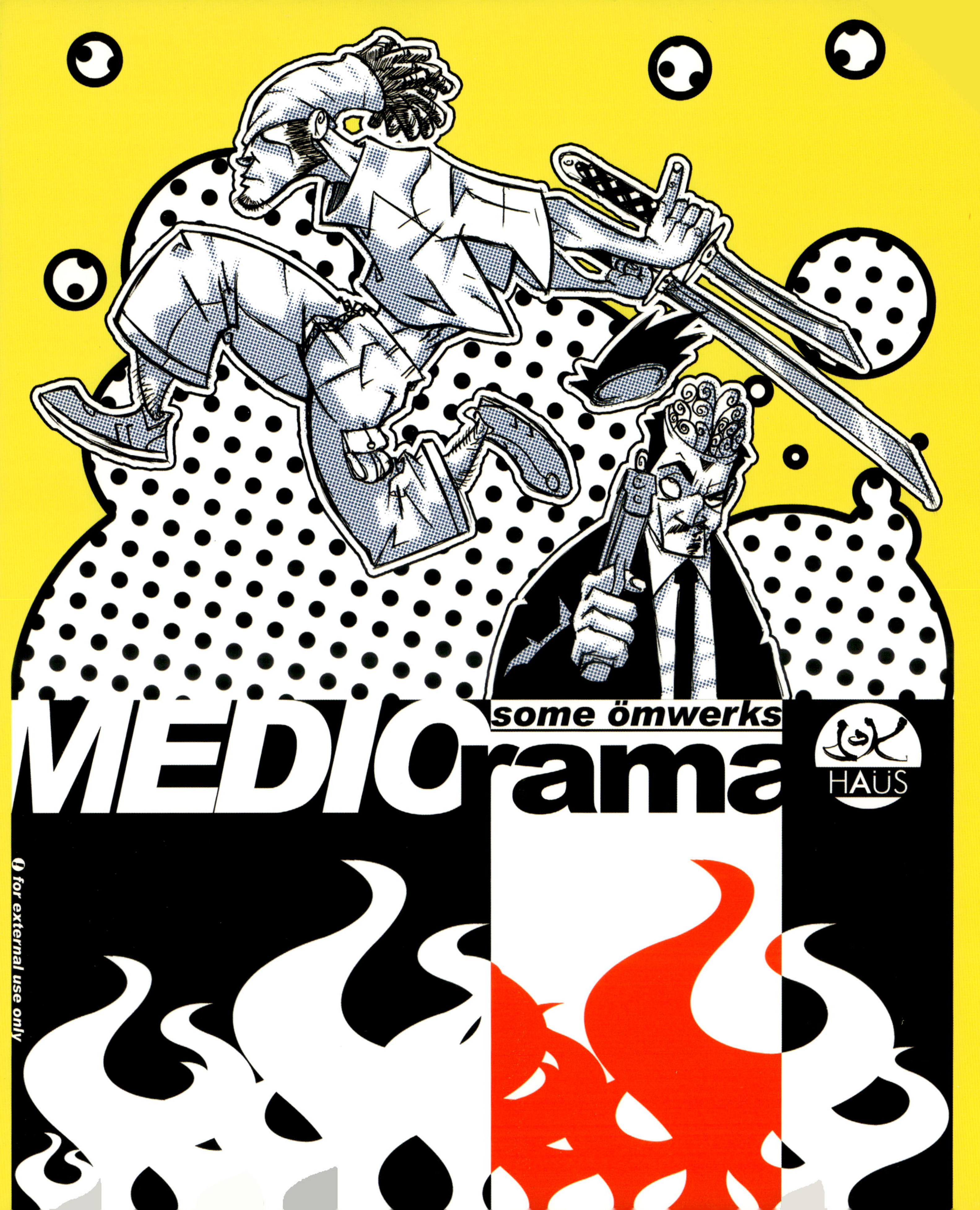

MEDIOrama
some ömwerks
HAÜS
for external use only

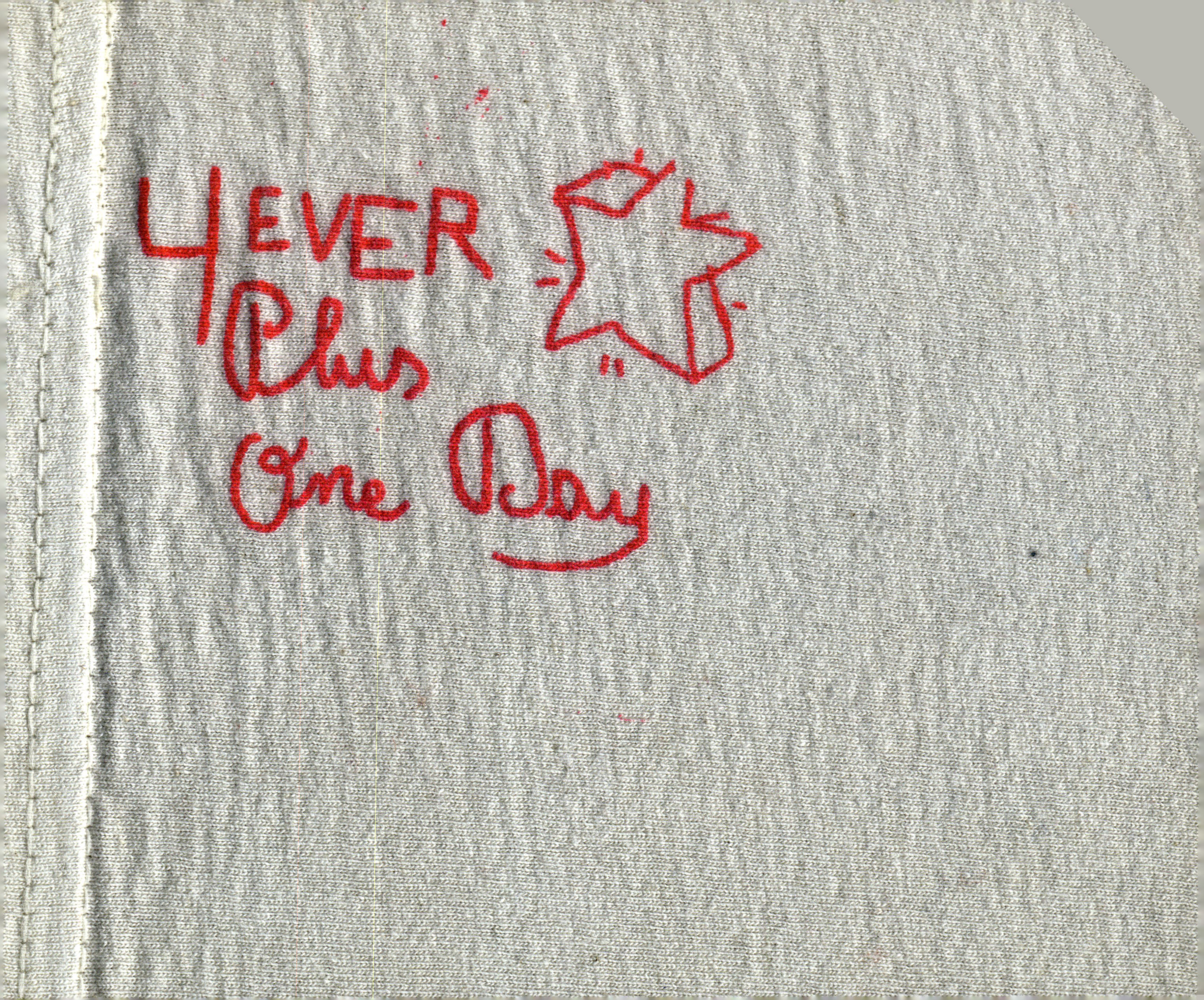
4EVER
Plus
One Day

BLAH

BLAH

BLAH

BLAH

BLAH

BLAH

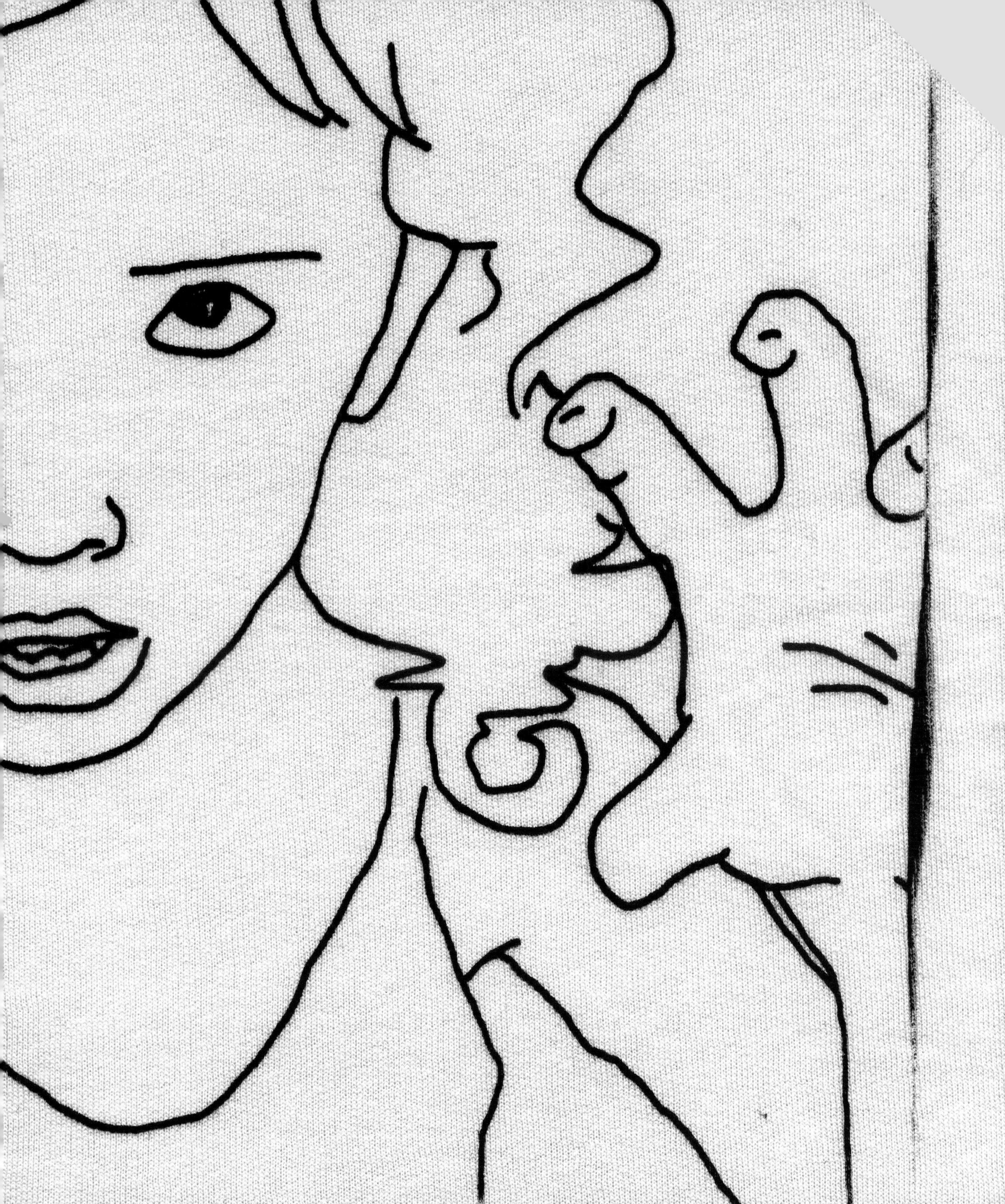

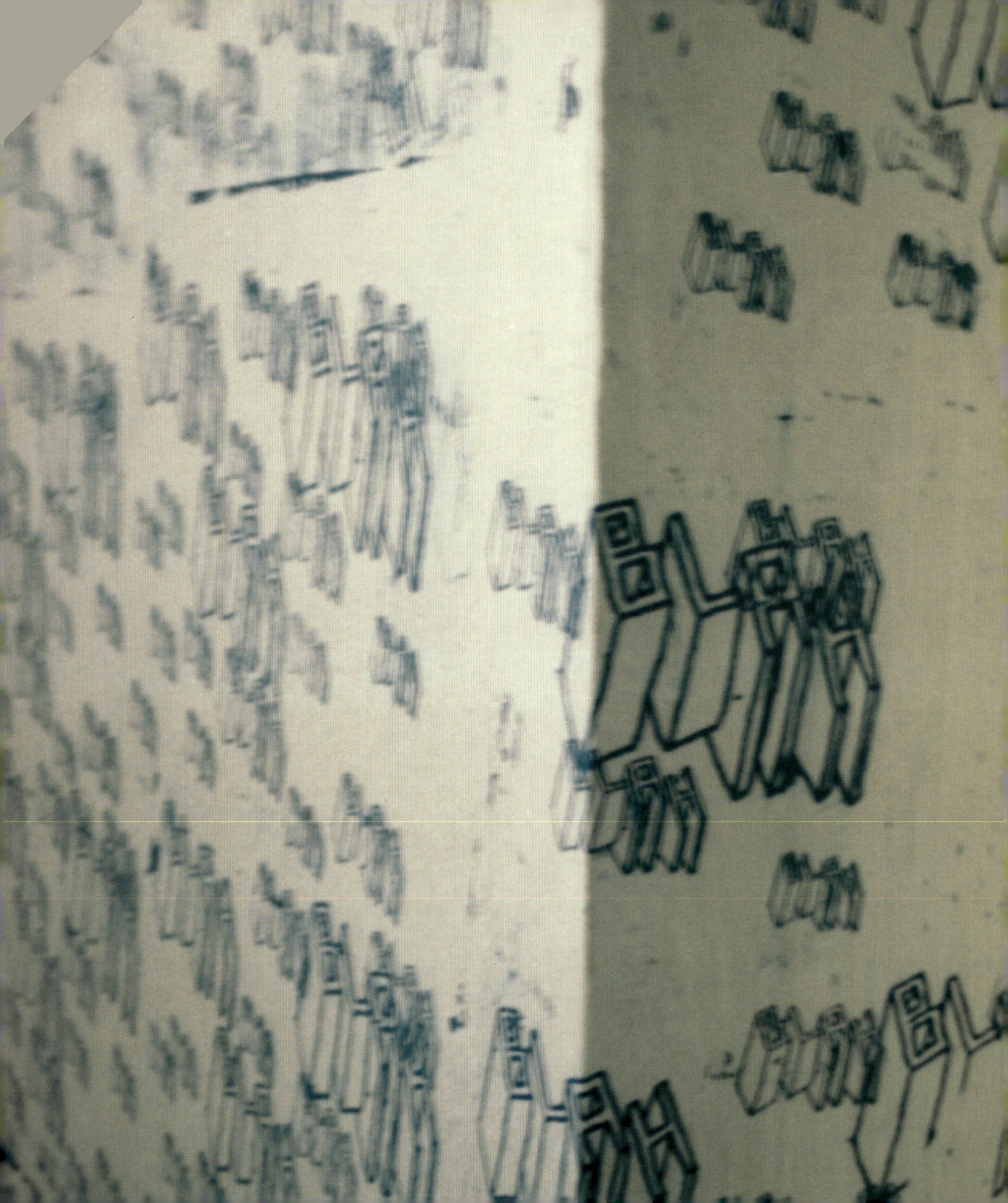

7E
PHALANX

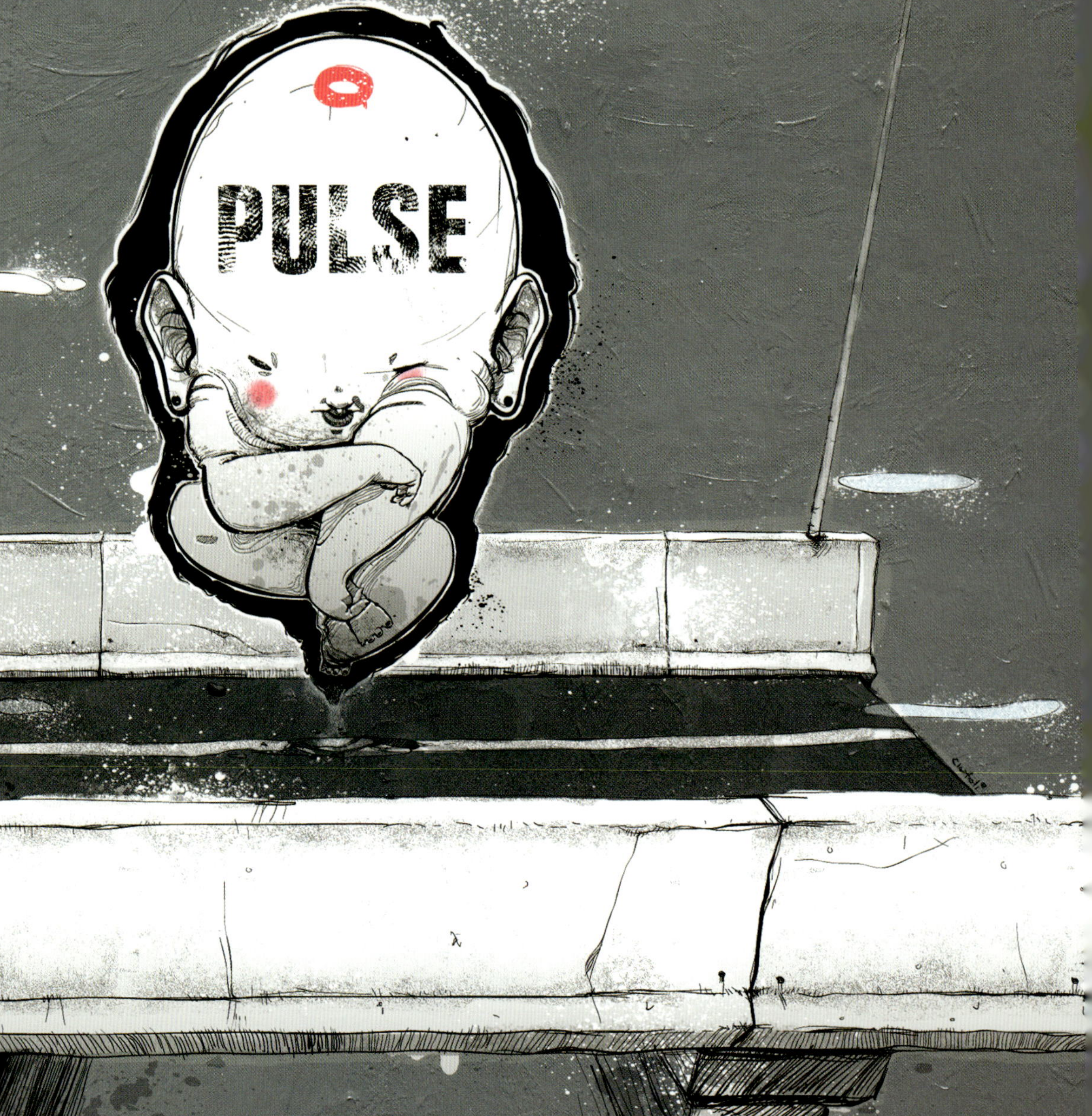
PULSE

[NTT008]

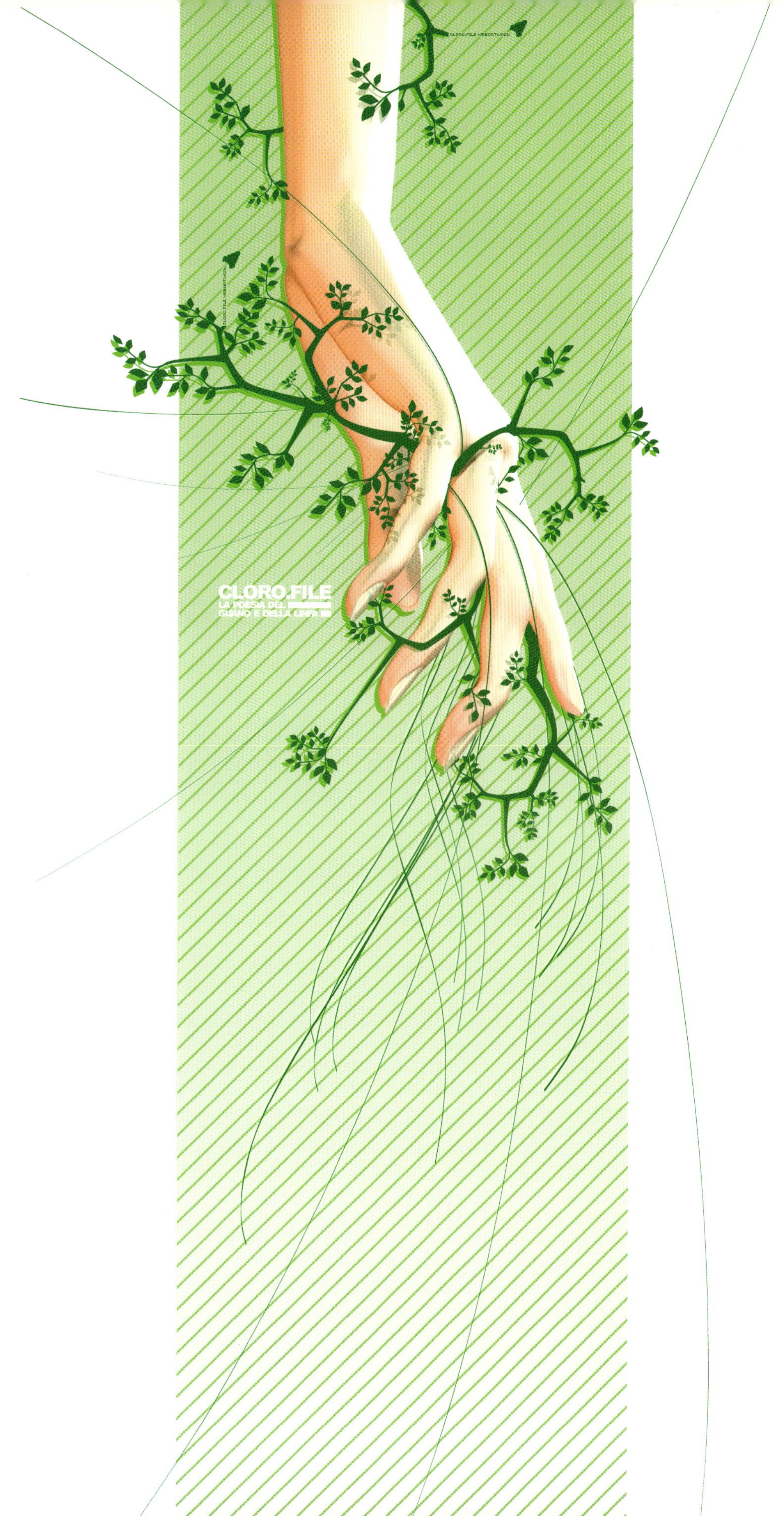

CLORO.FILE
LA POESIA DEL
GUANO E DELLA LINFA

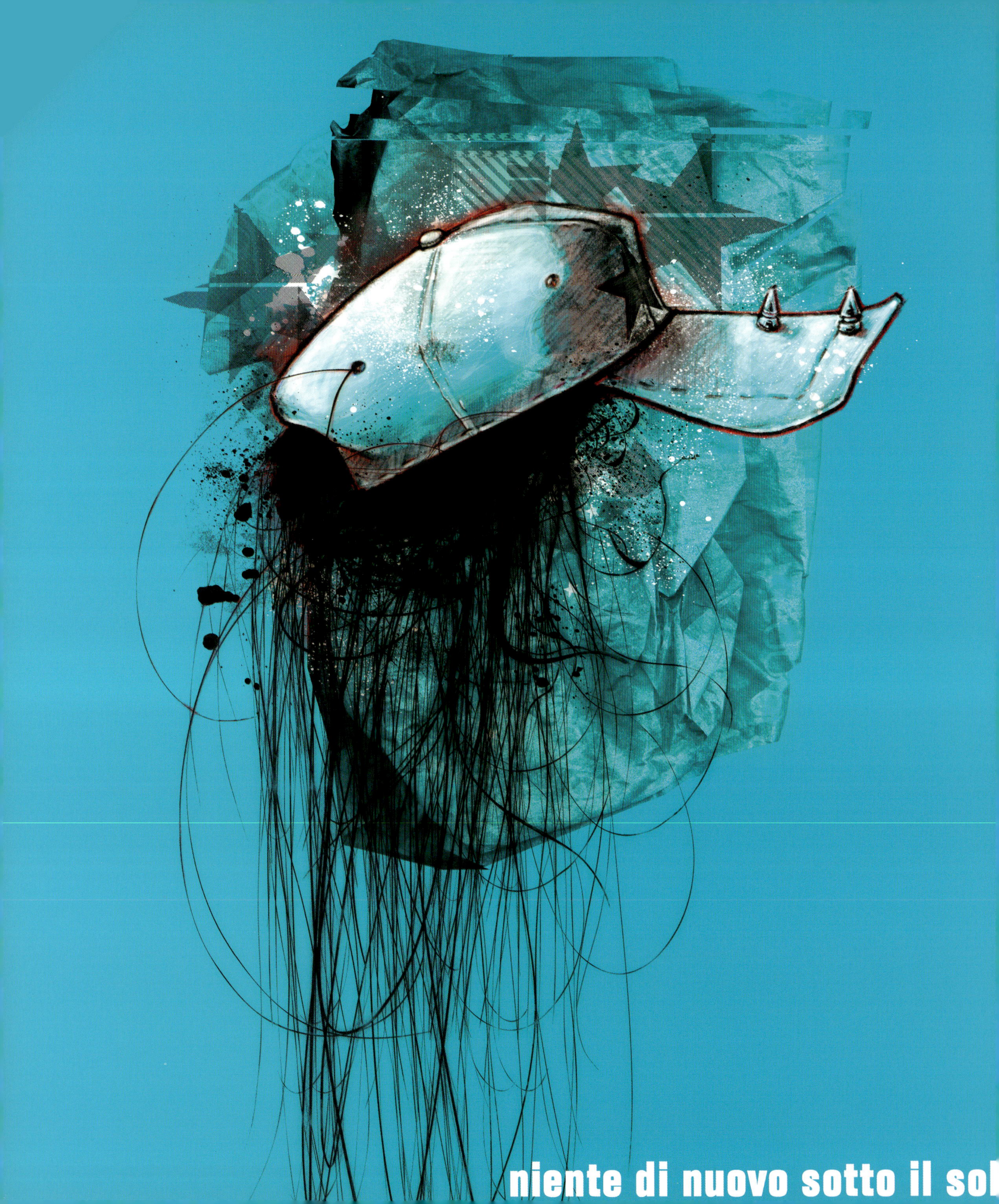
niente di nuovo sotto il sol

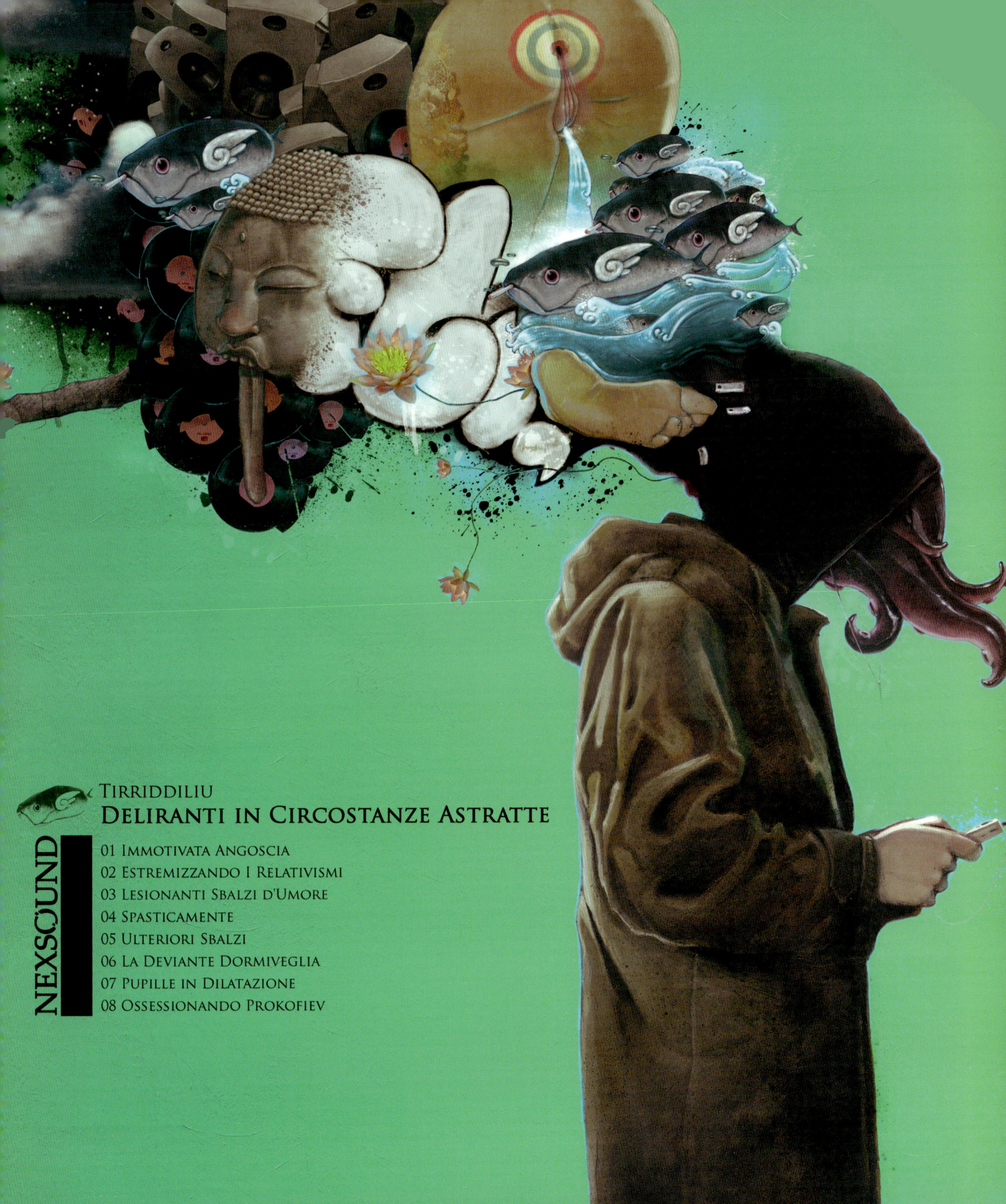

TIRRIDDILIU
DELIRANTI IN CIRCOSTANZE ASTRATTE
01 Immotivata Angoscia
02 Estremizzando I Relativismi
03 Lesionanti Sbalzi d'Umore
04 Spasticamente
05 Ulteriori Sbalzi
06 La Deviante Dormiveglia
07 Pupille in Dilatazione
08 Ossessionando Prokofiev
NEXSOUND

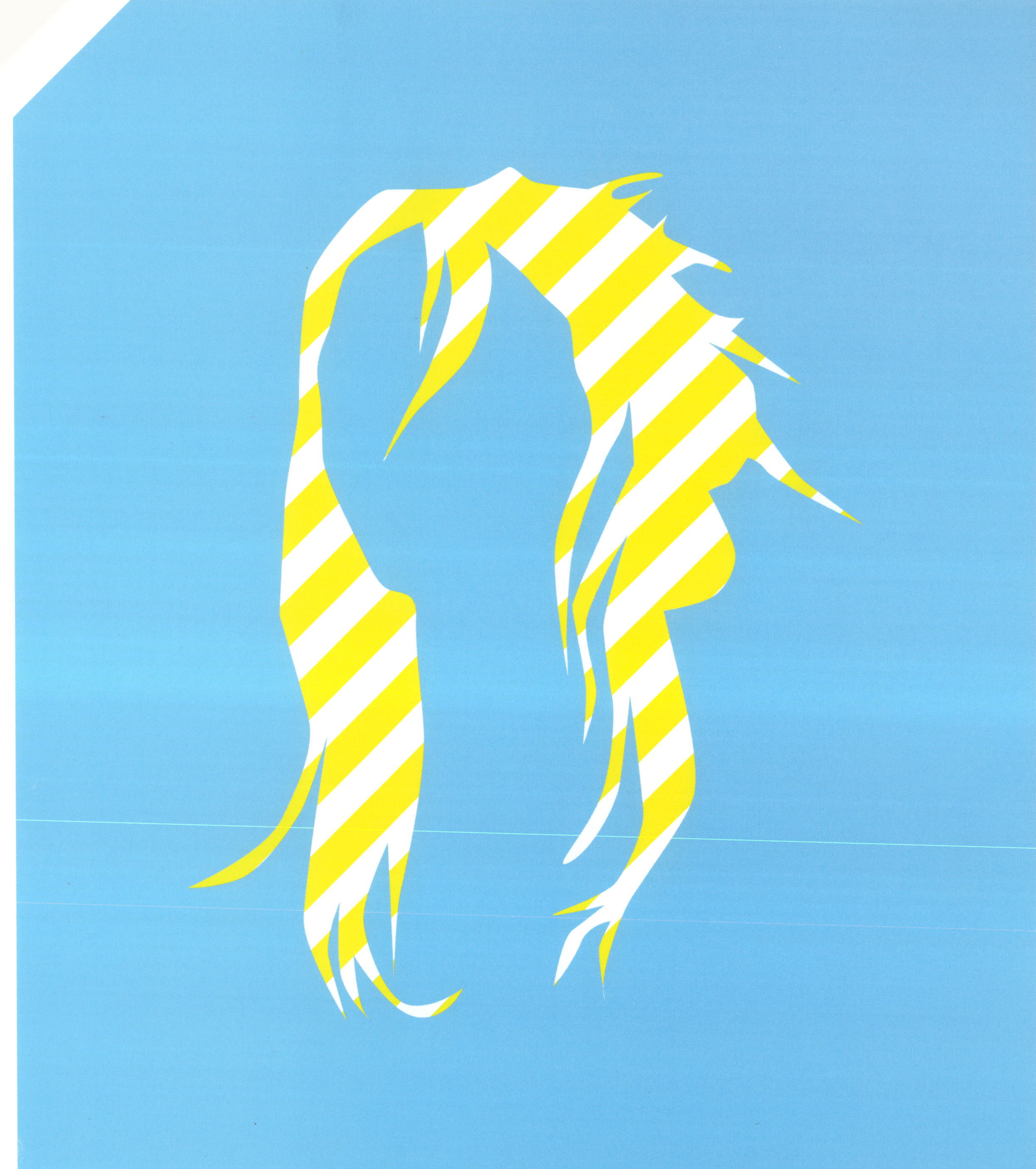

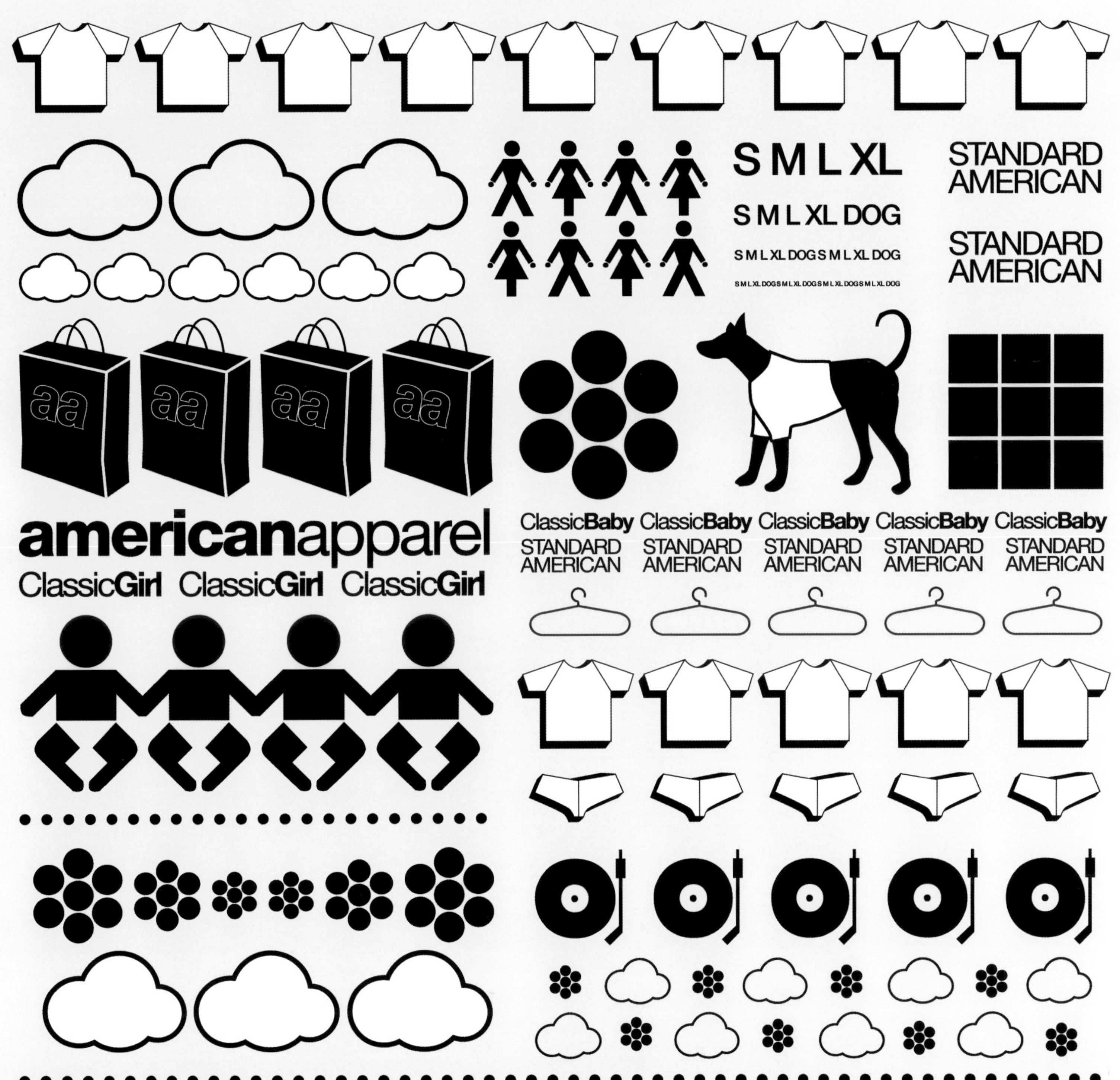

S M L XL
S M L XL DOG
S M L XL DOG S M L XL DOG
STANDARD AMERICAN
STANDARD AMERICAN
americanapparel
ClassicGirl ClassicGirl ClassicGirl
ClassicBaby ClassicBaby ClassicBaby ClassicBaby ClassicBaby
STANDARD AMERICAN
STANDARD AMERICAN
STANDARD AMERICAN
STANDARD AMERICAN
STANDARD AMERICAN
ClassicBaby ClassicGirl ClassicBaby ClassicGirl ClassicBaby

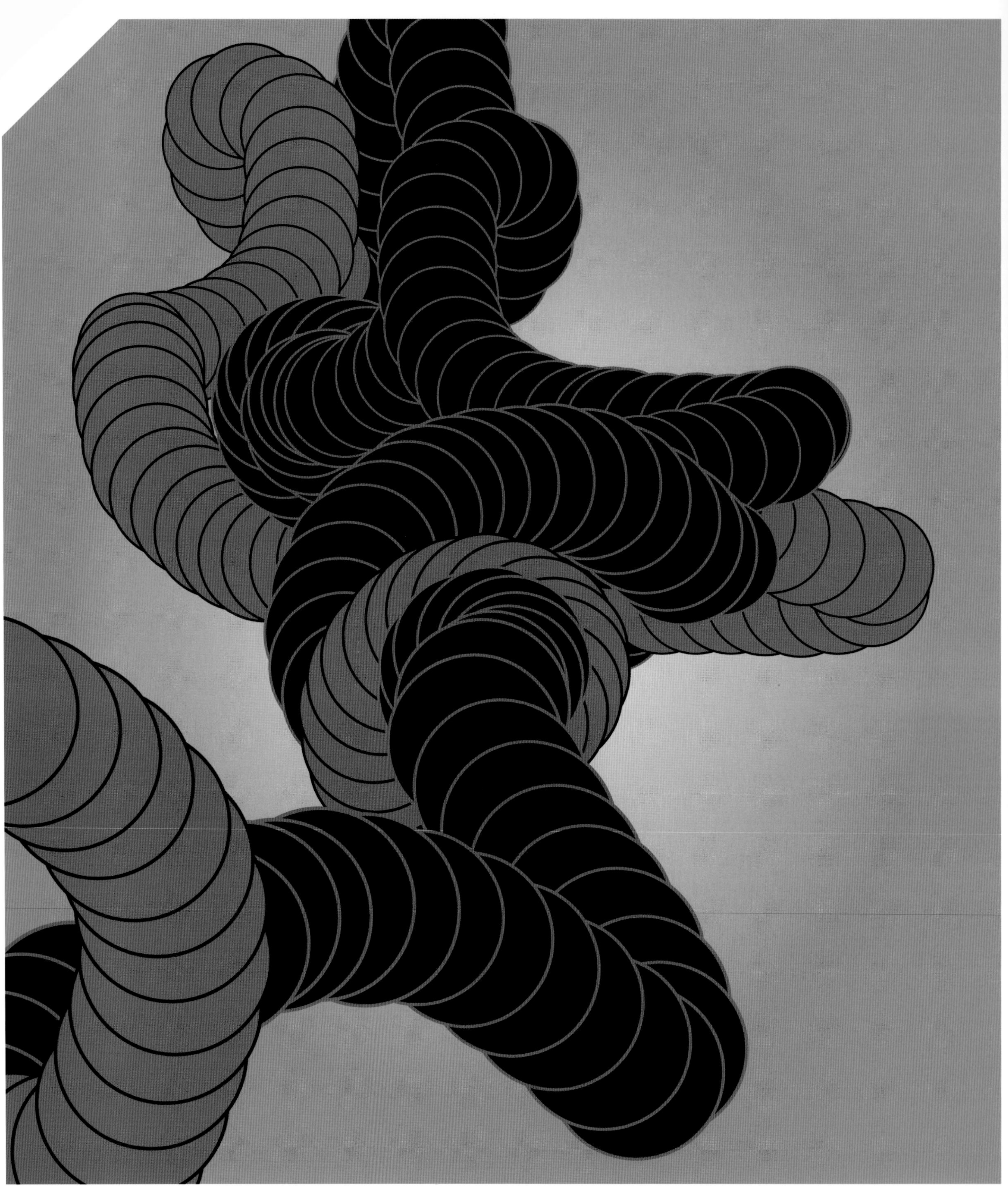

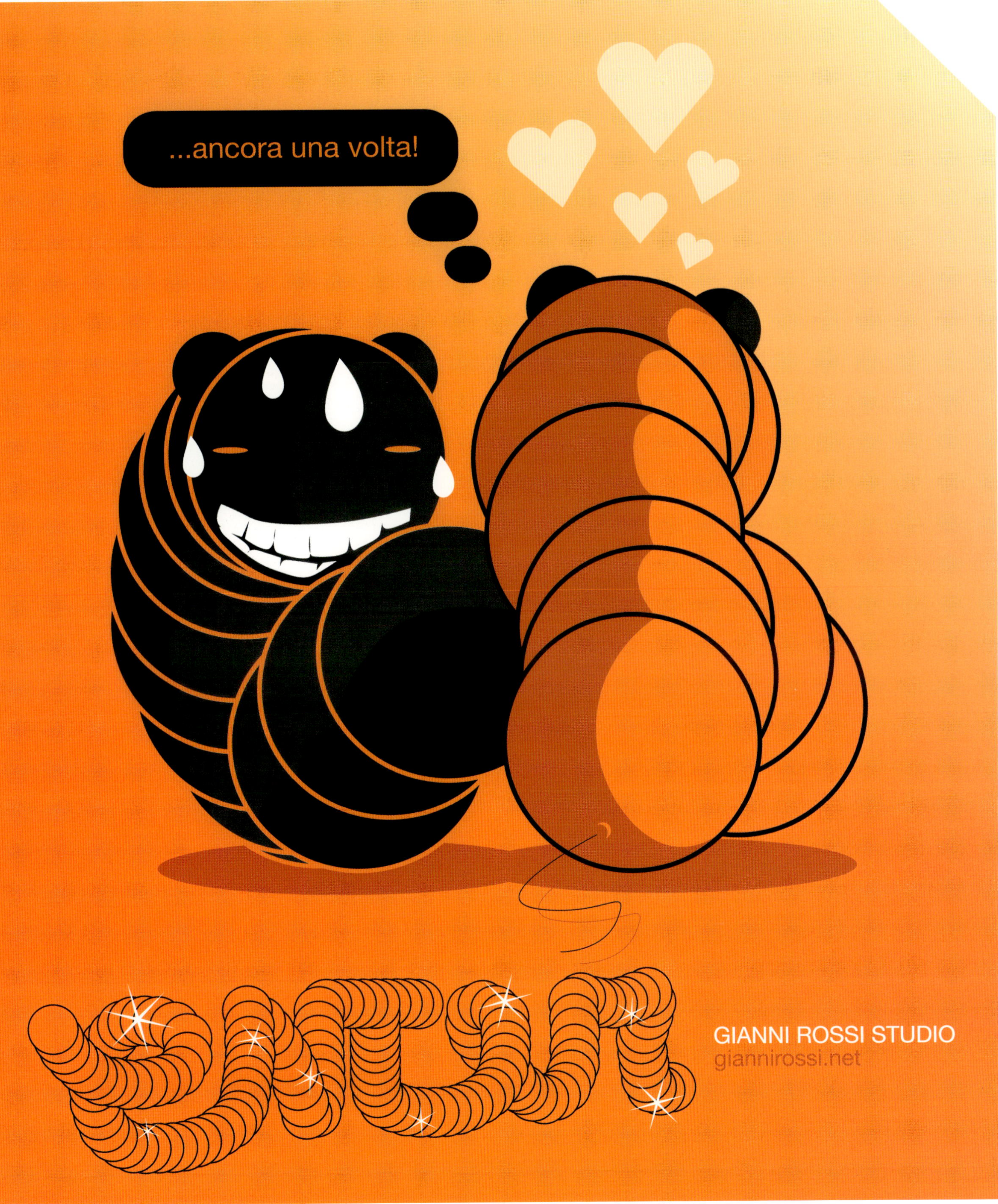
...ancora una volta!
GIANNI ROSSI STUDIO
giannirossi.net

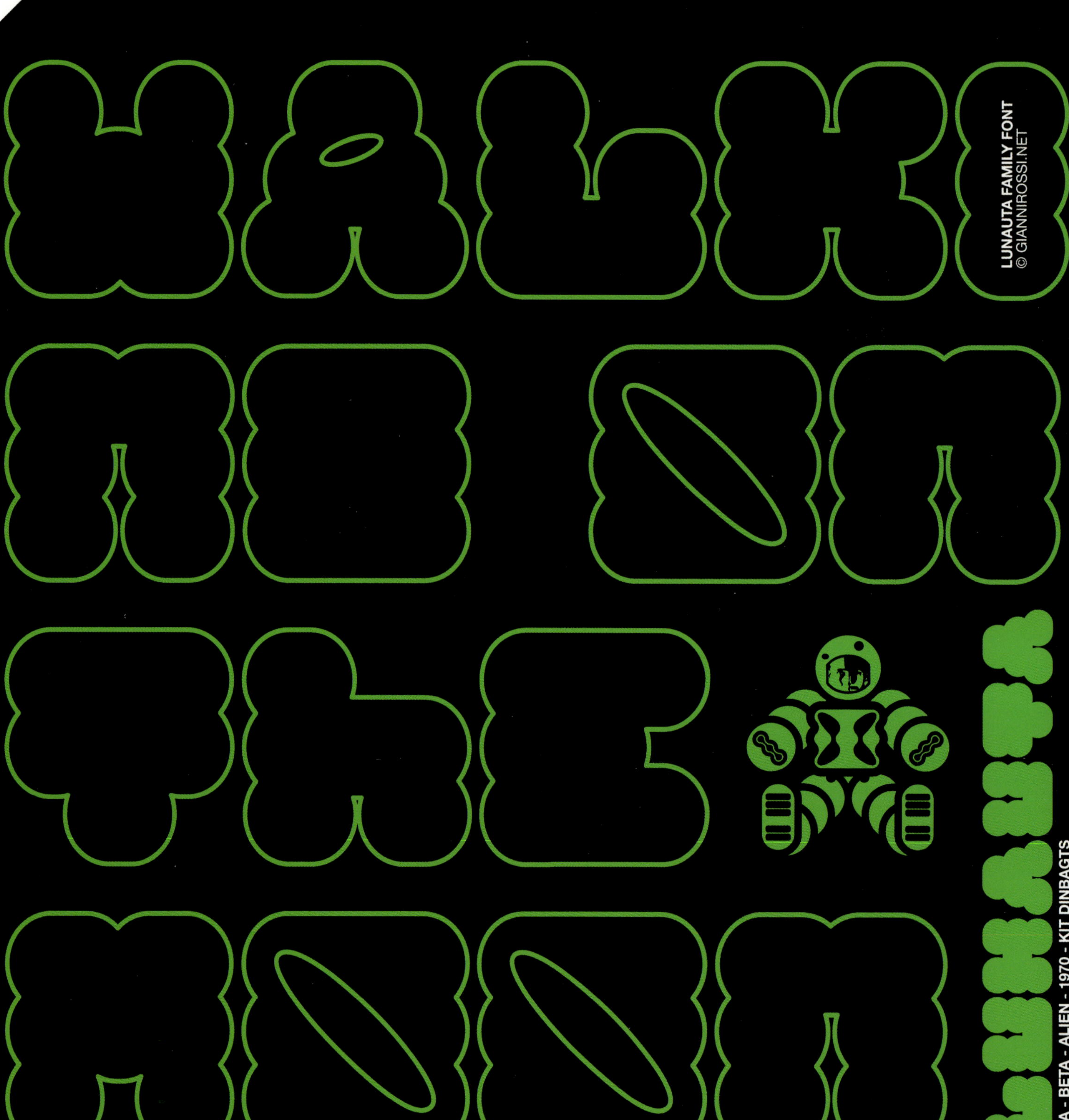

WALK
ON
THE
MOON
LUNAUTA FAMILY FONT
© GIANNIROSSI.NET
LUNAUTA
ALFA - BETA - ALIEN - 1970 - KIT DINBAGTS

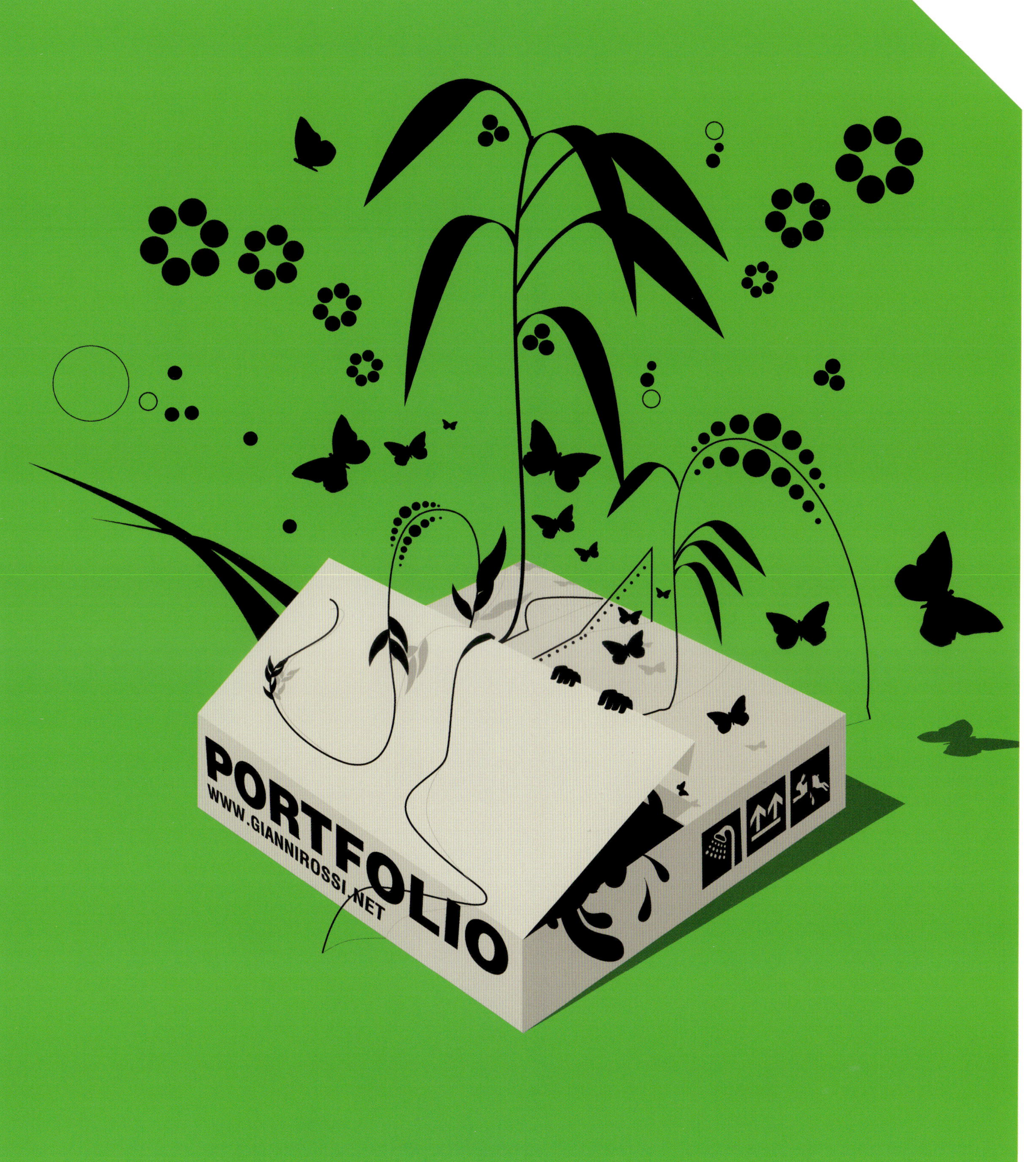

PORTFOLIO
WWW.GIANNIROSSI.NET

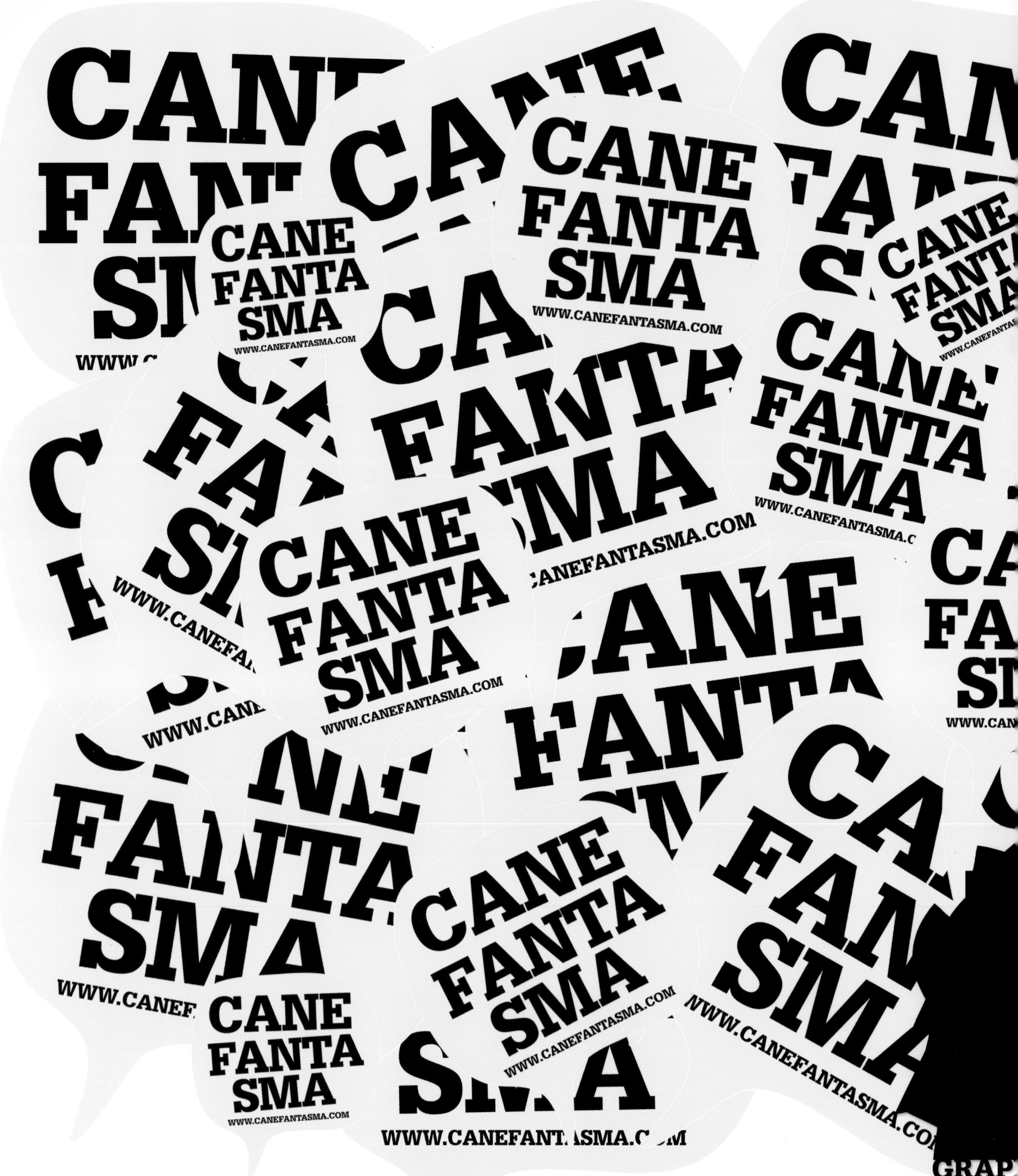

CANE
FANTA
SMA
WWW.CANEFANTASMA.COM
GRAP

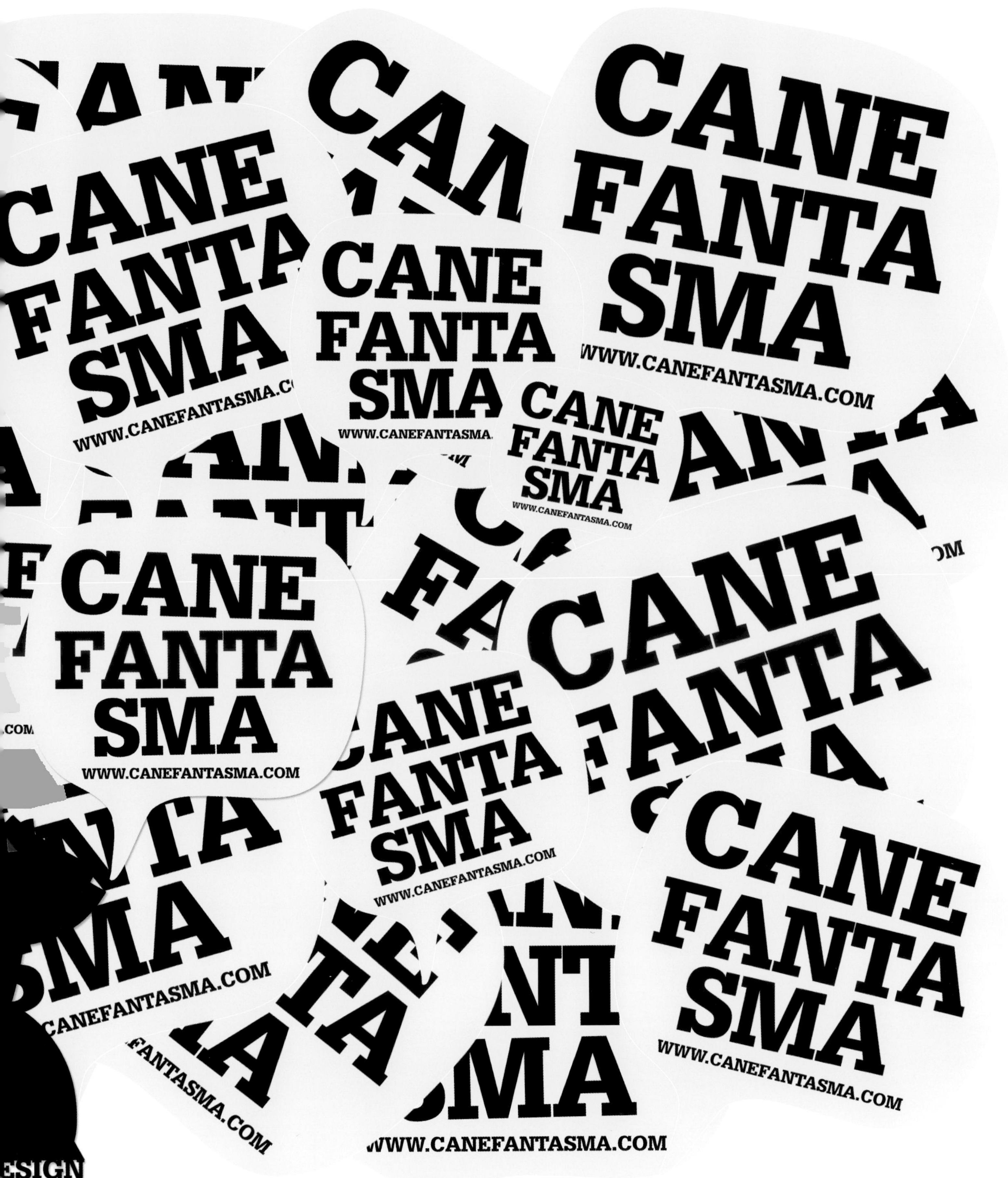
CANE
FANTA
SMA
WWW.CANEFANTASMA.COM

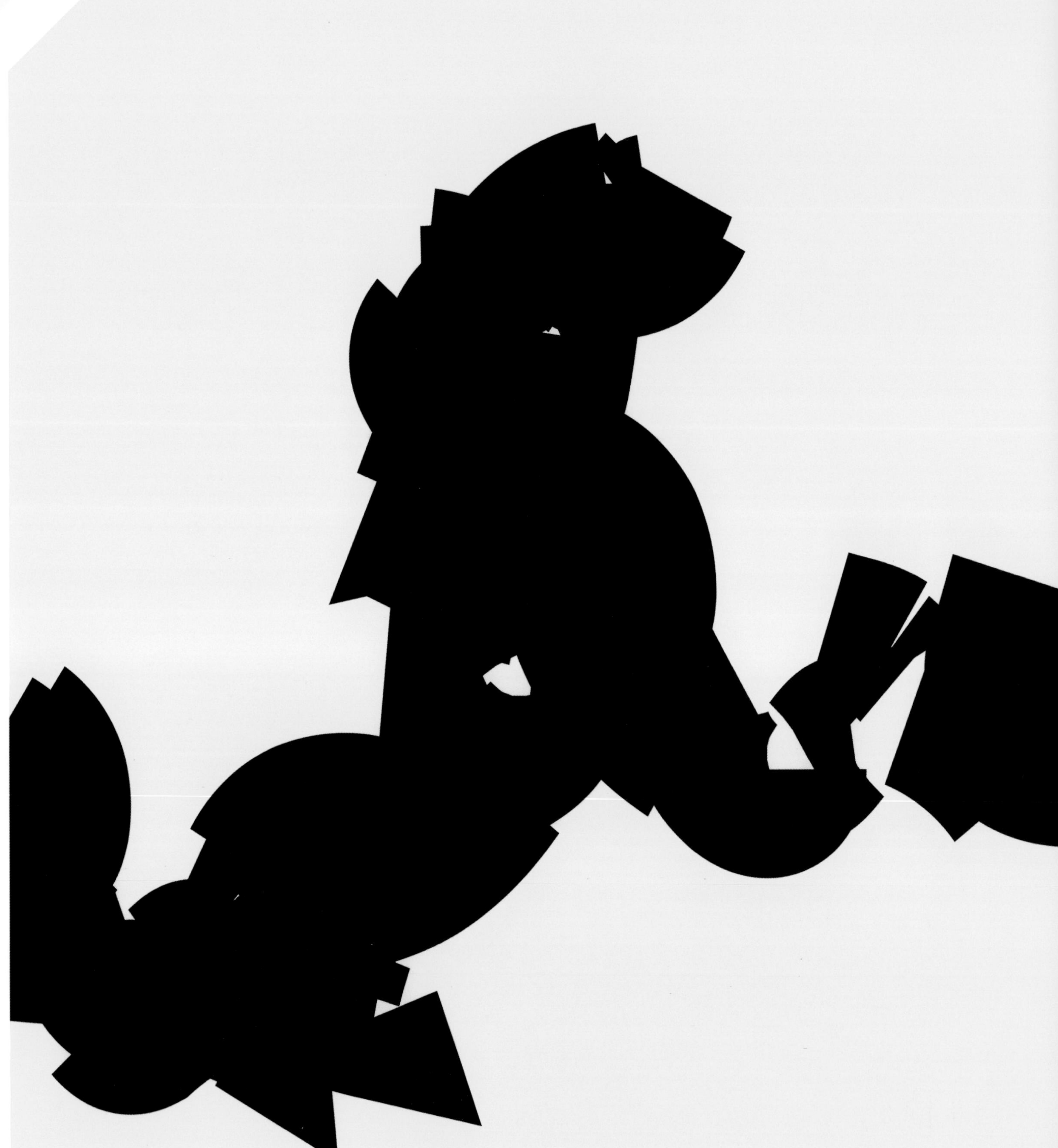

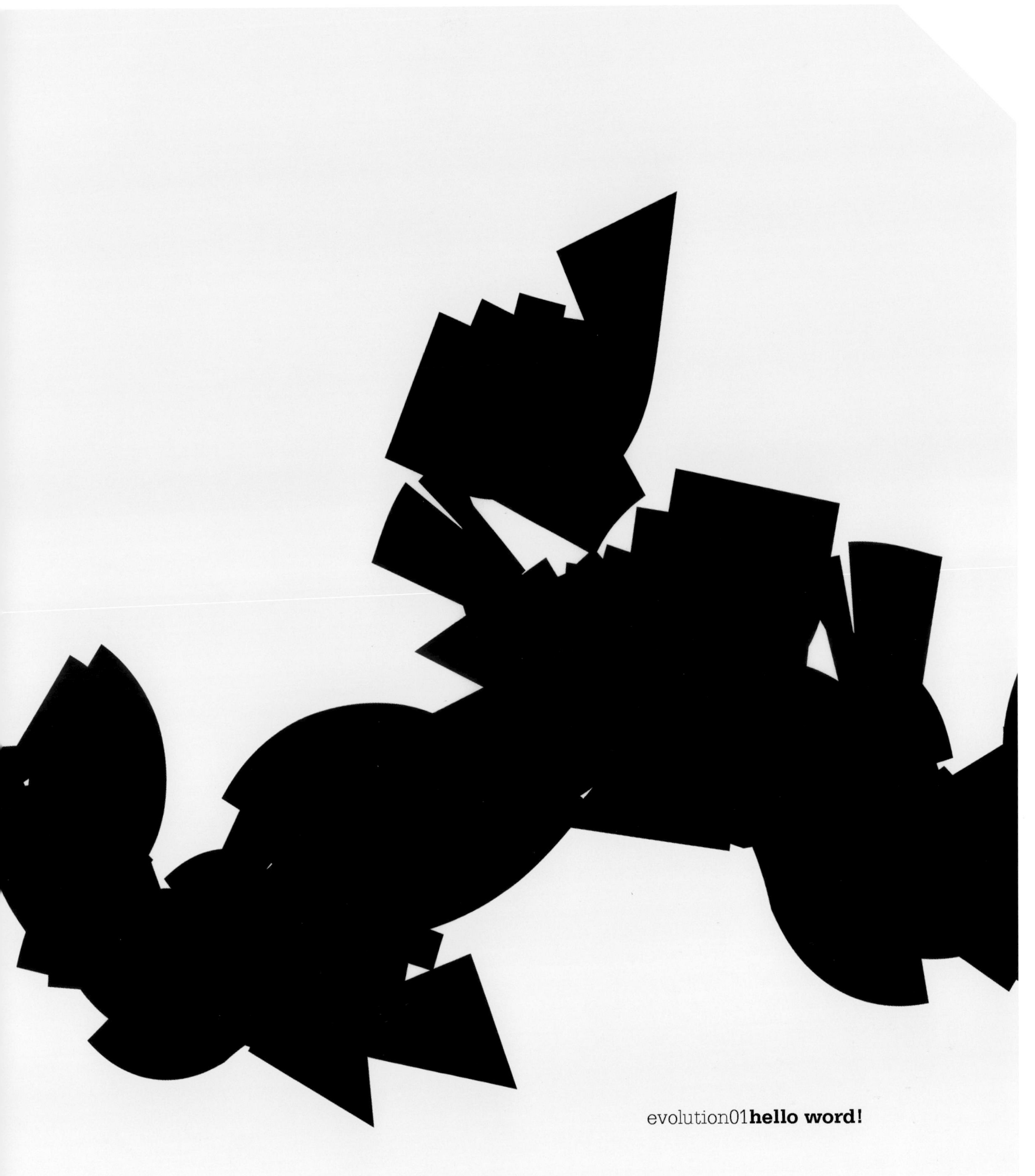

evolution01**hello word!**

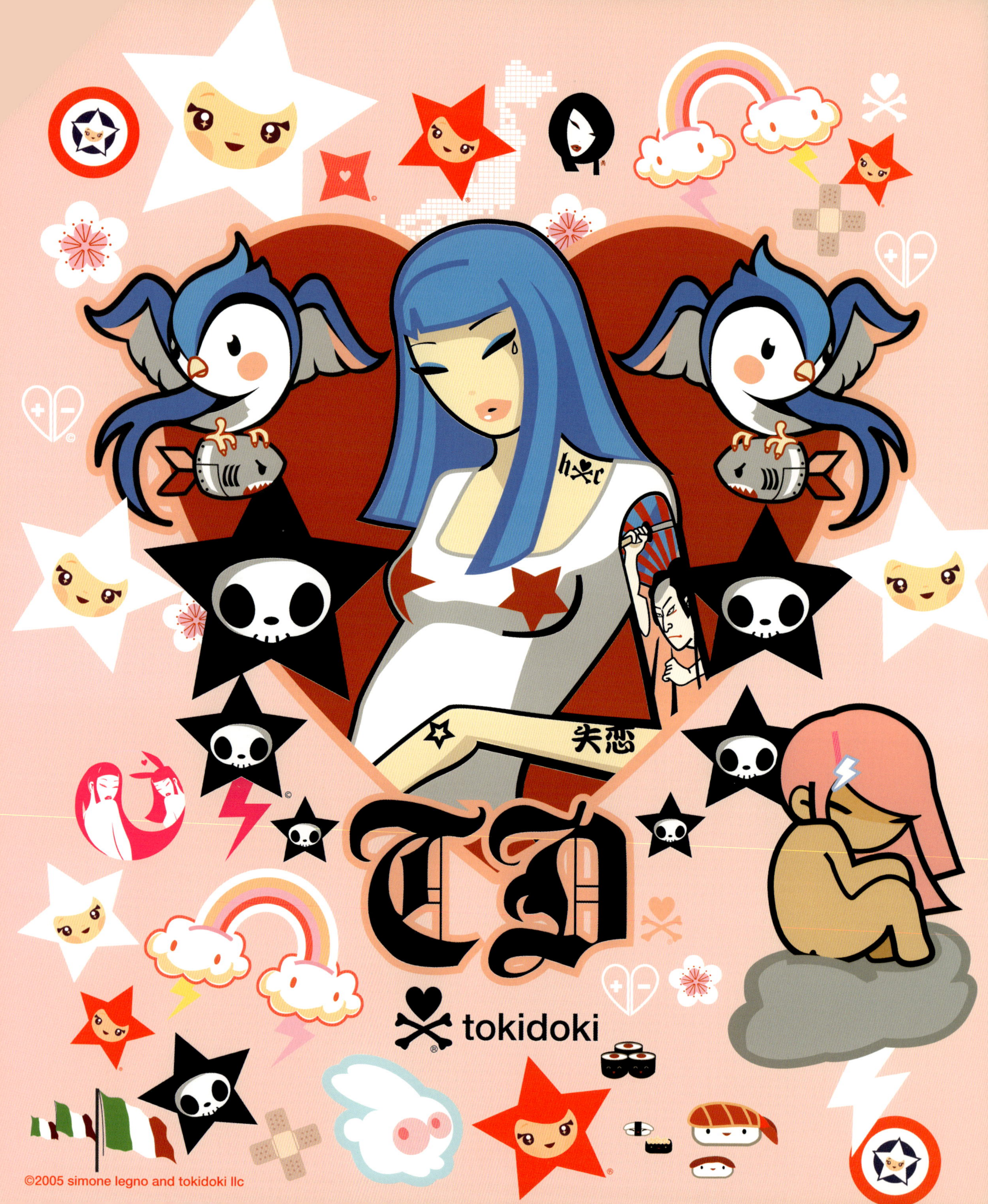

h c
失恋
TD
tokidoki
©2005 simone legno and tokidoki llc

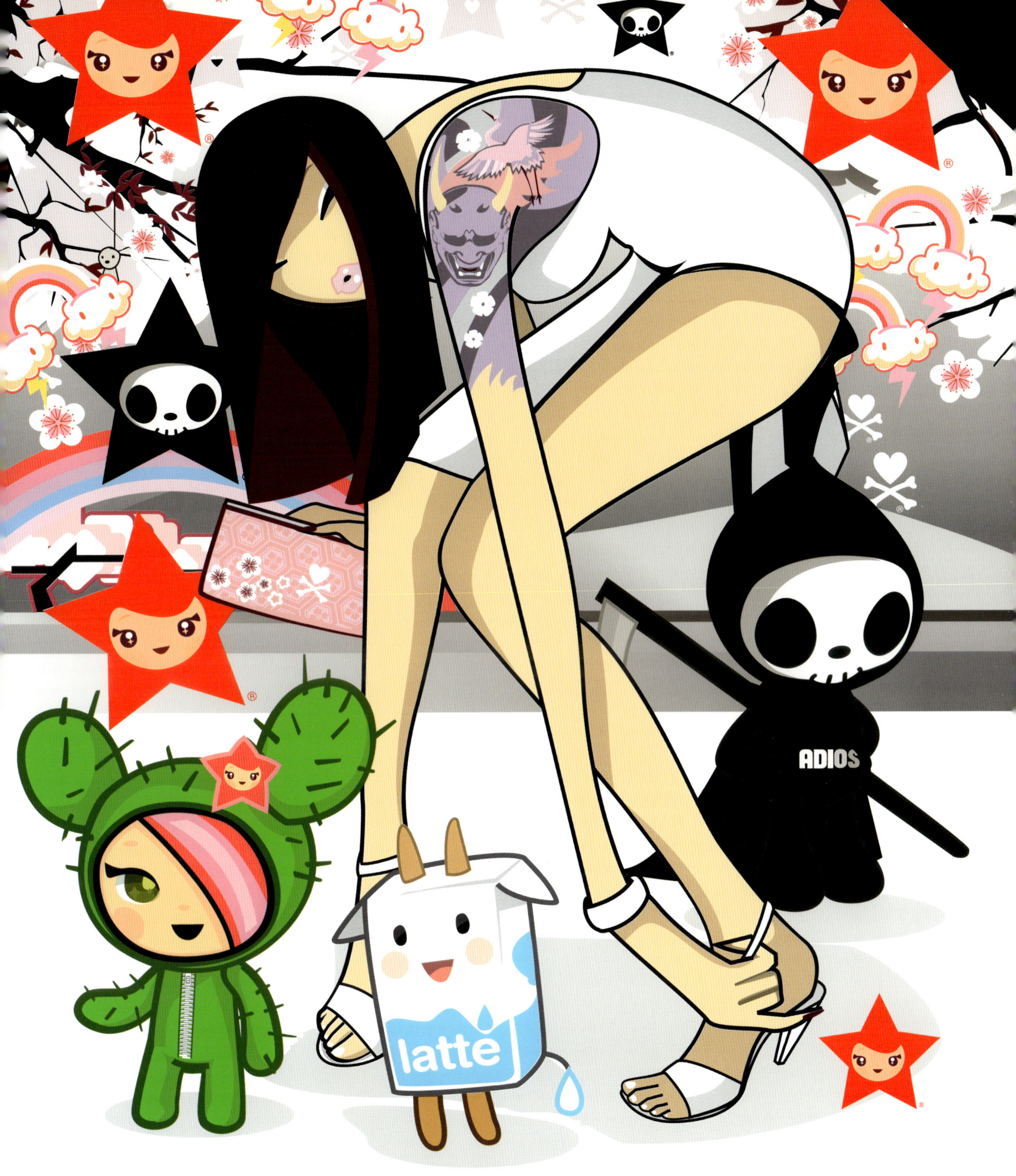
latte
ADIOS

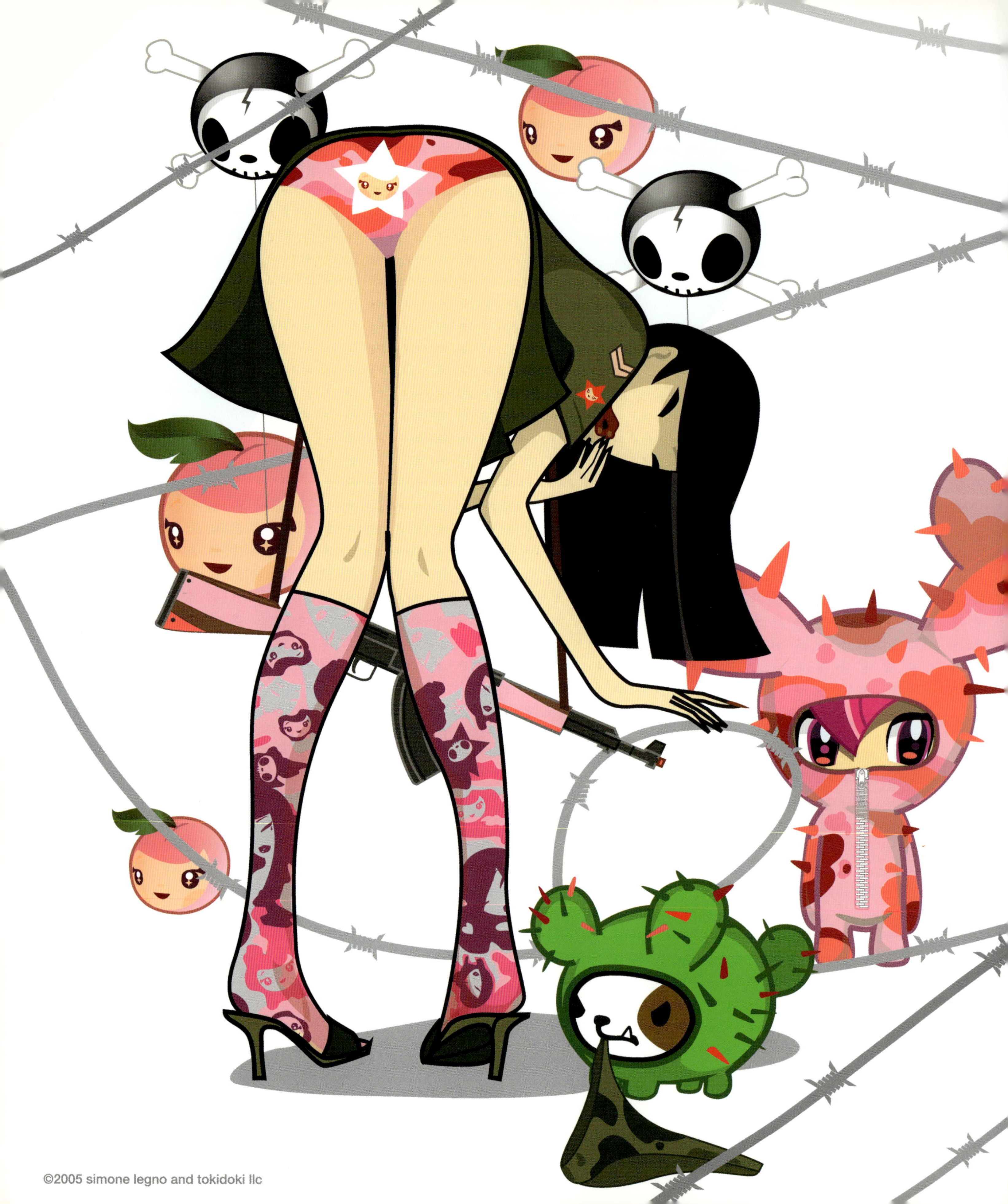

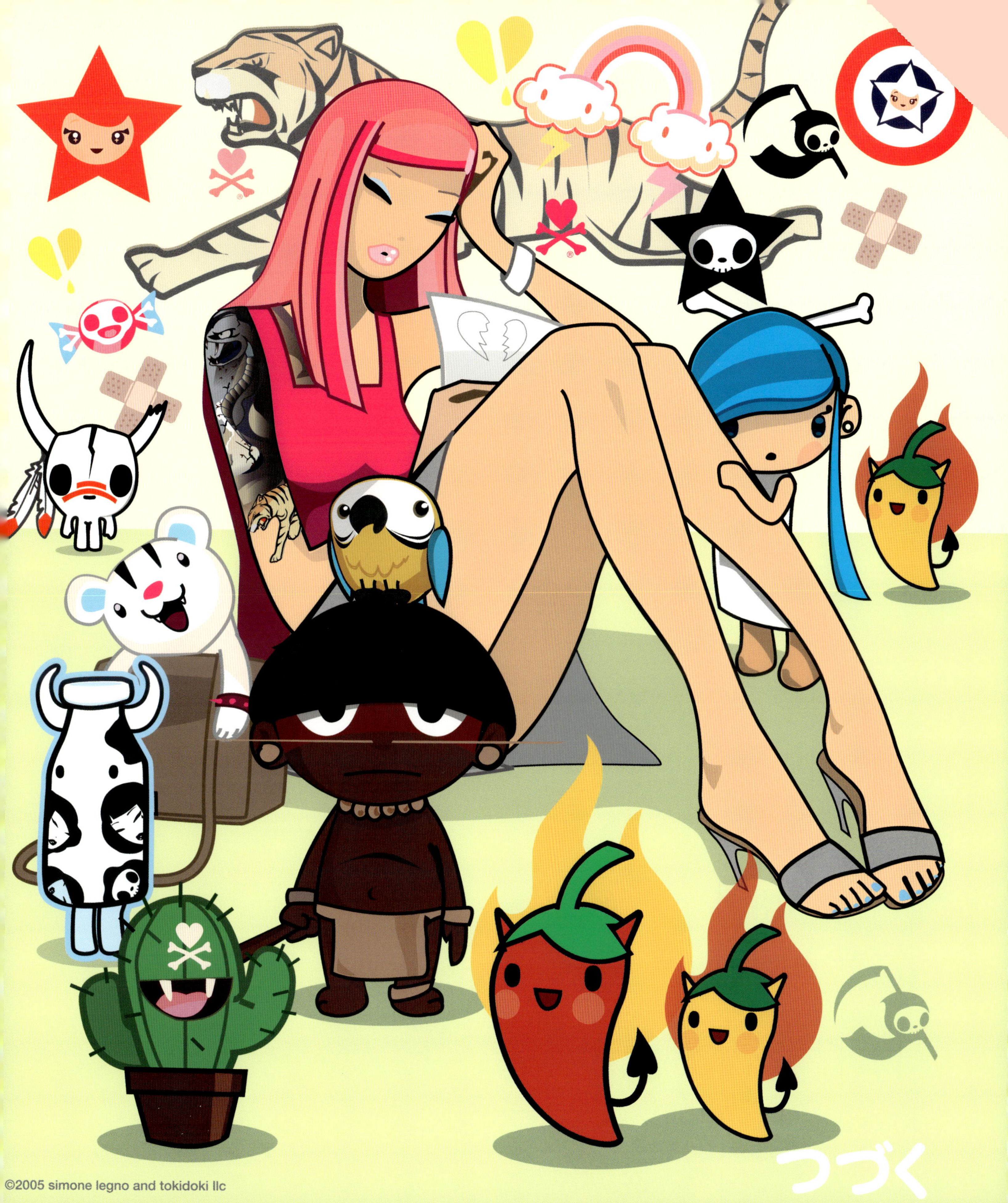
つづく

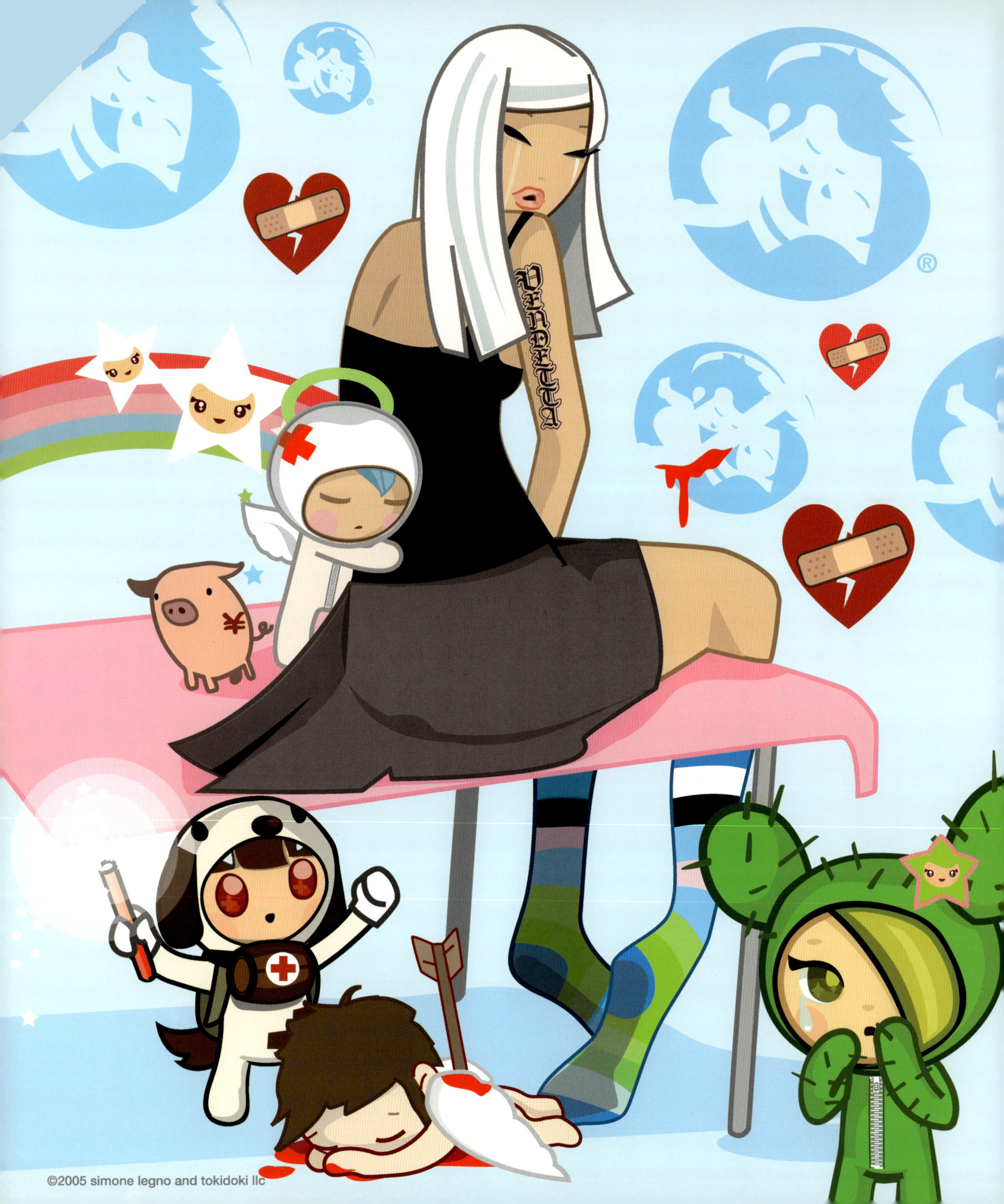

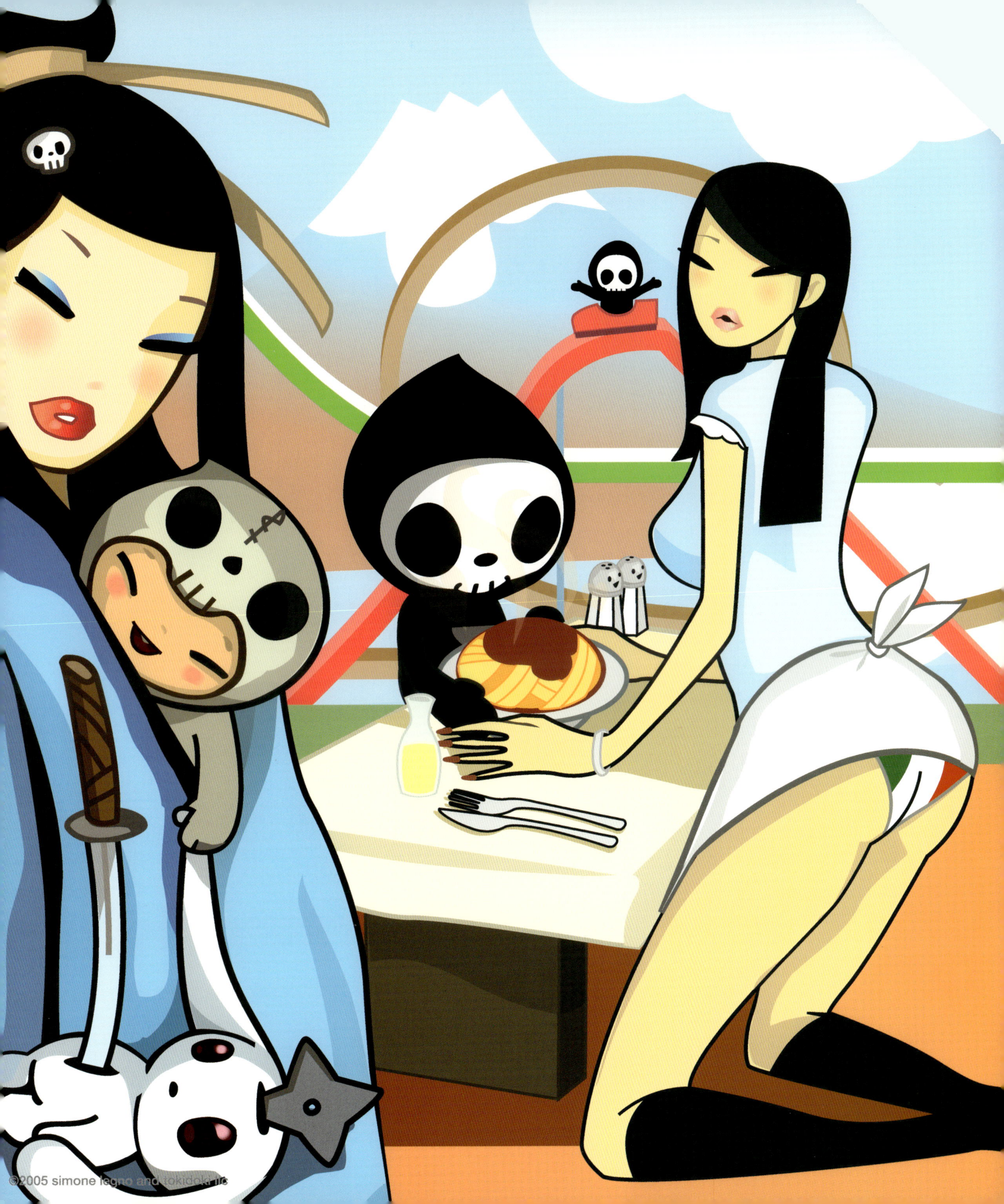

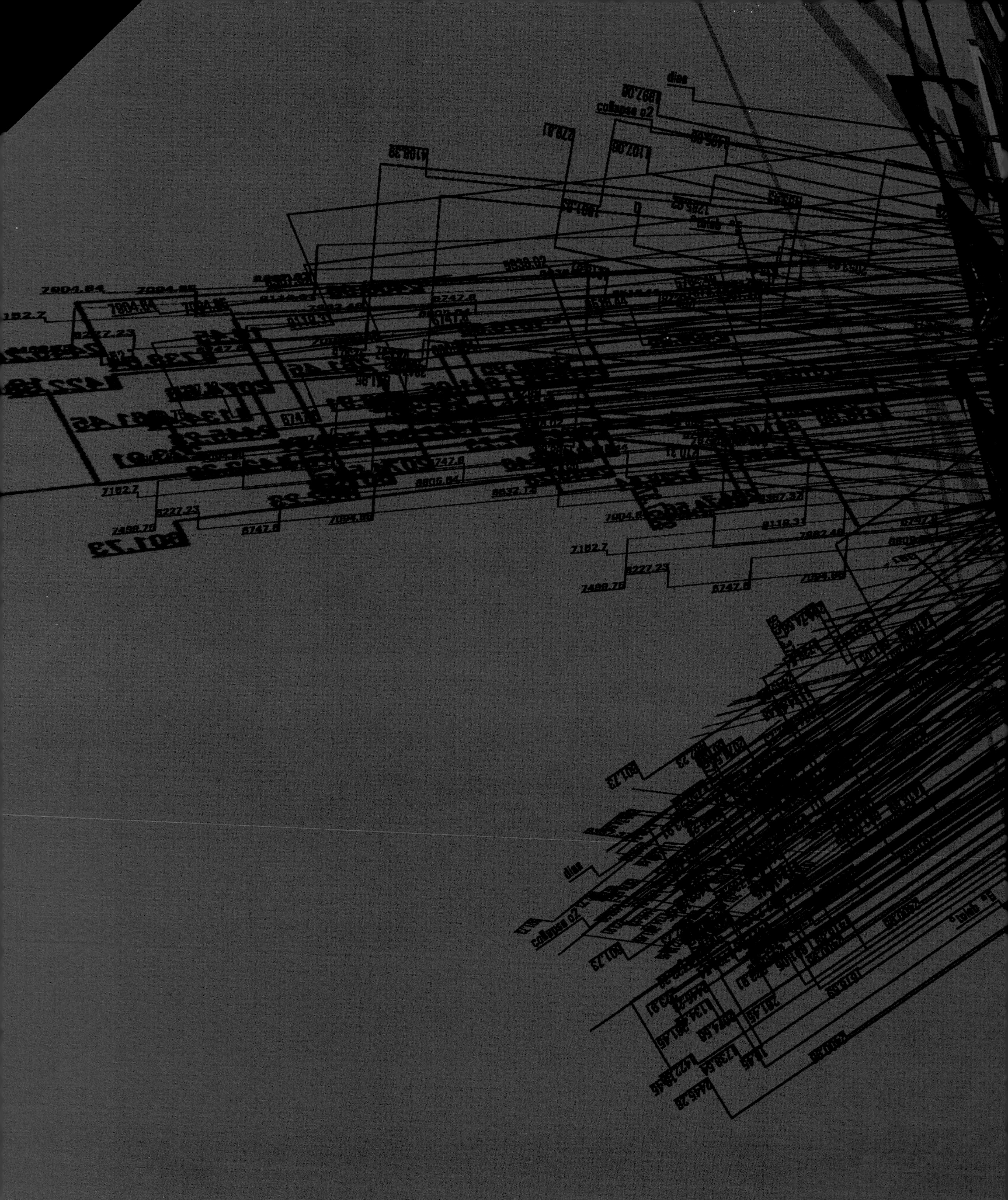

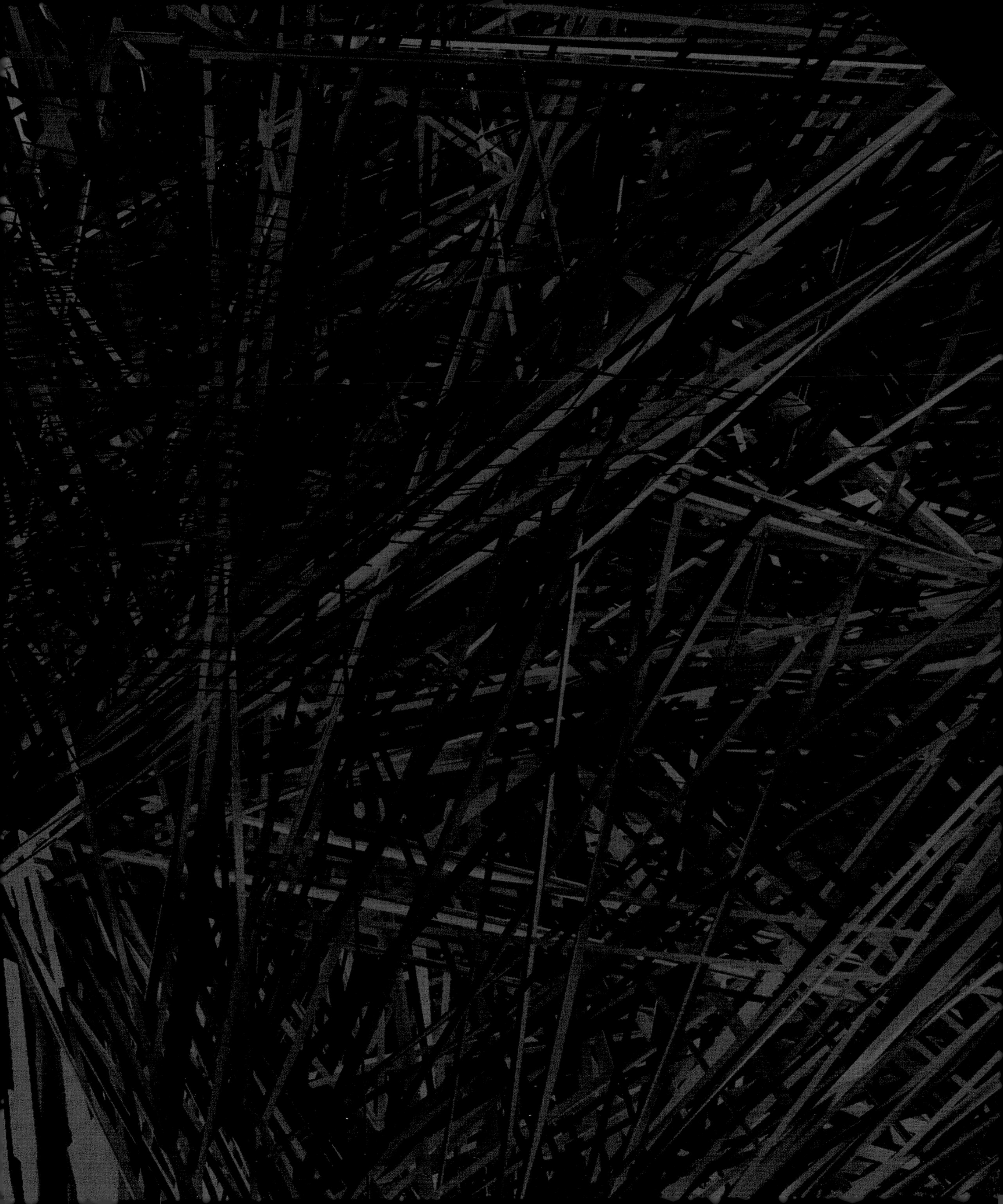

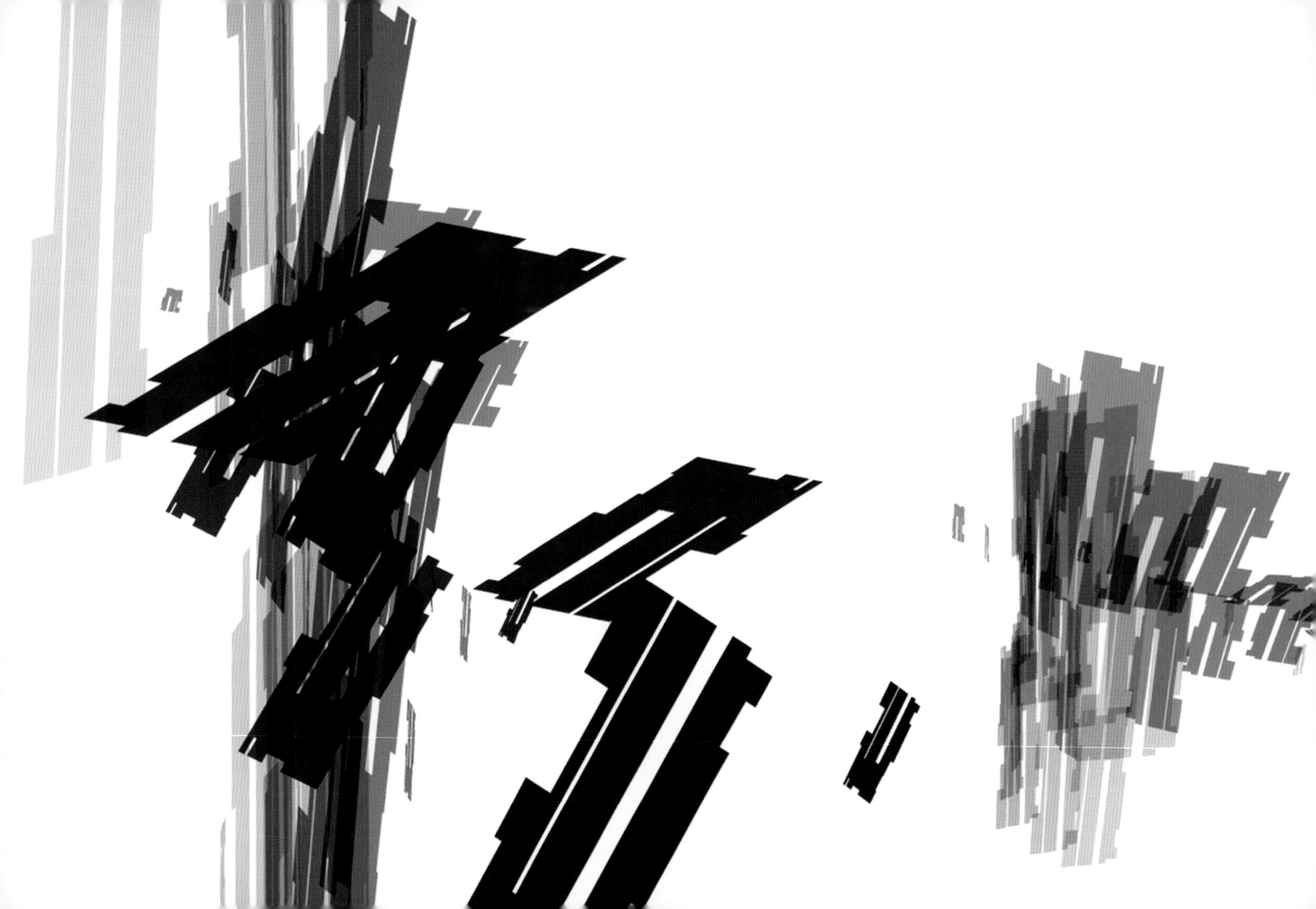

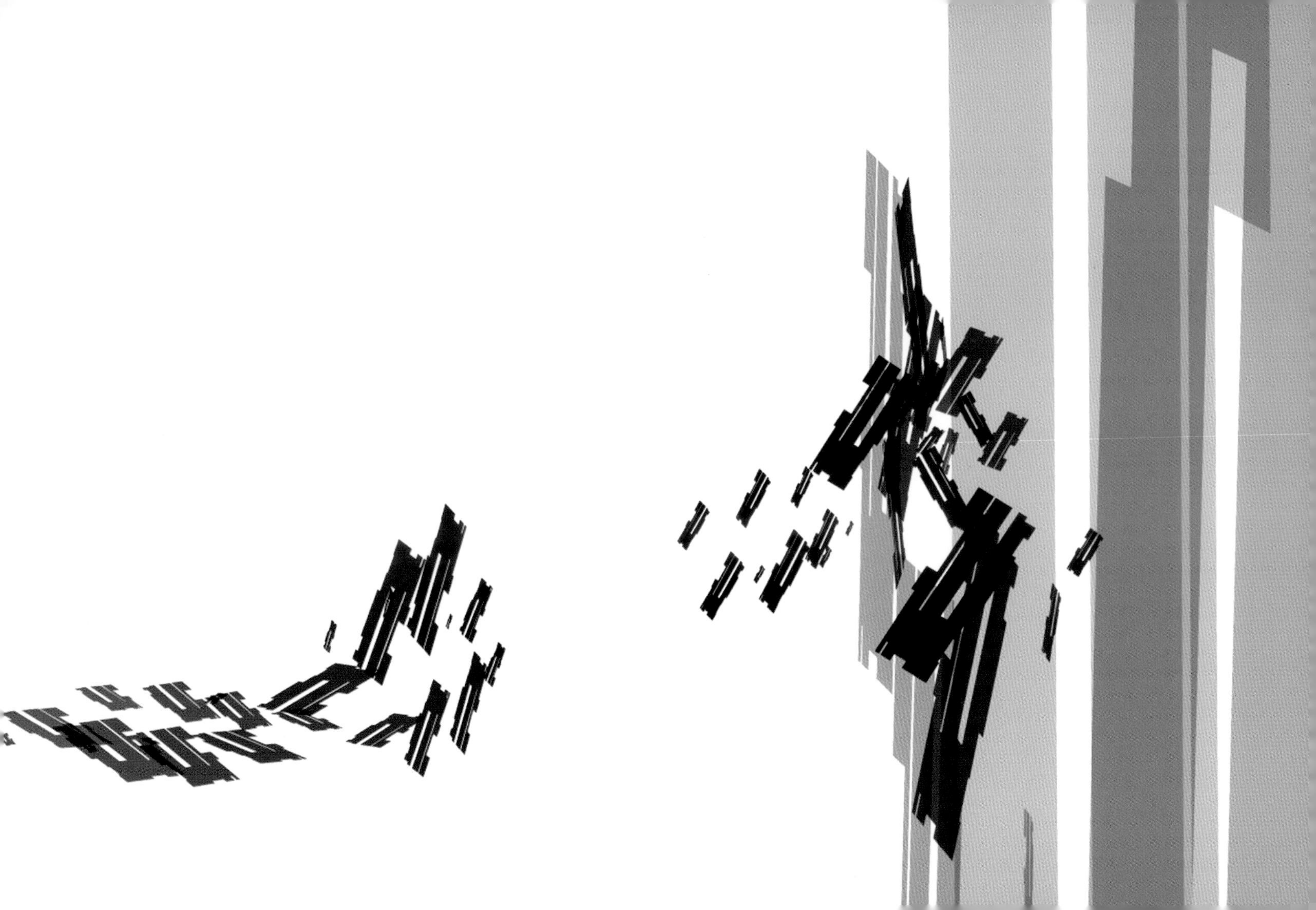

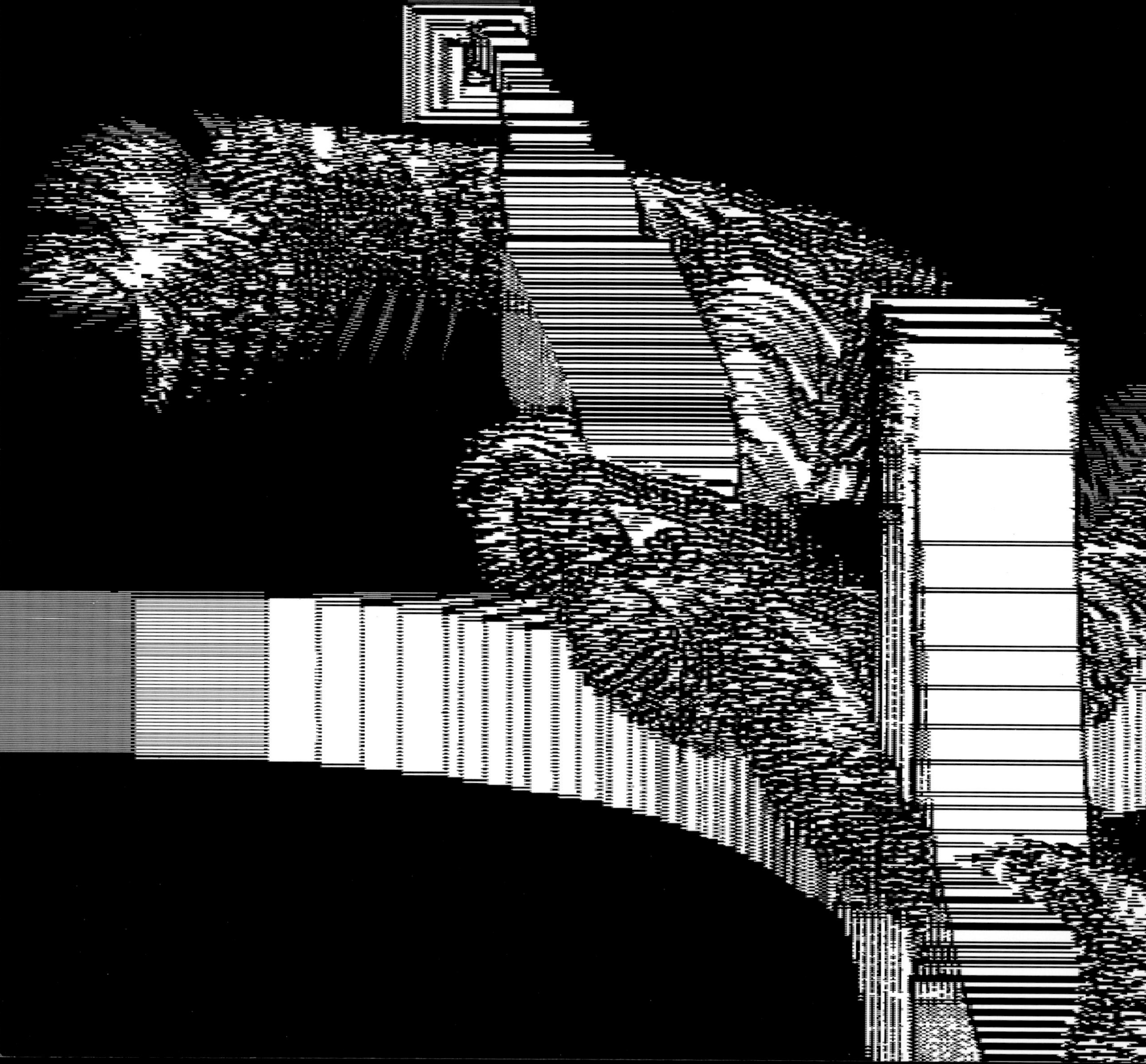

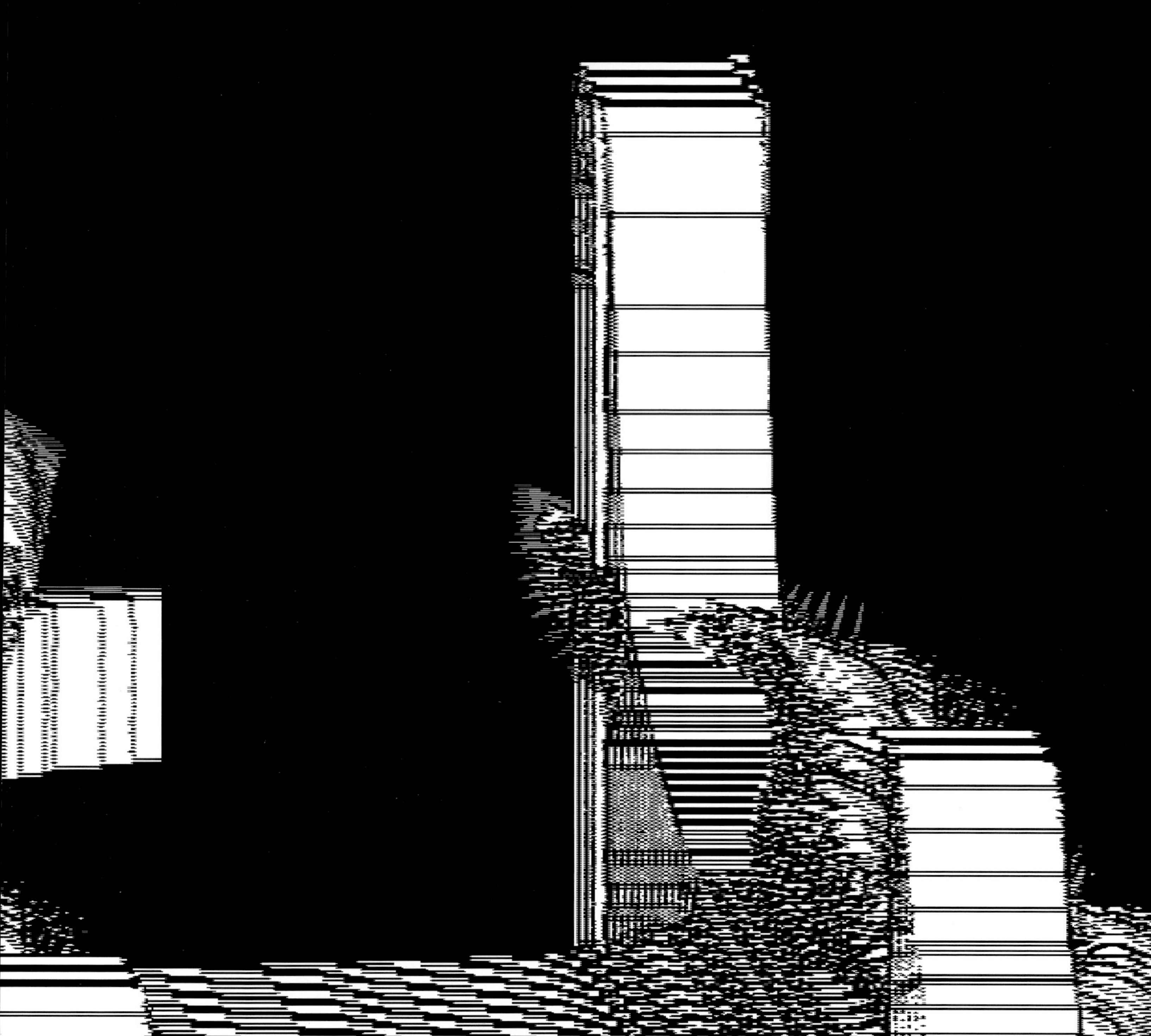

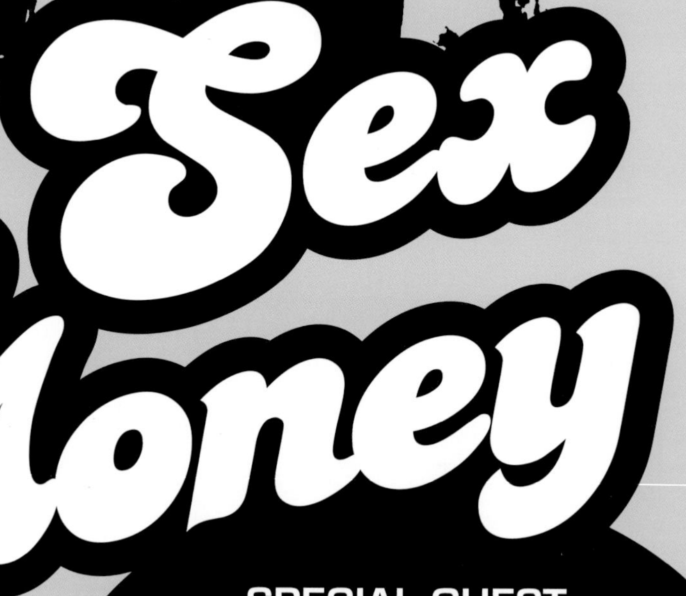

CINEMAS NOW!
STARRING
LORI & SUSAN
Art, Sex & Money
SPECIAL GUEST
Bill Balena

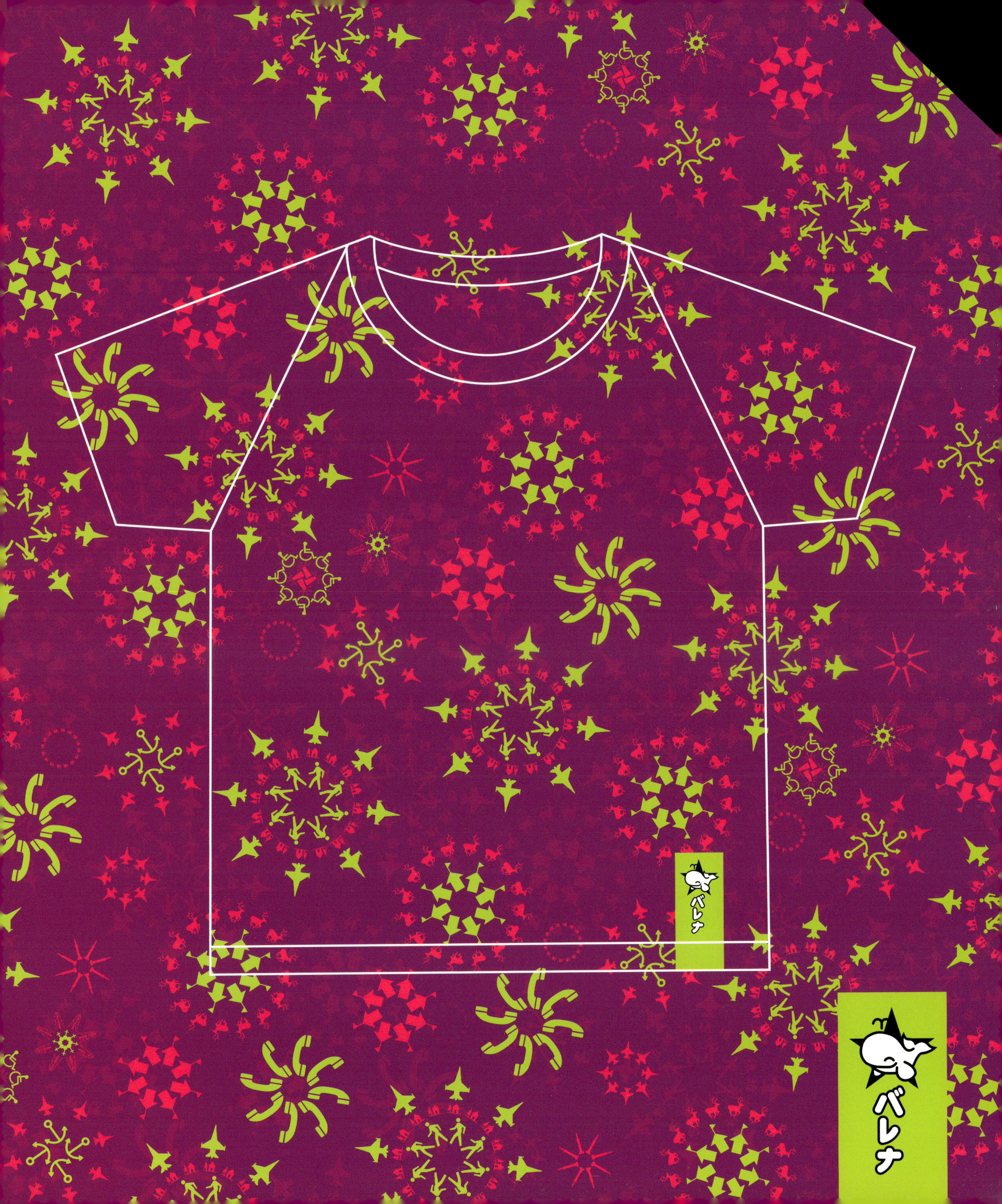

バレナ

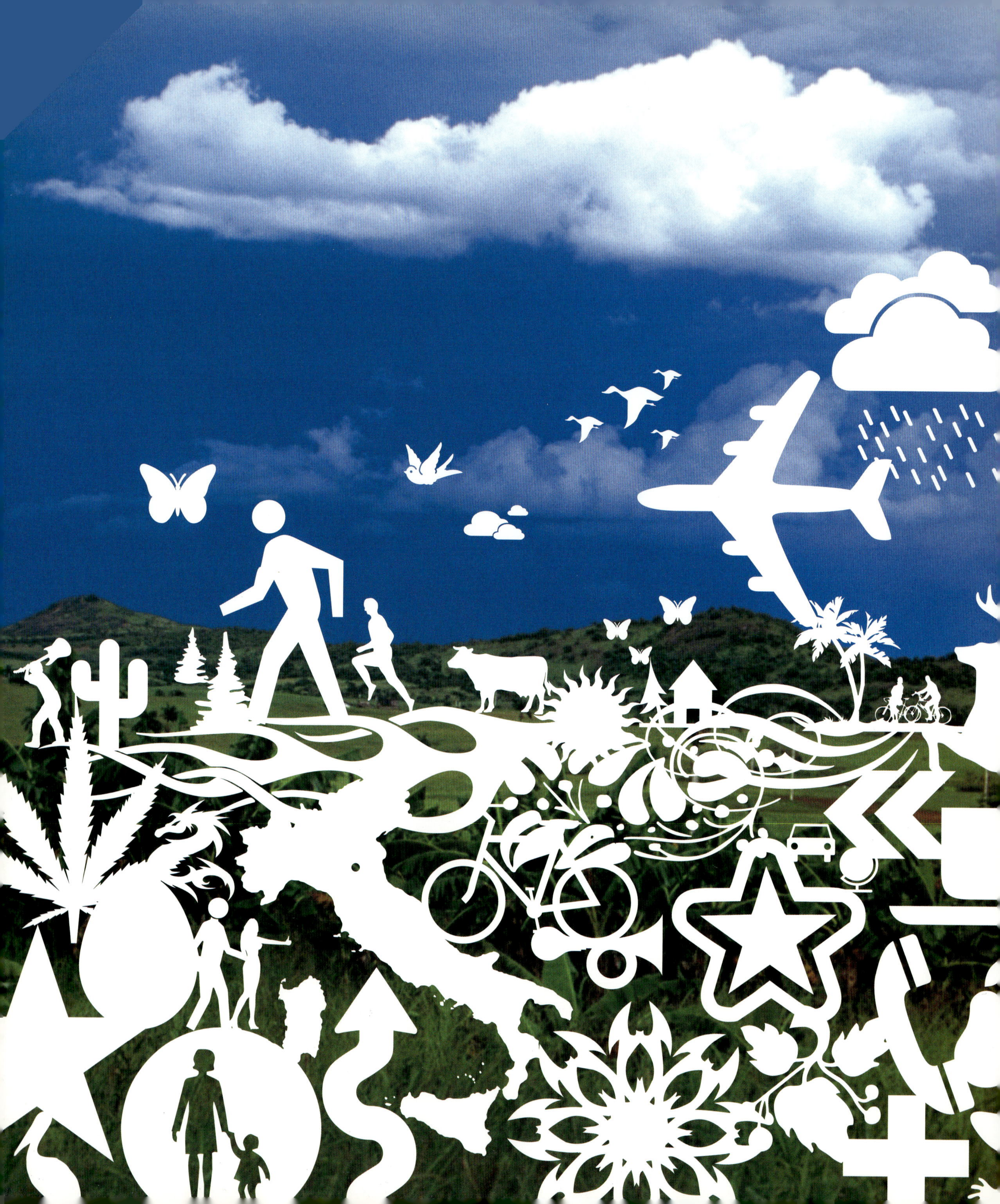

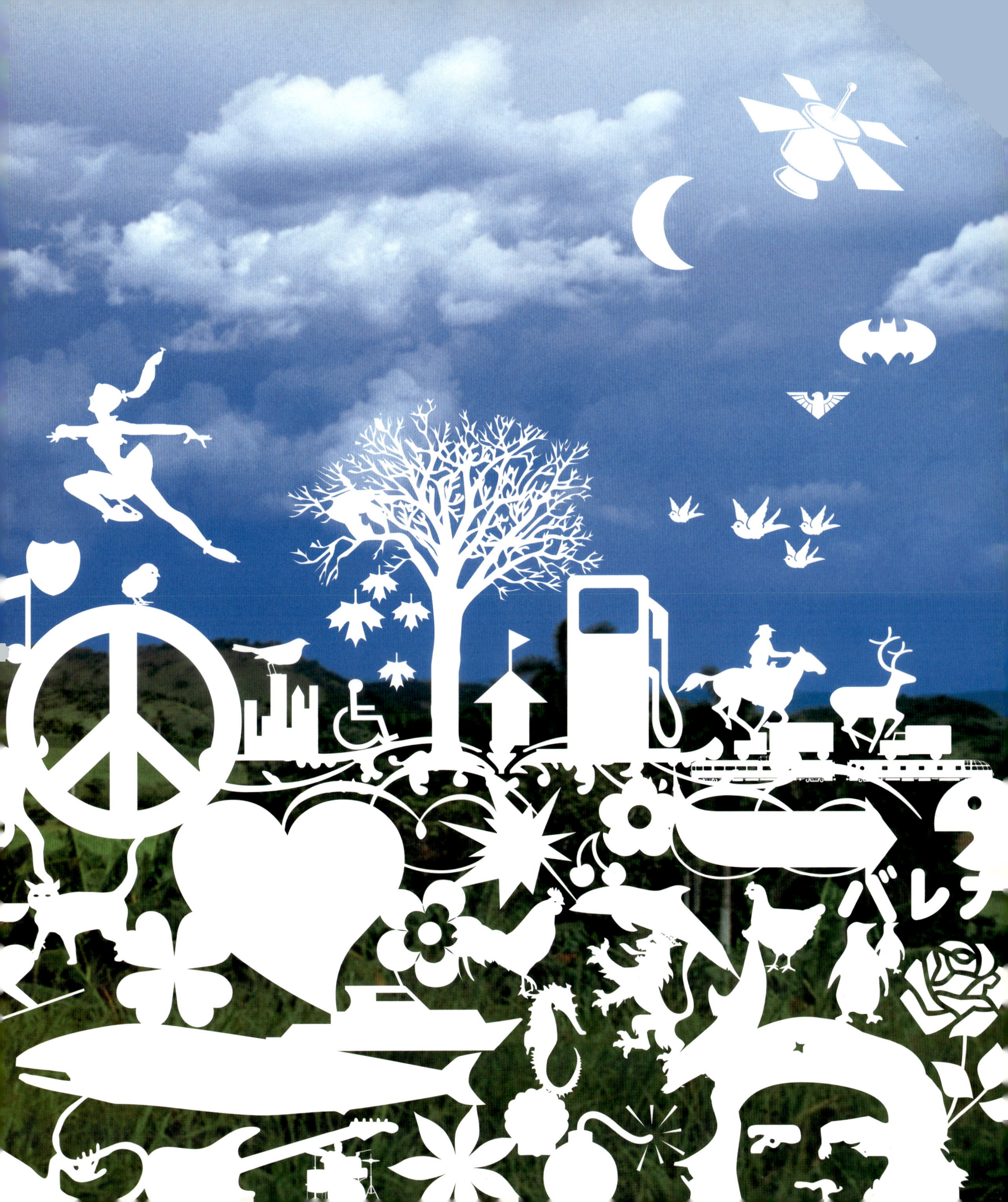

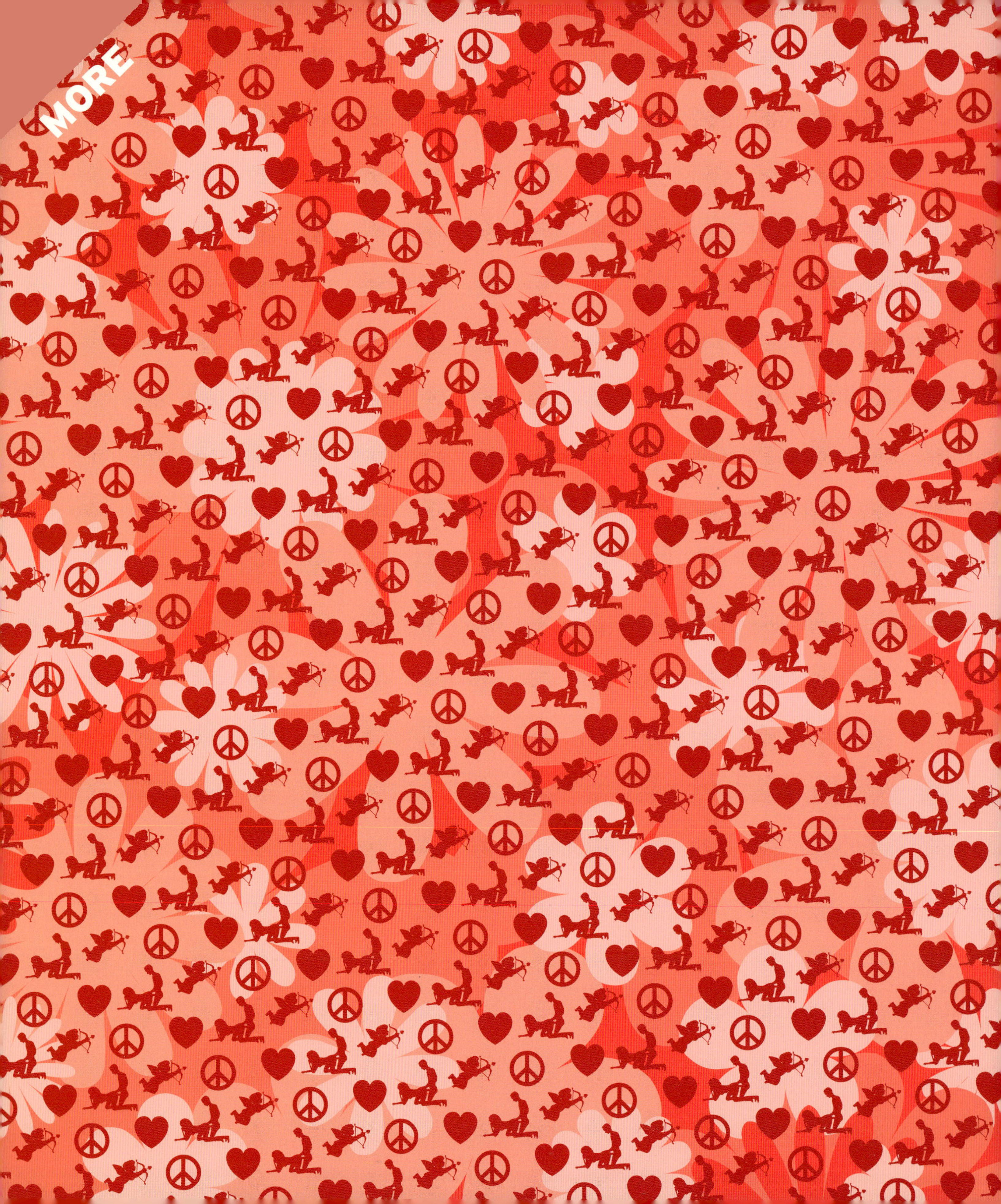
MORE

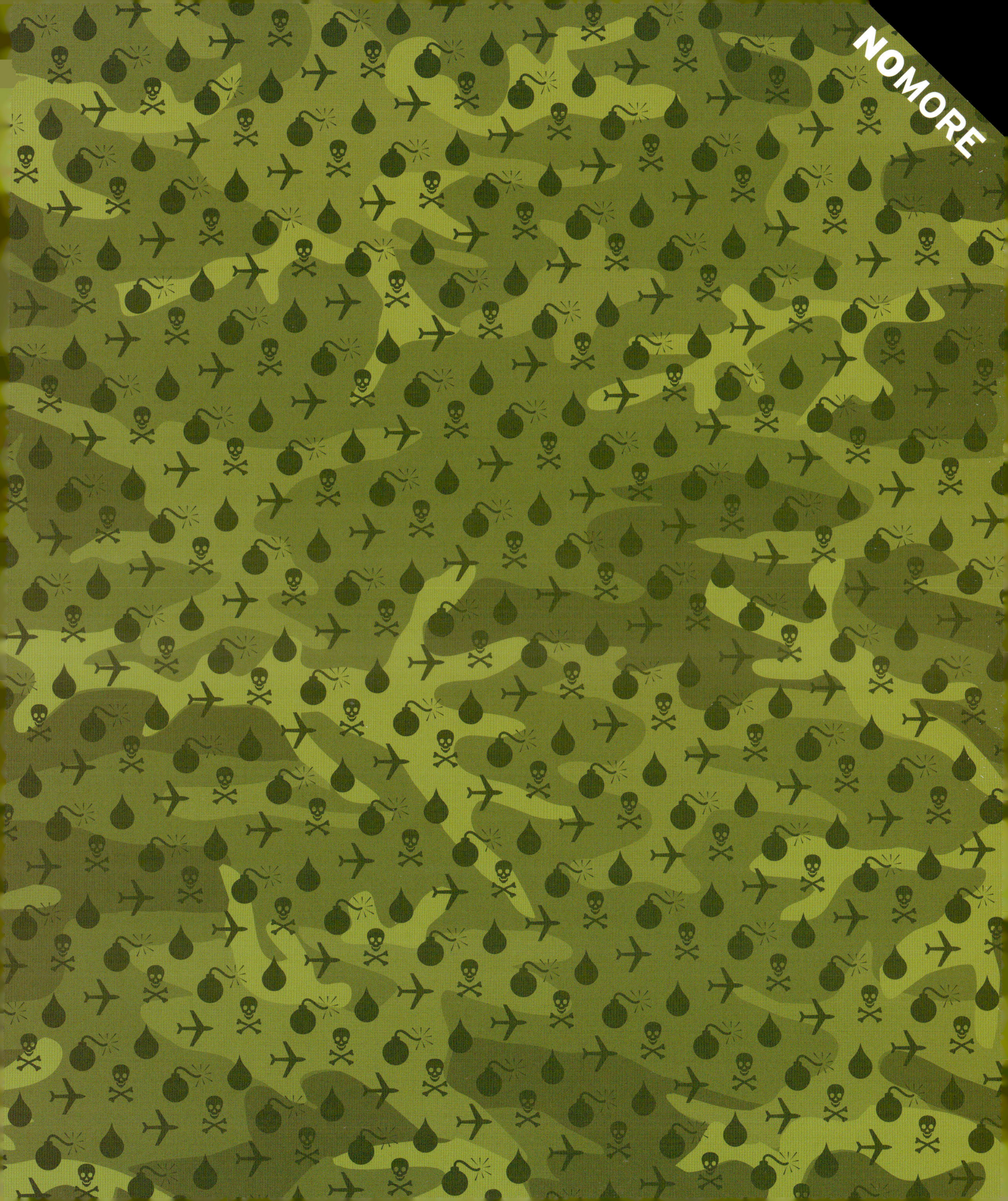
NOMORE

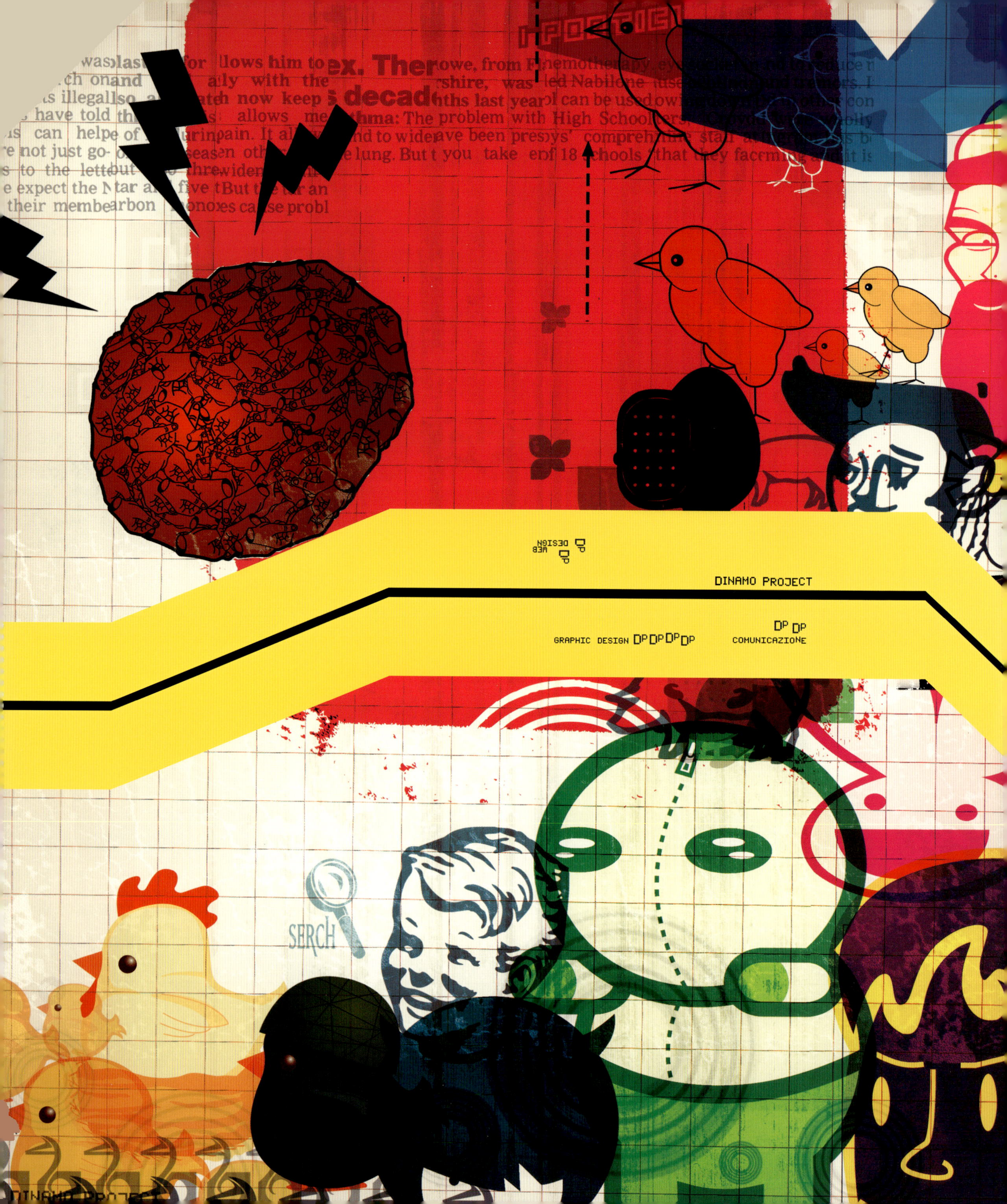

DINAMO PROJECT
WEB DESIGN
GRAPHIC DESIGN DP DP DP DP
DP DP COMUNICAZIONE
SERCH

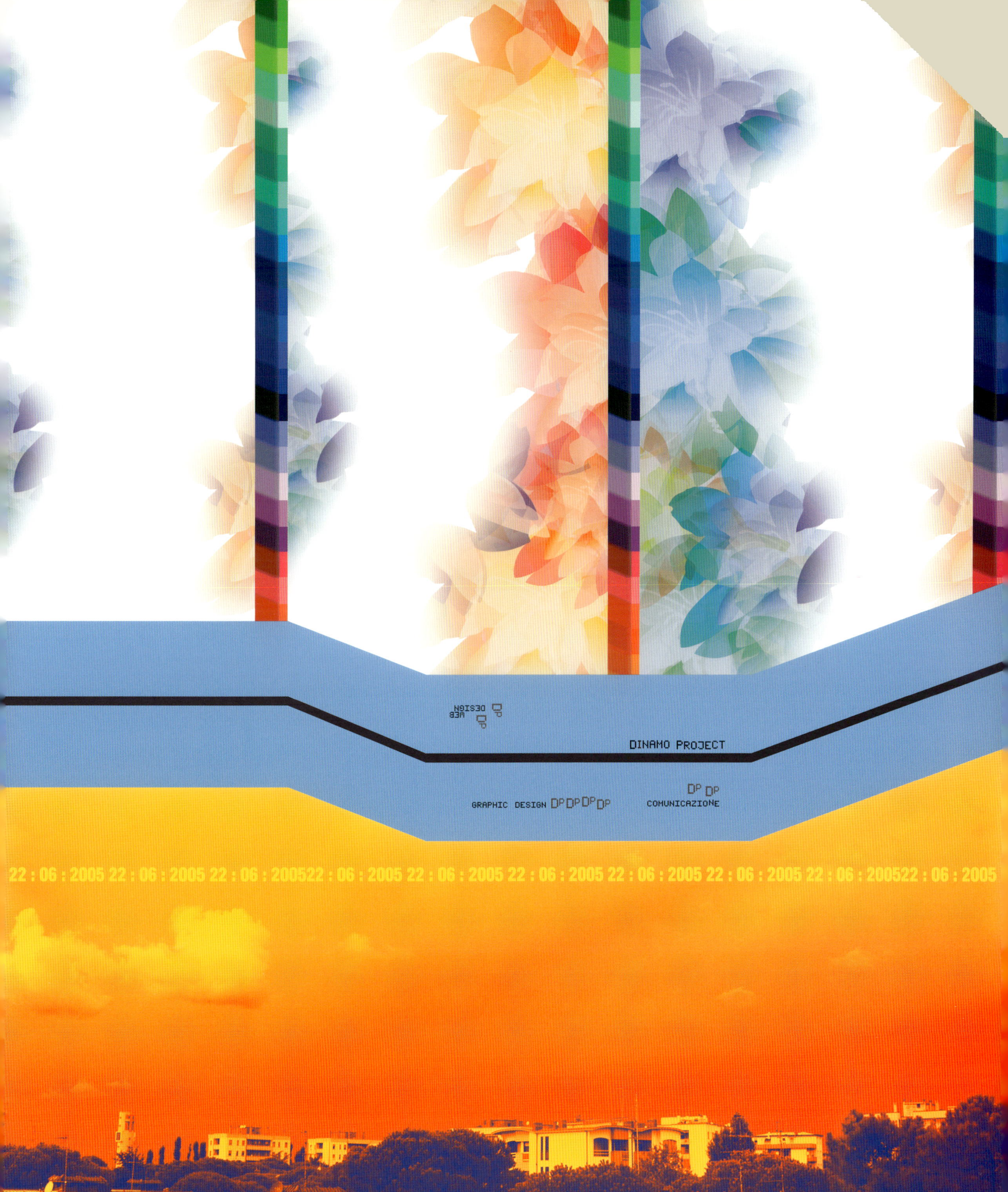

WEB DESIGN
DP
DINAMO PROJECT
GRAPHIC DESIGN DP DP DP DP
DP DP
COMUNICAZIONE
22 : 06 : 2005 22 : 06 : 2005 22 : 06 : 200522 : 06 : 2005 22 : 06 : 2005 22 : 06 : 2005 22 : 06 : 2005 22 : 06 : 2005 22 : 06 : 200522 : 06 : 2005

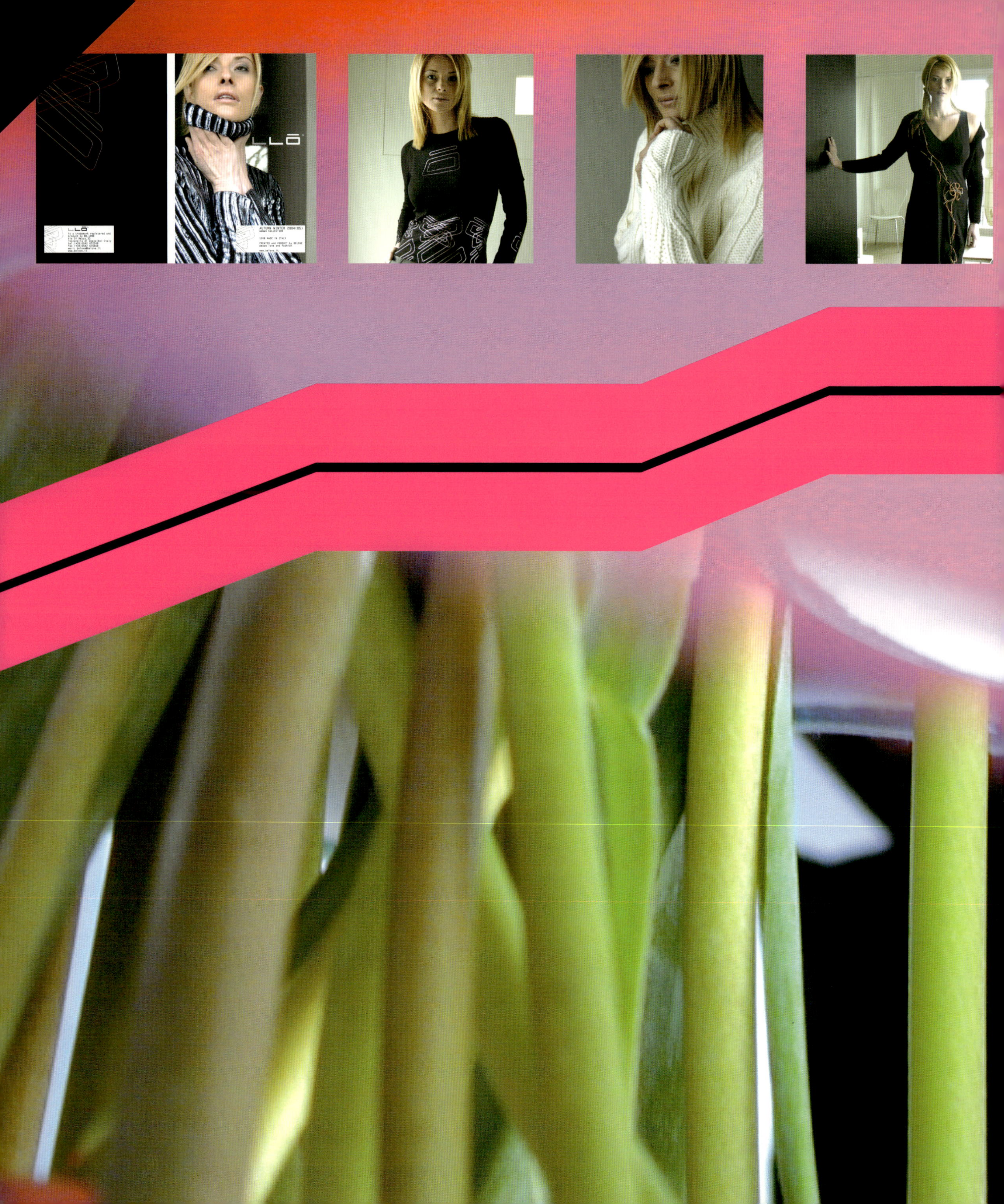
LLō
belove LŌ
is a trademark registered and
product by BE.LOVE
via Di Mezzo,32
Toscanella di Dozza(Bo)-Italy
tel.(+39)0542 672248
fax.(+39)0542 675668
email: belove@belove.it
www.belove.it
AUTUMN WINTER 2004(05)
woman COLLECTION
100% MADE IN ITALY
CREATED and PRODUCT by BELOVE
peace love and fashion
www.belove.it

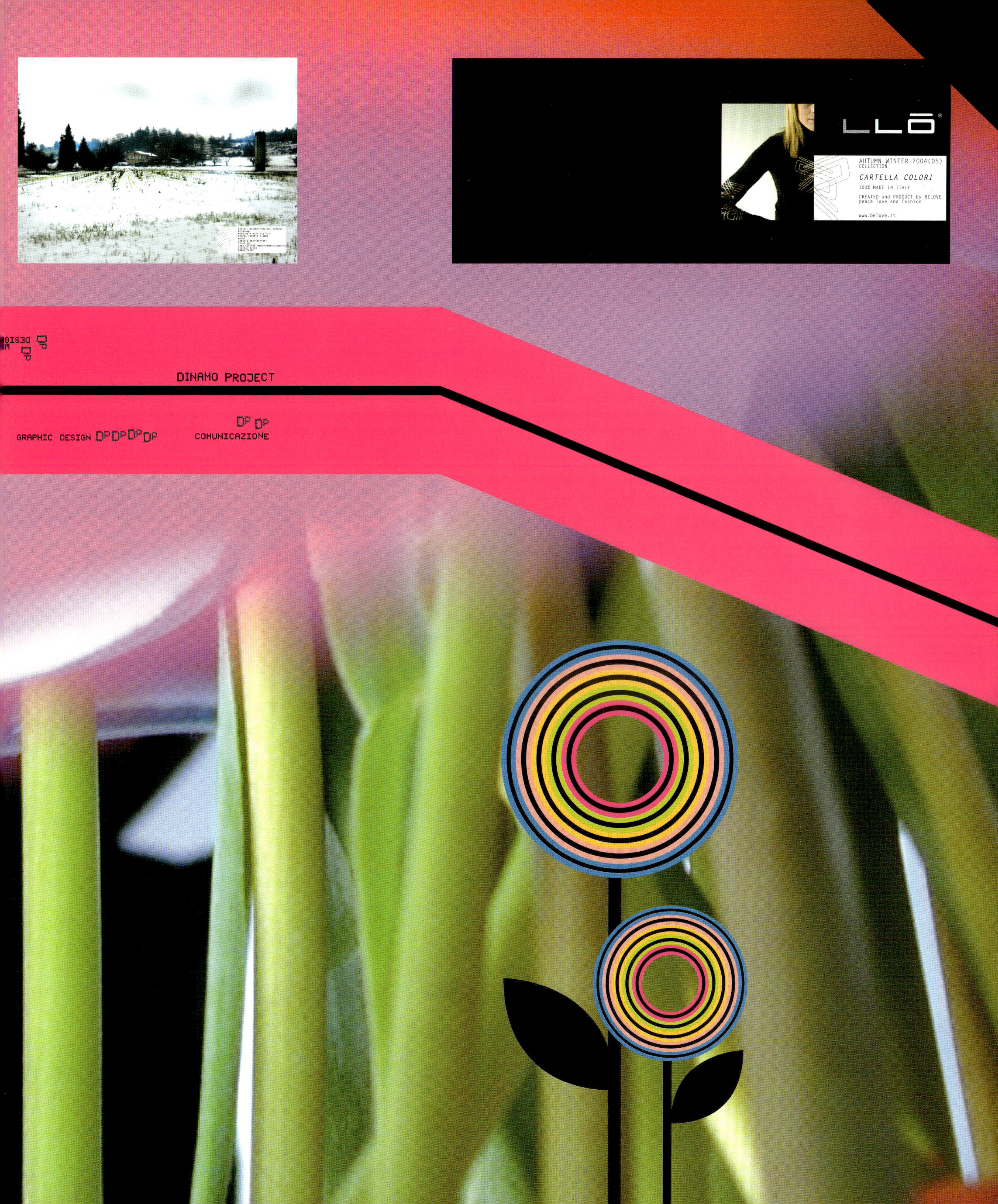

DP WE DESIGN

DINAMO PROJECT

GRAPHIC DESIGN DP DP DP DP   DP DP
                                  COMUNICAZIONE

LLŌ
AUTUMN WINTER 2004(05)
COLLECTION
CARTELLA COLORI
100% MADE IN ITALY
CREATED and PRODUCT by BELOVE
peace love and fashion
www.belove.it

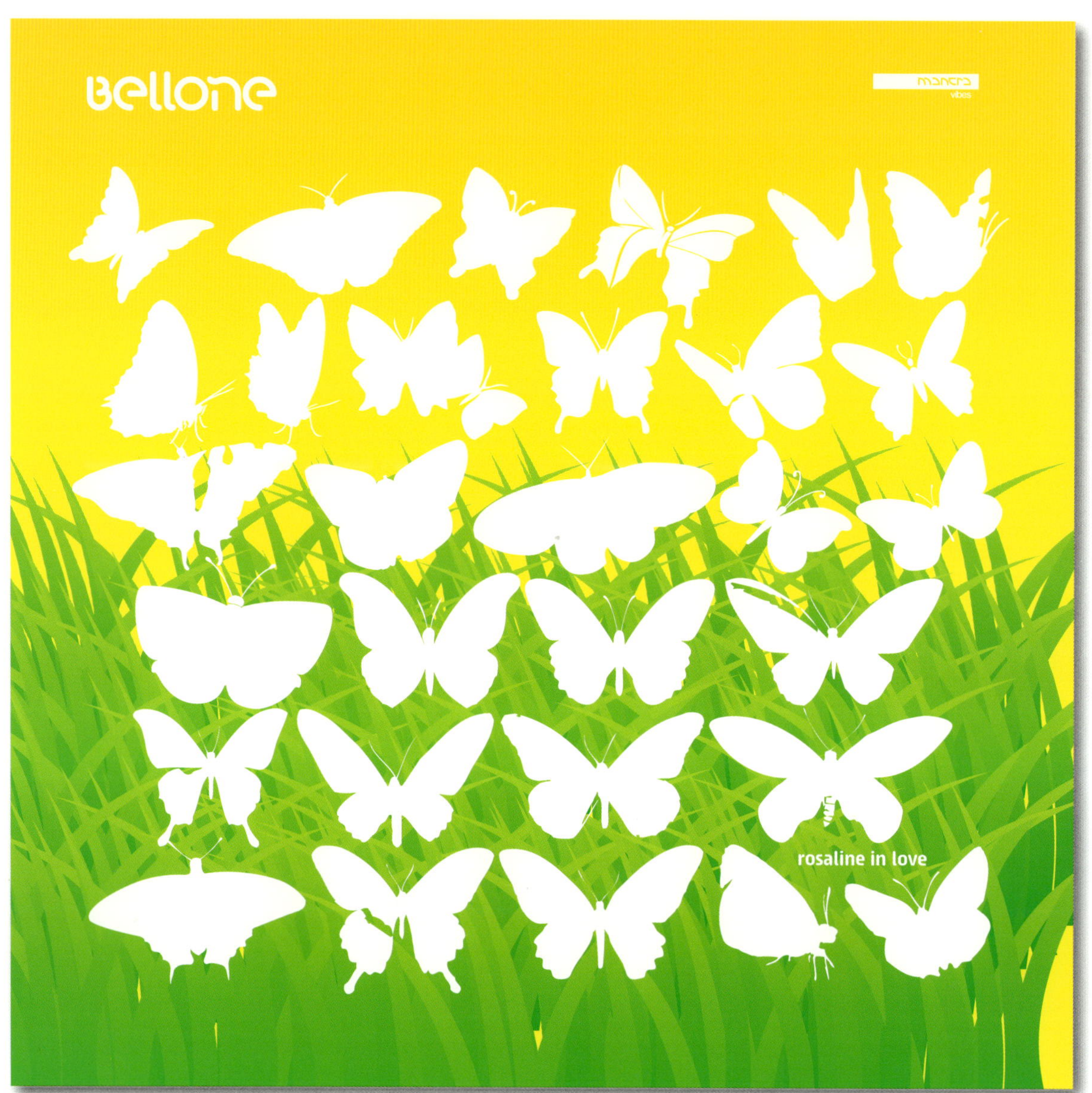

MTR2206 **mixcase cover**, 305x307, client: Expanded Music srl, ©2004 Fabrizio Schiavi Design MTR2206 **mixcase cover**, 305x307, client: Expanded Music srl, ©2004 Fabrizio Schiavi Design

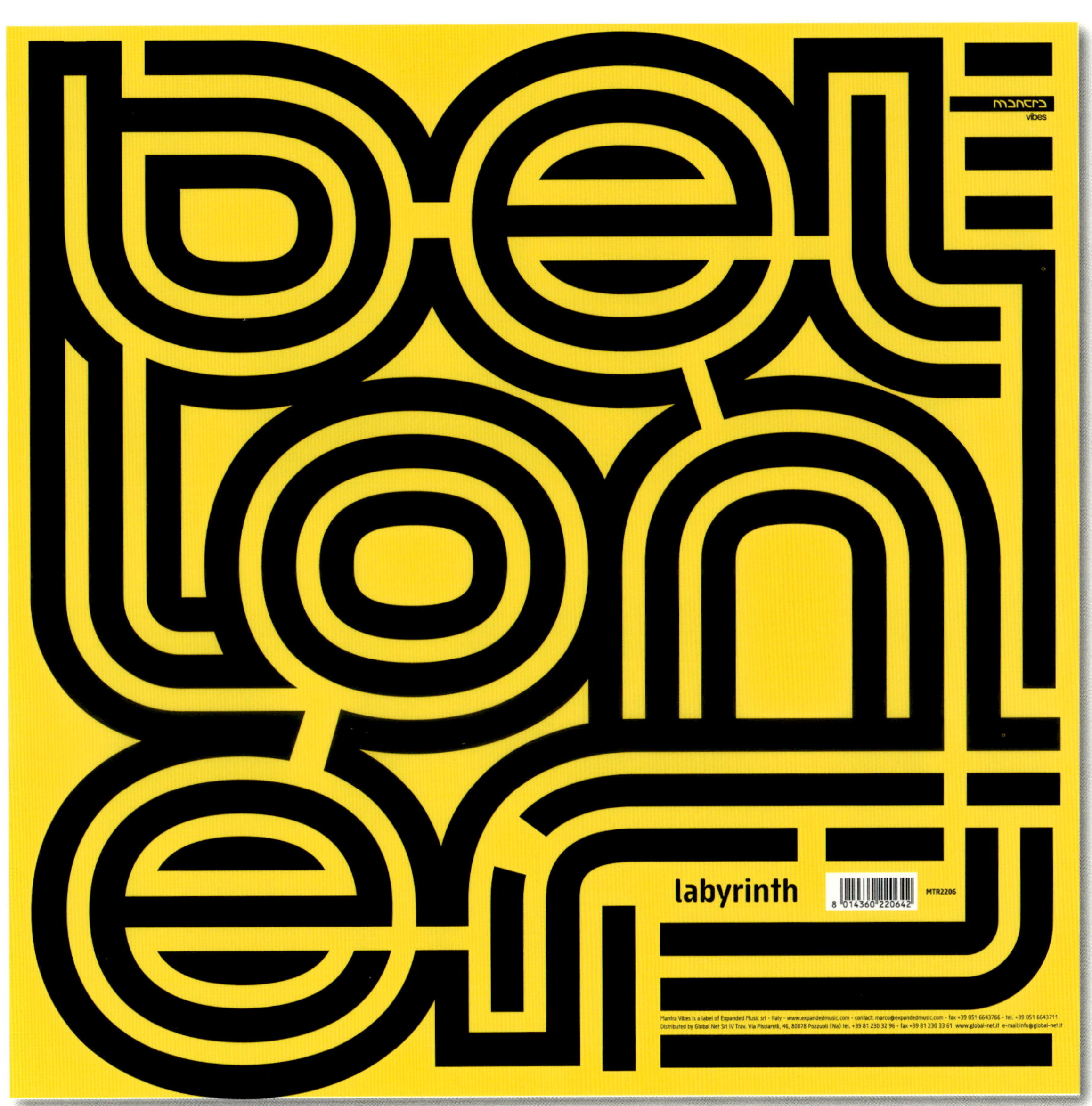

MTR2206 mixcase back, 305x307, client: Expanded Music srl, ©2004 Fabrizio Schiavi Design

MTR2206 mixcase back, 305x307, client: Expanded Music srl, ©2004 Fabrizio Schiavi Design

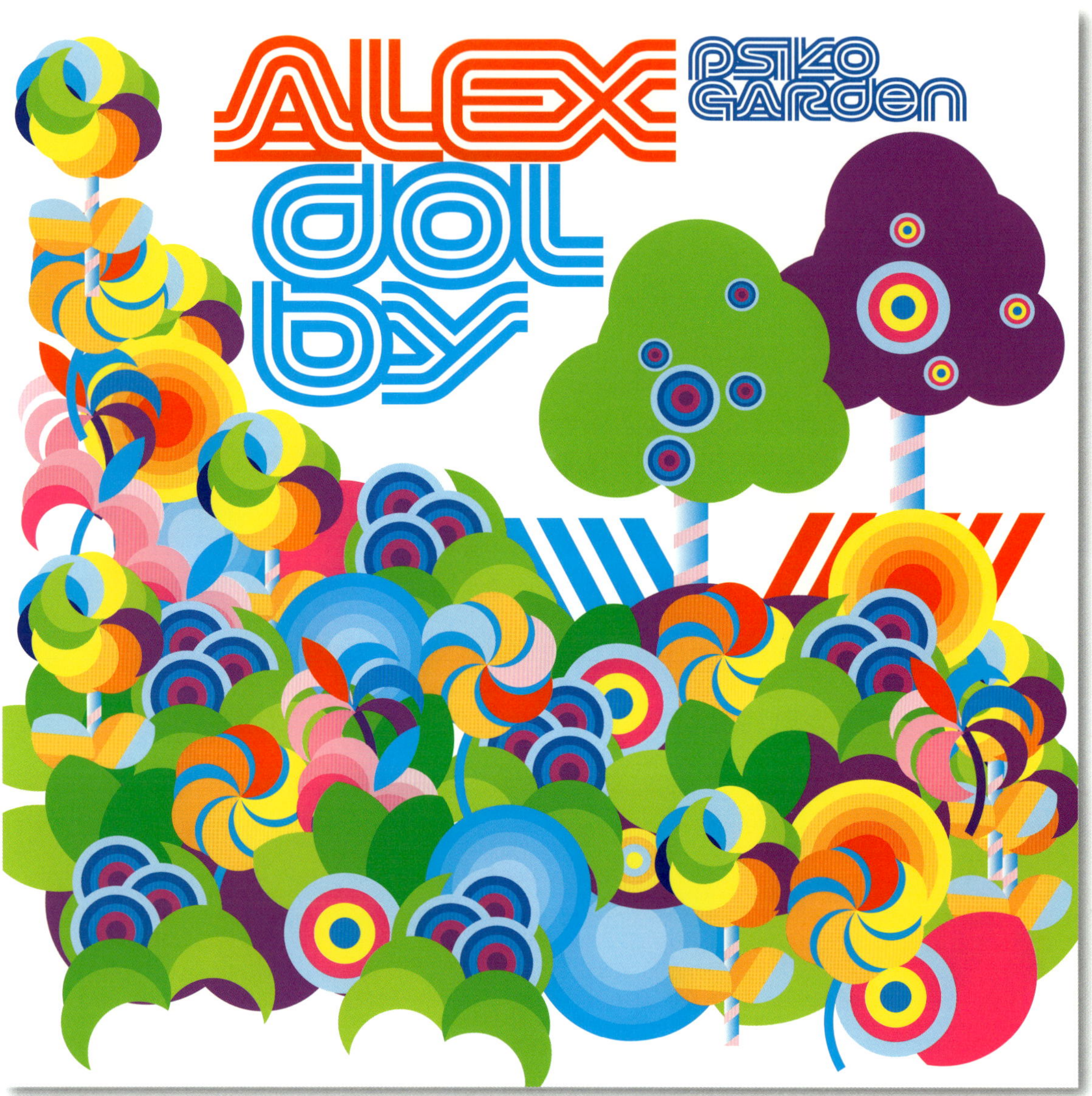

MTR2197 mixcase cover, 305x307, client: Expanded Music srl, ©2004 Fabrizio Schiavi Design

MTR2197 mixcase cover, 305x307, client: Expanded Music srl, ©2004 Fabrizio Schiavi Design

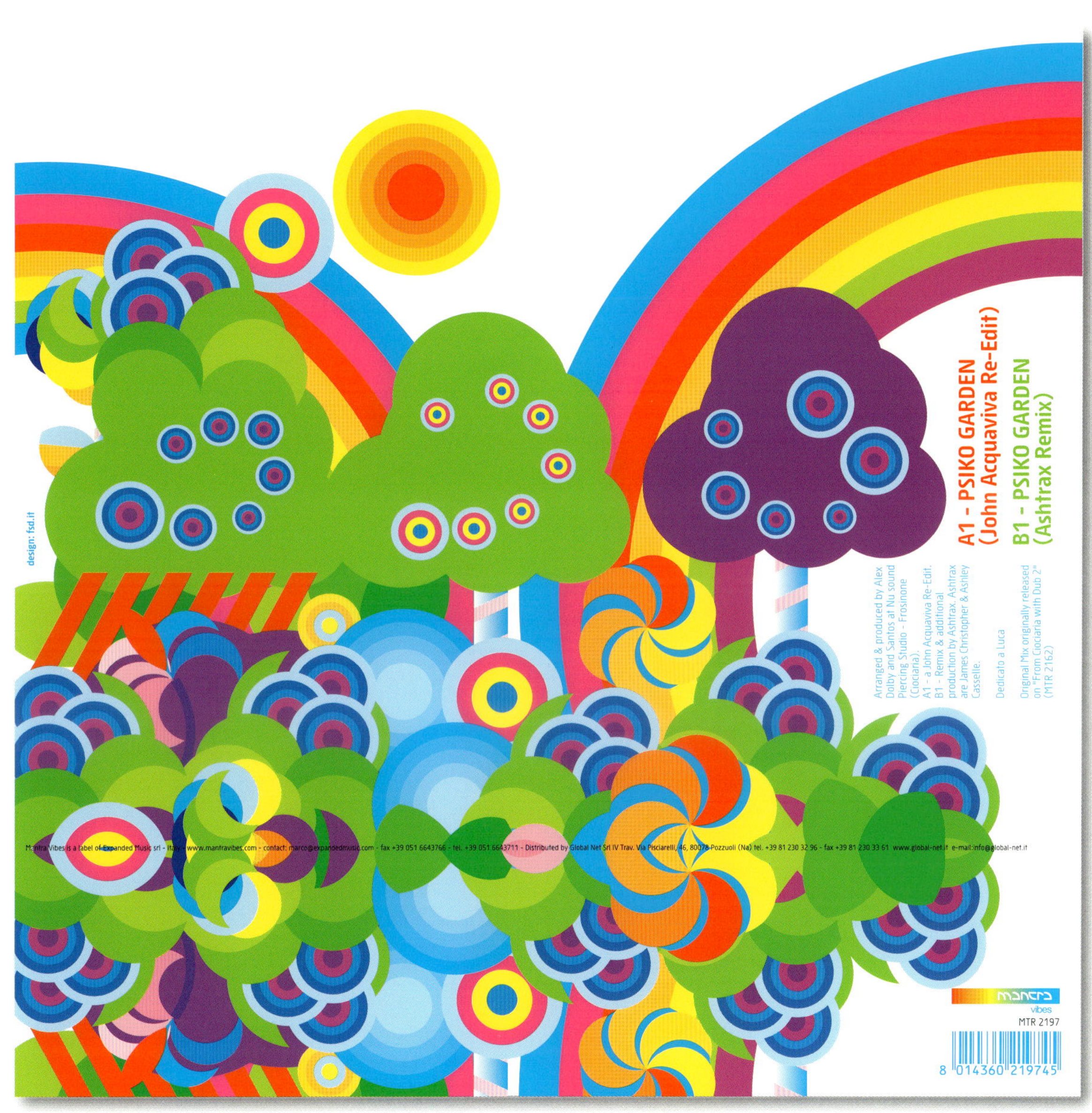

A1 - PSIKO GARDEN
(John Acquaviva Re-Edit)

B1 - PSIKO GARDEN
(Ashtrax Remix)

Arranged & produced by Alex
Dolby and Santos at Nu sound
Piercing Studio - Frosinone
(Ciociaria).
A1 - a John Acquaviva Re-Edit.
B1 - Remix & additional
production by Ashtrax. Ashtrax
are James Christopher & Ashley
Casselle.

Dedicato a Luca

Original Mix originally released
on "From Ciociaria with Dub 2"
(MTR 2162)

design: fsd.it

Mantra Vibes is a label of Expanded Music srl - Italy - www.mantravibes.com - contact: marco@expandedmusic.com - fax +39 051 6643766 - tel. +39 051 6643711 - Distributed by Global Net Srl IV Trav. Via Pisciarelli, 46, 80078 Pozzuoli (Na) tel. +39 81 230 32 96 - fax +39 81 230 33 61 www.global-net.it e-mail:info@global-net.it

mantra
vibes
MTR 2197

8 014360 219745

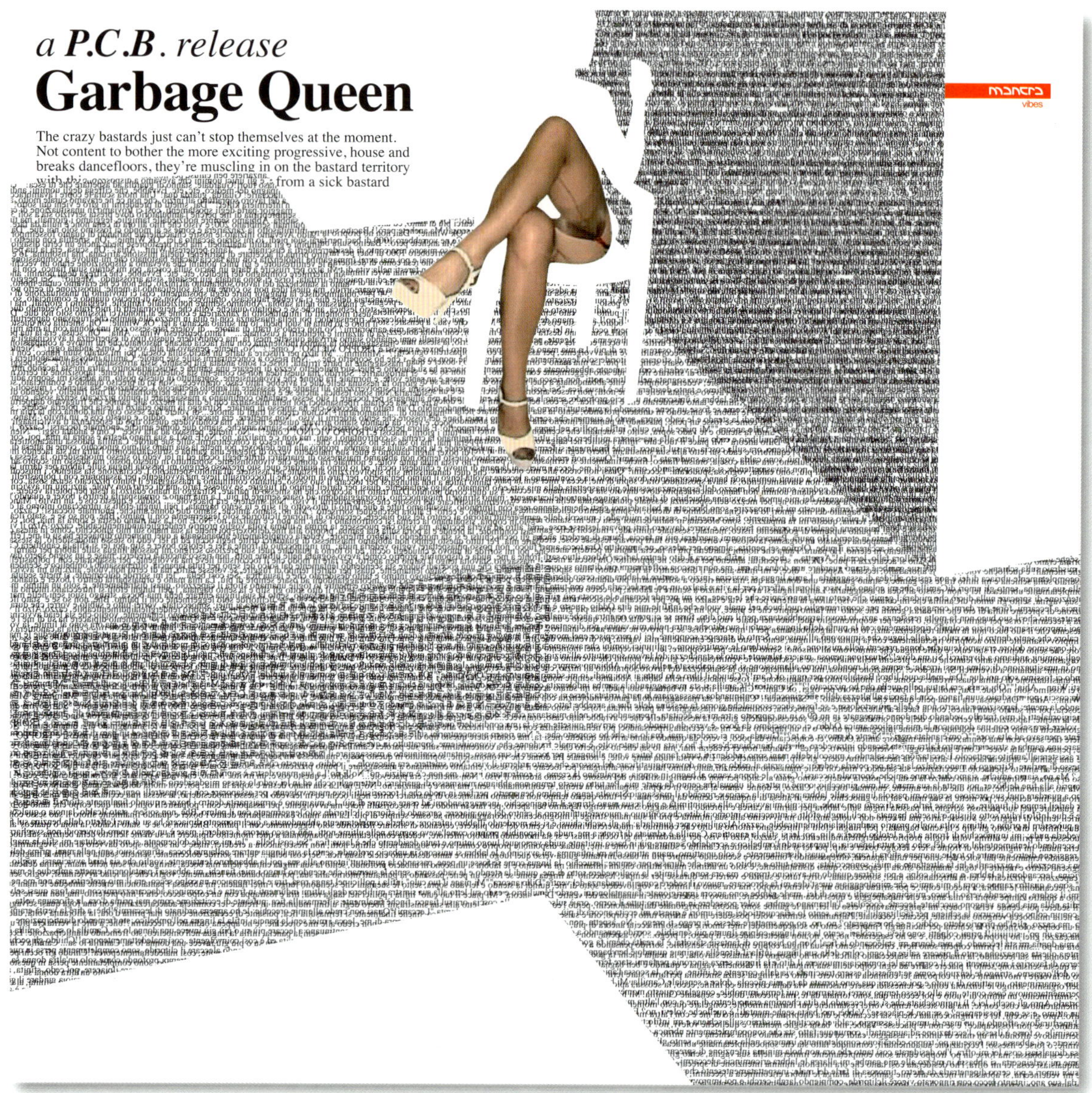

MTR2198 mixcase cover, 305x307 mm, client: Expanded Music srl, ©2004 Fabrizio Schiavi Design

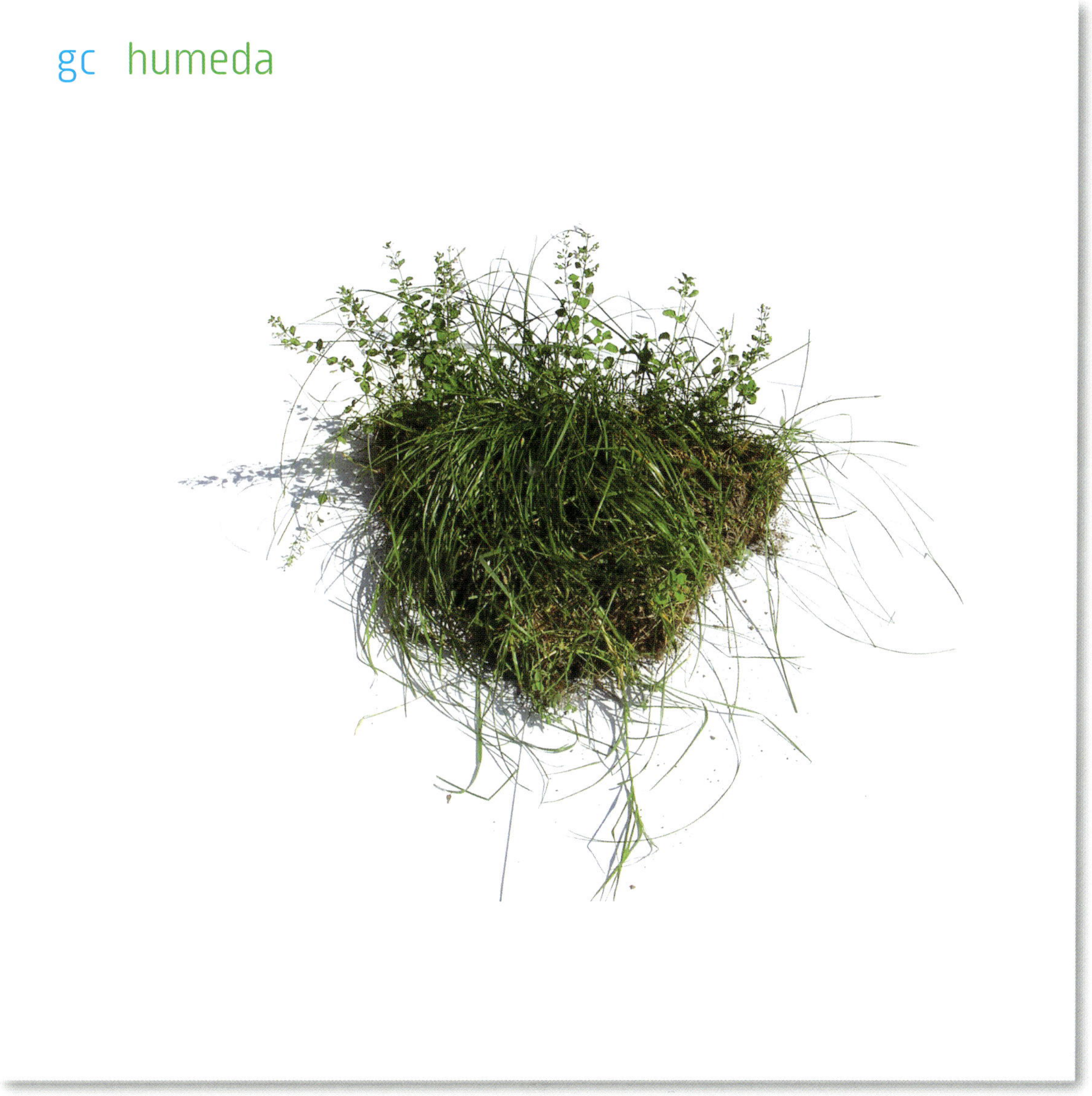

gc humeda

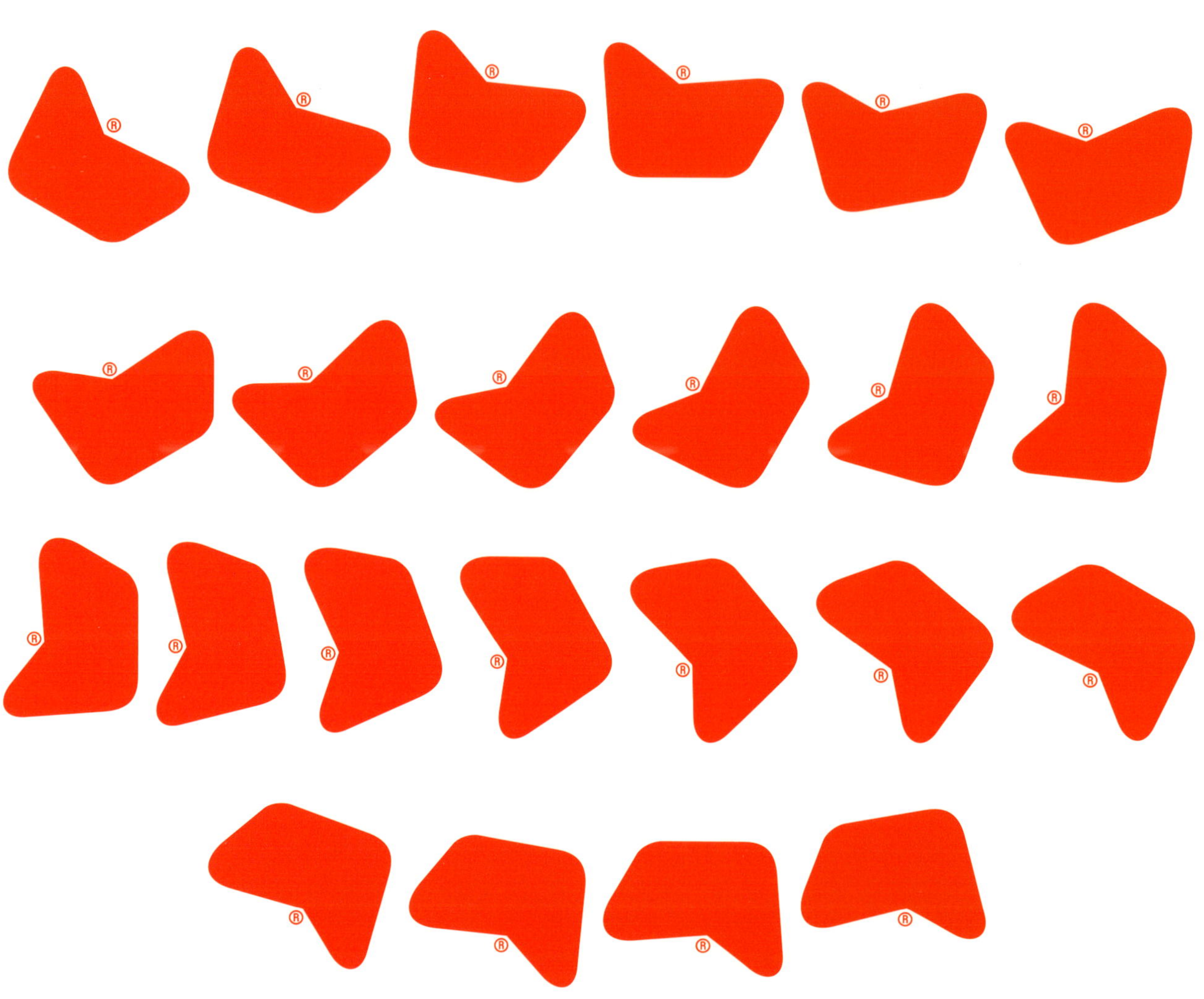

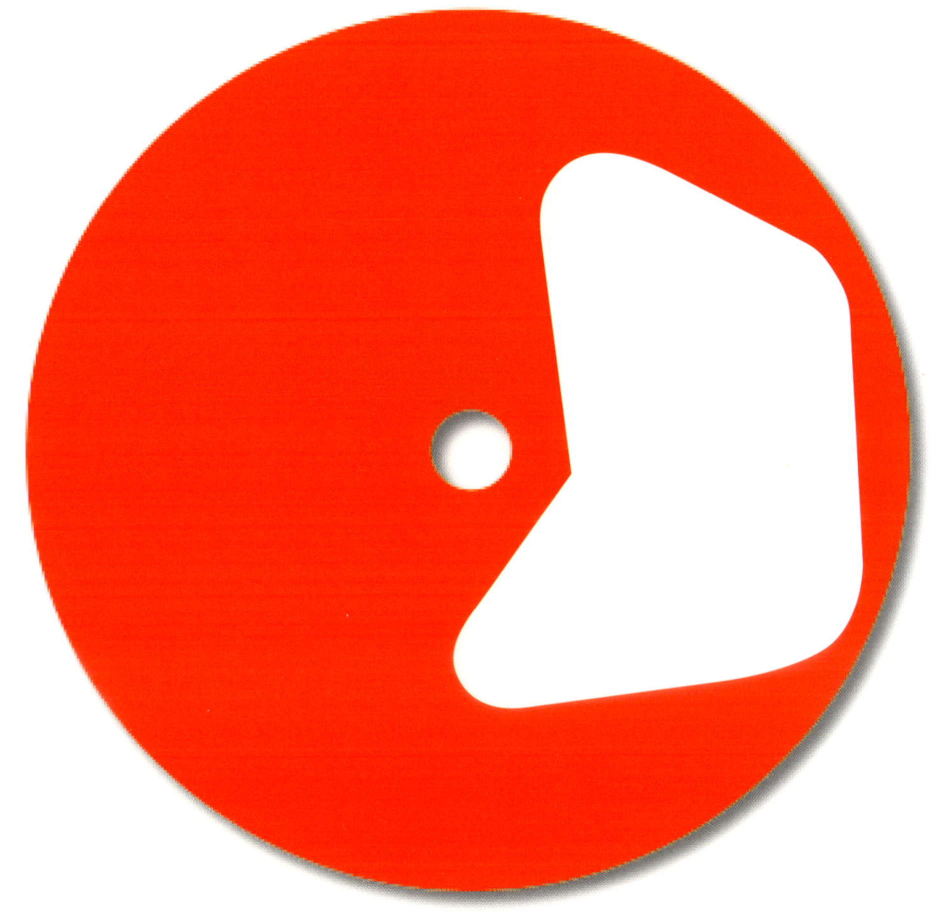

No Future mixcase, 305x307 mm, client: No Future UK, ©2004 Fabrizio Schiavi Design

No Future mixcase, 305x307 mm, client: No Future UK, ©2004 Fabrizio Schiavi Design

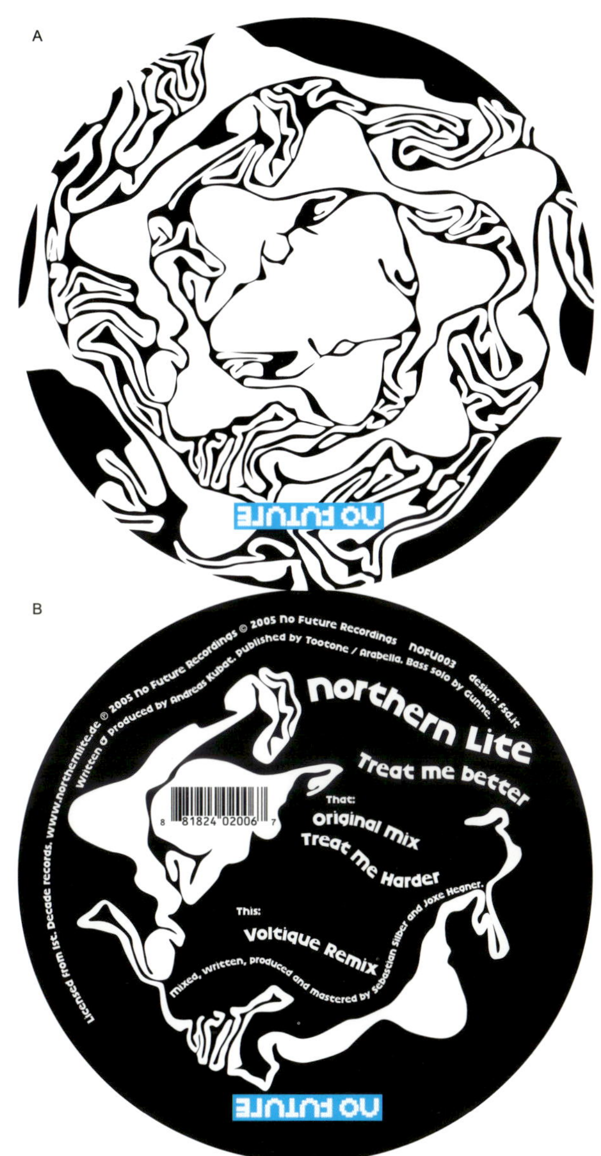

A
B
northern Lite
Treat me better
That:
original mix
Treat Me Harder
This:
Voltique Remix
Written & produced by Andreas Kubat. Published by Tootone / Arabella. Bass solo by Gunne.
© ℗ 2005 No Future Recordings © 2005 No Future Recordings   NOFU003   design: fsd.it
Licensed from 1st. Decade records. www.northernlite.de
mixed, written, produced and mastered by Sebastian Silber and Joxe Hegner.
8 81824 02006 7
NO FUTURE
NO FUTURE

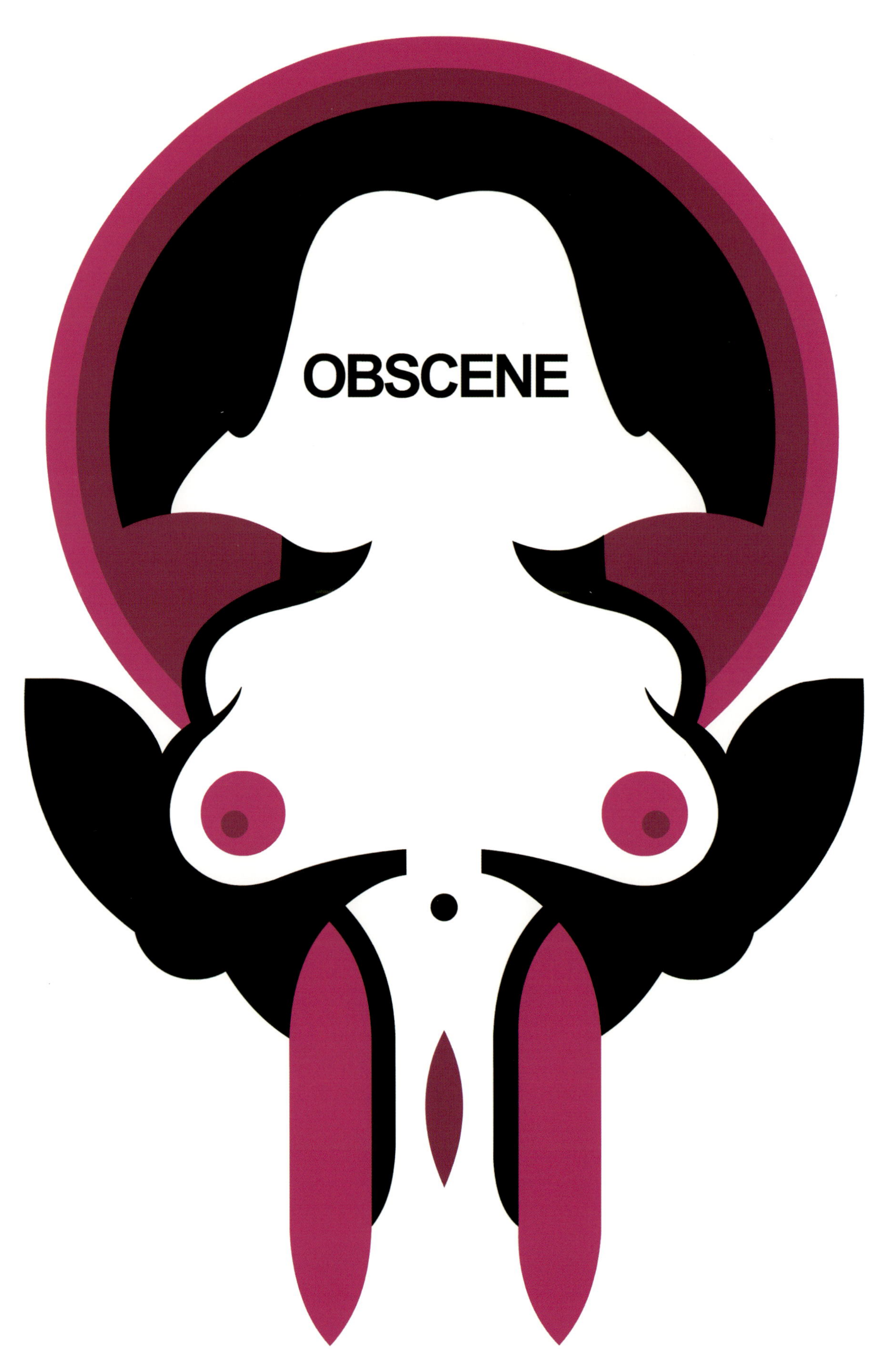

OBSCENE

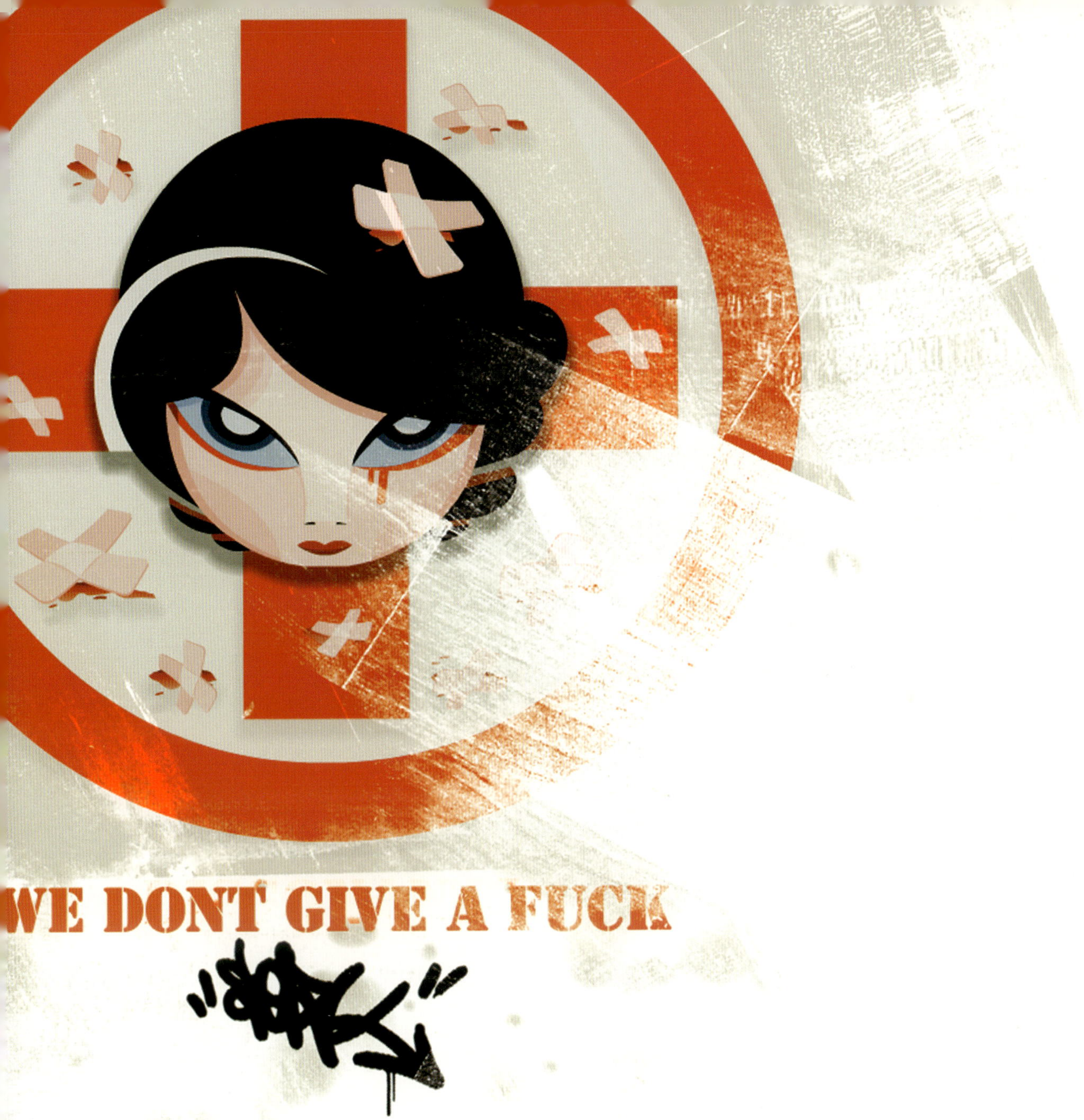

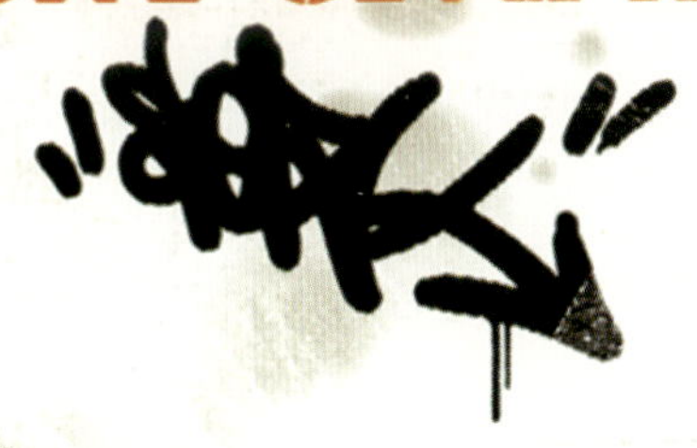

WE DONT GIVE A FUCK

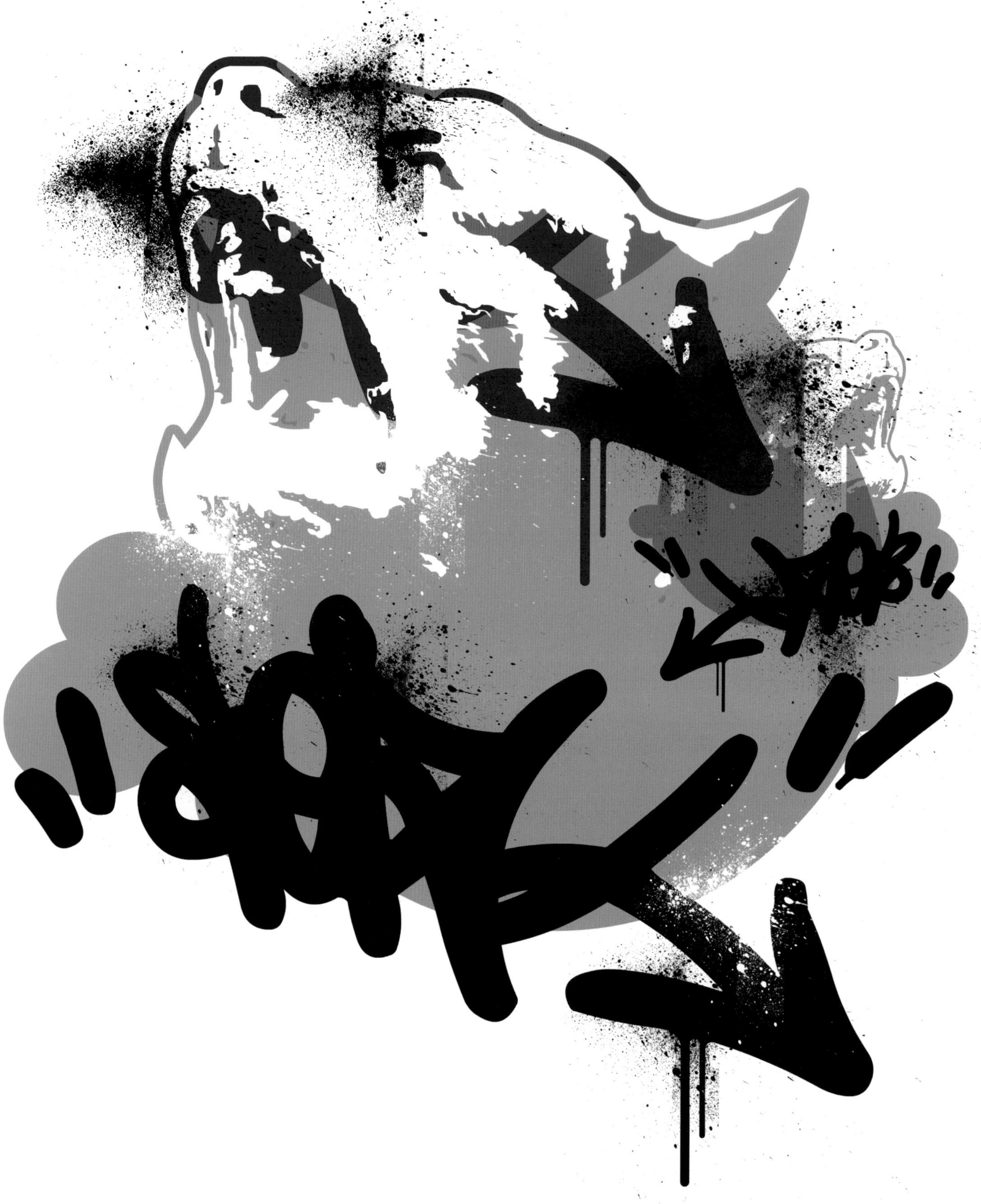

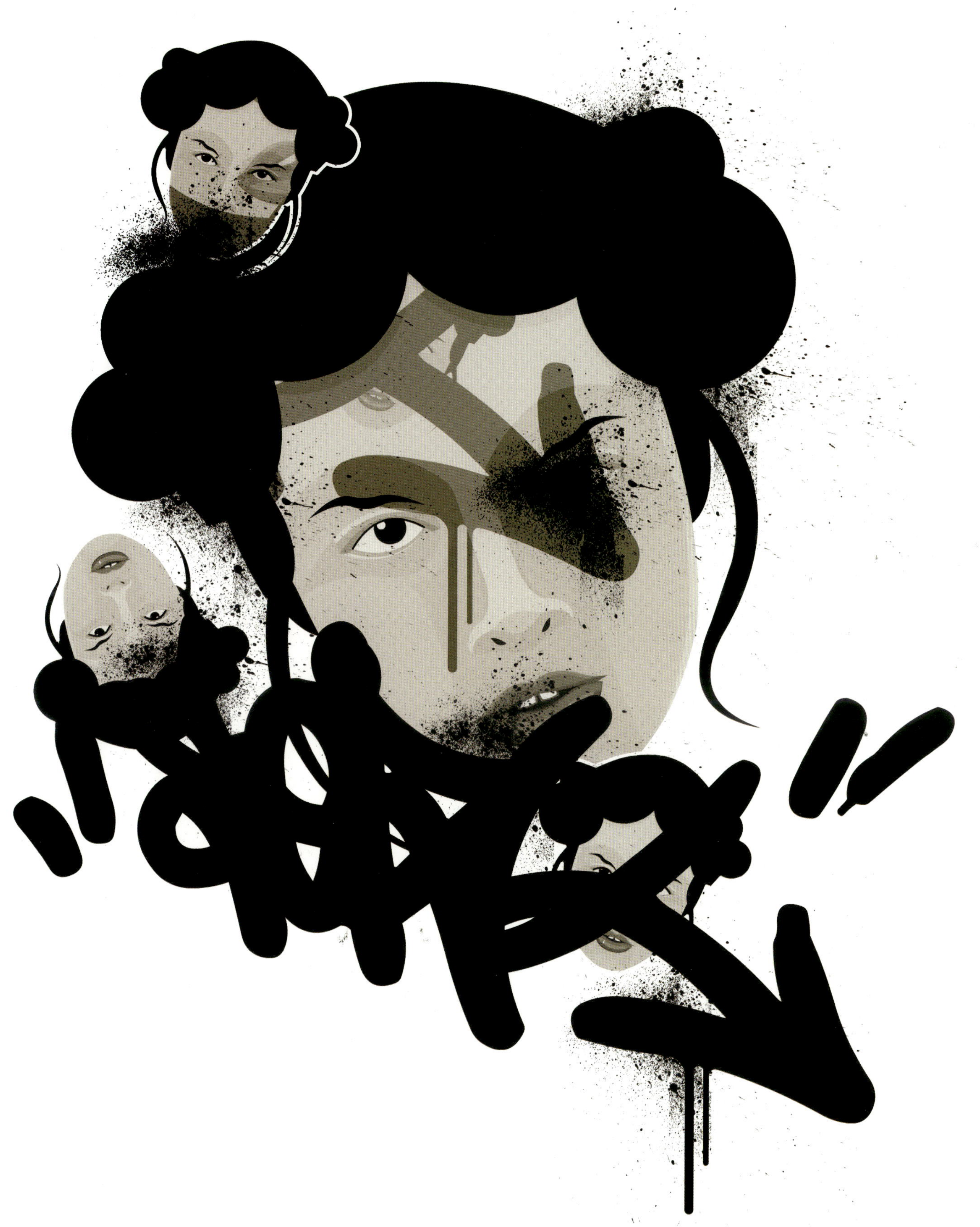

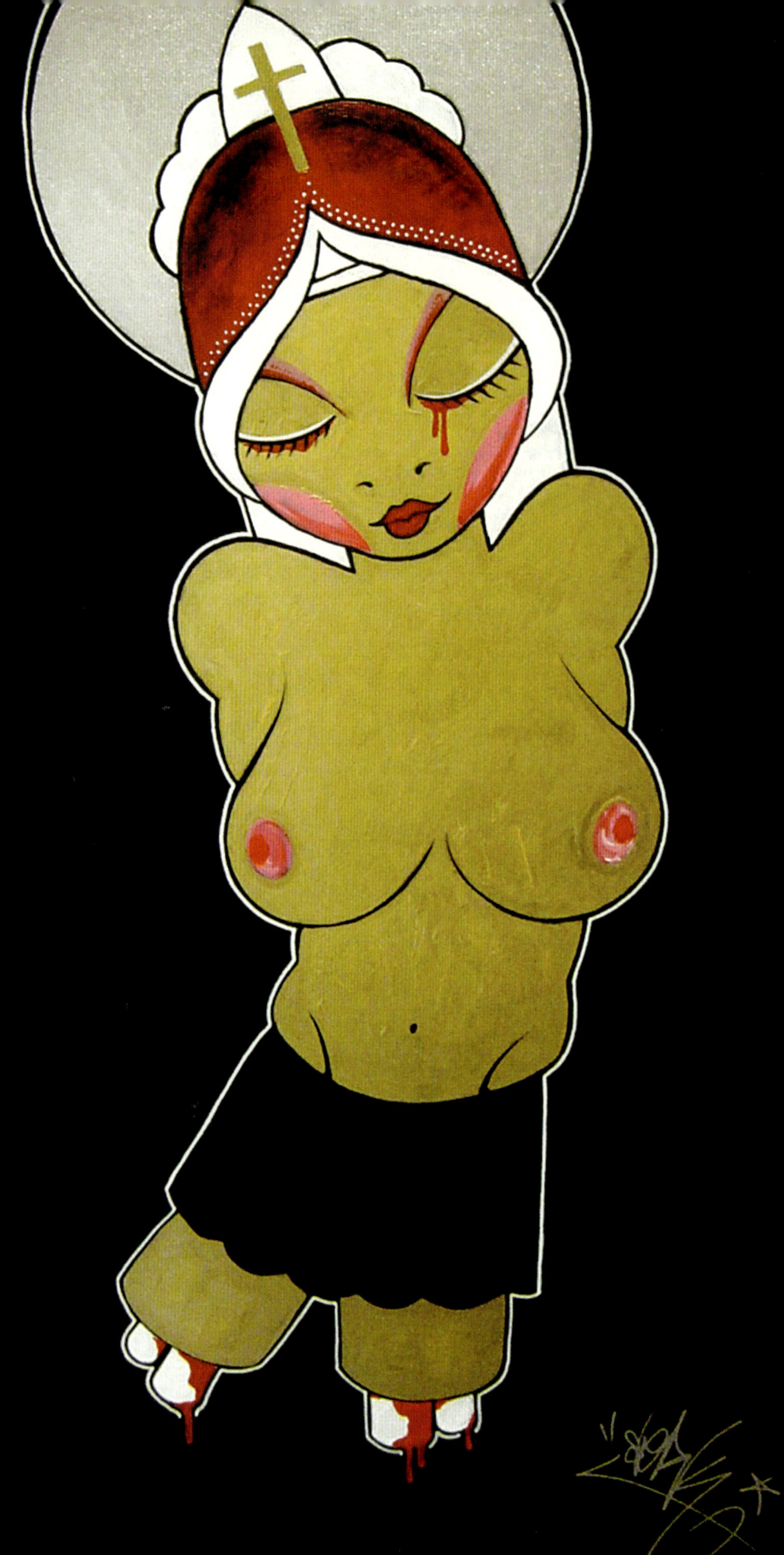

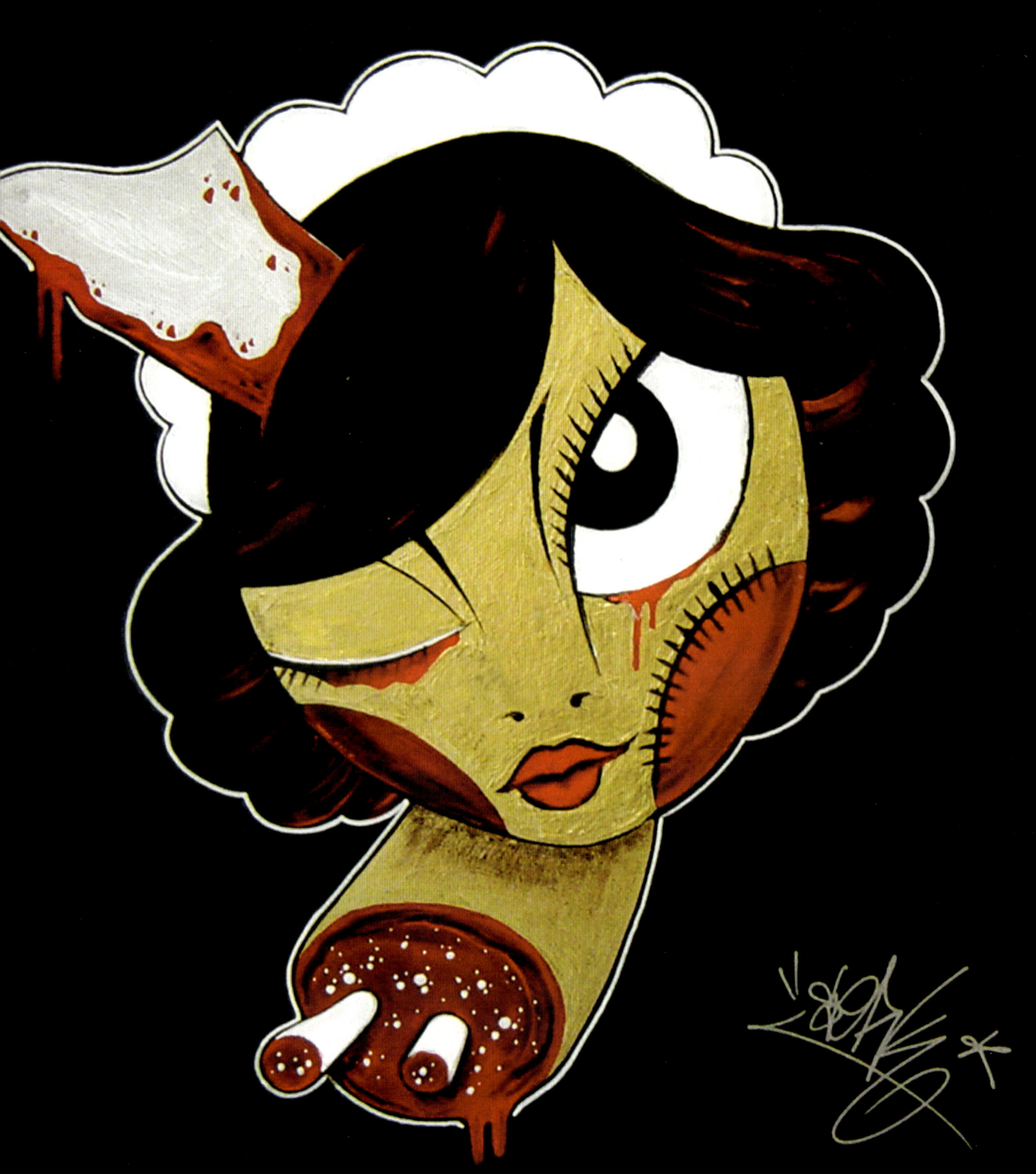

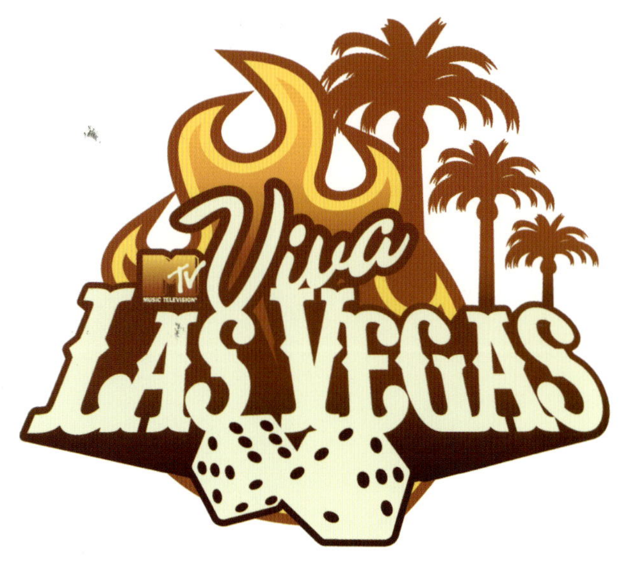
Viva
LAS VEGAS

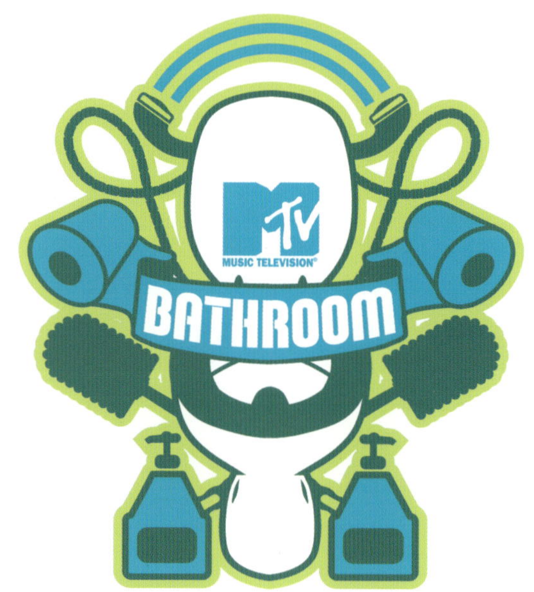
BATHROOM

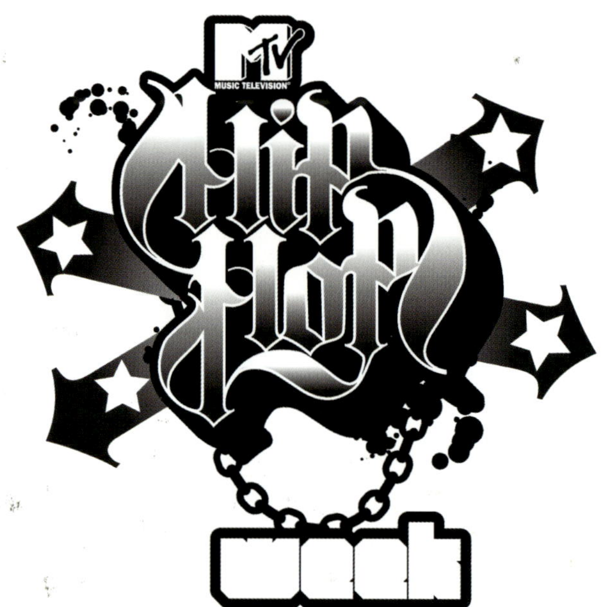
HIP HOP
week

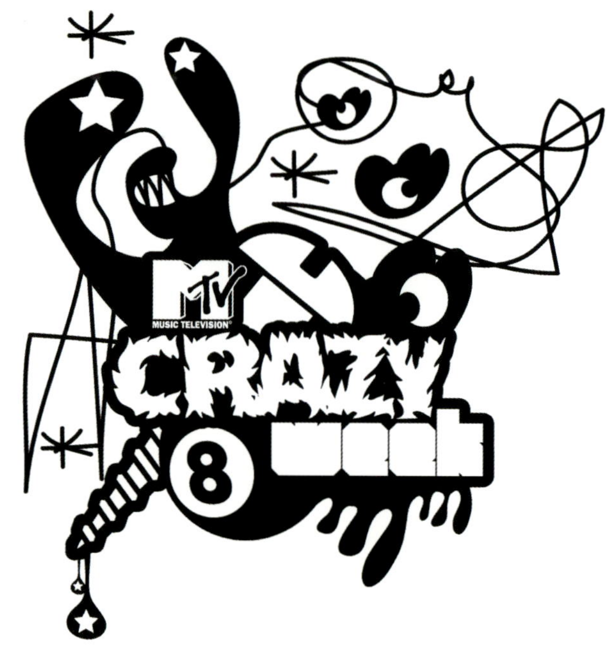
CRAZY
8
week

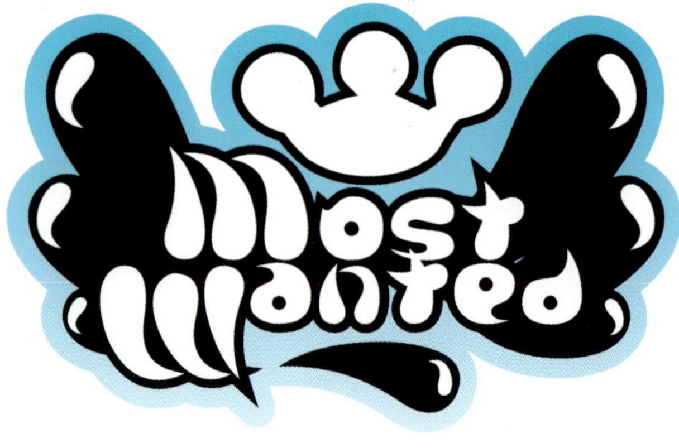
Most
Wanted

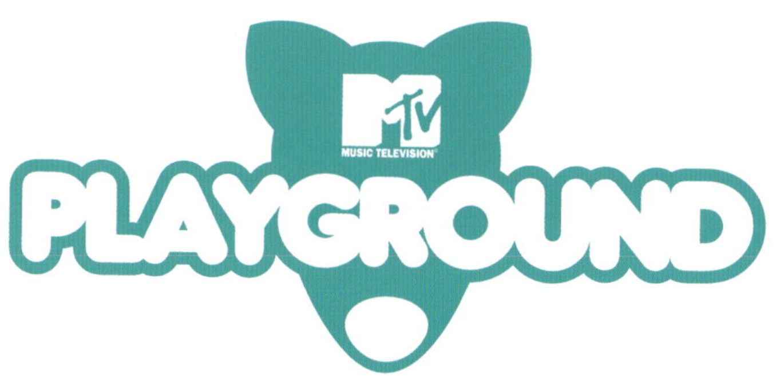
PLAYGROUND

PITCH   INDEX   RESO   CUT
PITCH   INDEX   RESO   CUT
SELECTION FROM MTV B:N CHANNEL ID
STARRE
free stickering corp.
1234 maranza drive . san gligliangeles
555-404458 / 555-9568795
order n.:   type:
note:
beat me up!!
beat me up!!
PUBBLICITA
PUBBLICITA
SAMPLE
IN/OUT
#02
MTV brandinew
PARADISE
LOUNGE AREA
soft design
LATIN EXPERIENCE
till awn
COME AGAIN
morefire more fire
LIFE IS GOOD IF YOUR CAR IS BIG ENOUGHT
HAVE A NICE DAY !
#01 SAMPLE CHART
#02 SAMPLE CHART
#03 SAMPLE CHART
#04 SAMPLE CHART
#01 SAMPLE CHART
#02 SAMPLE CHART
#03 SAMPLE CHART
#04 SAMPLE CHART
#04
#05
ONE MORE BASE

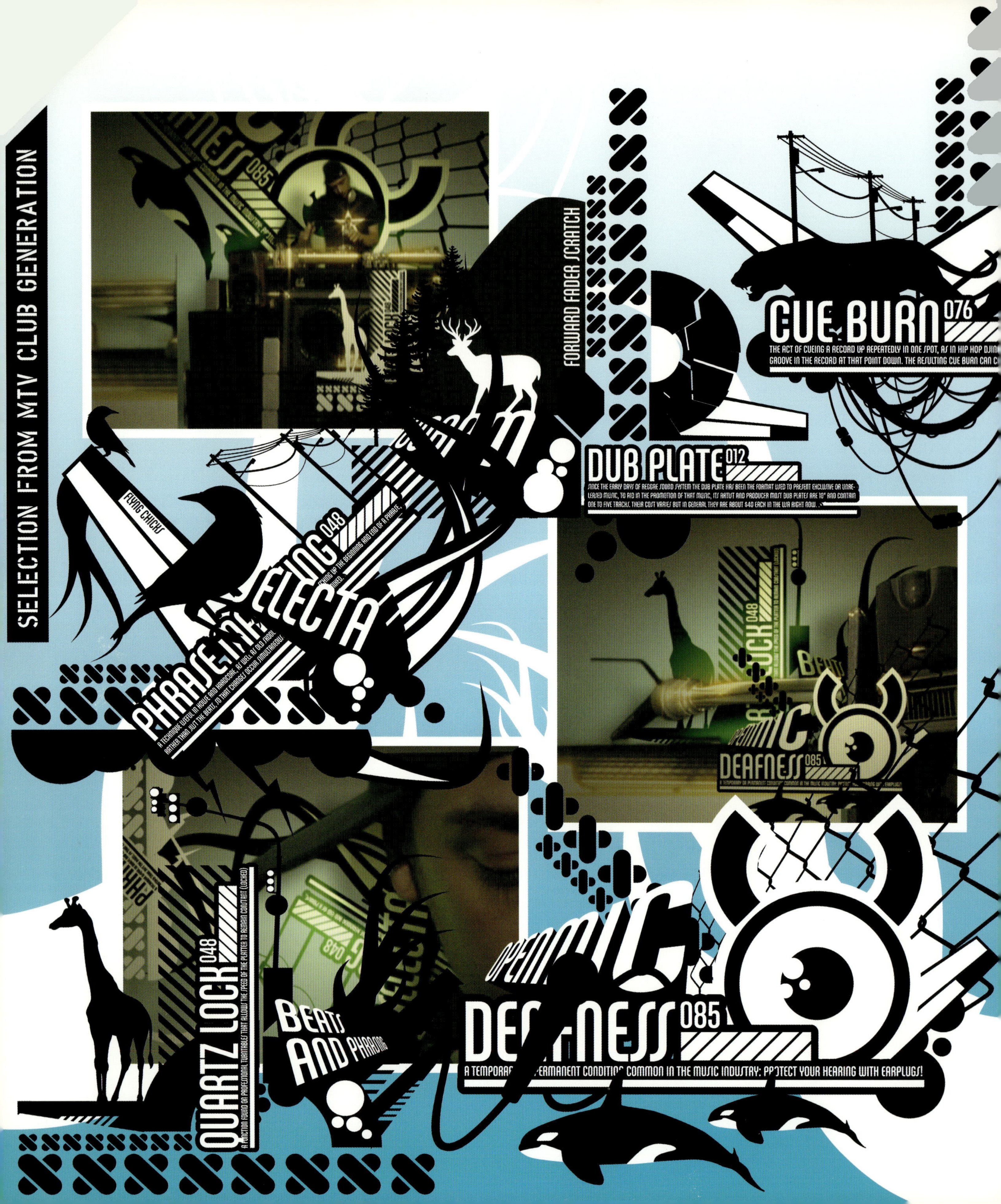

SELECTION FROM MTV CLUB GENERATION
FORWARD FADER SCRATCH
CUE BURN 076
THE ACT OF CUEING A RECORD UP REPEATEDLY IN ONE SPOT, AS IN HIP HOP DJIN...
GROOVE IN THE RECORD AT THAT POINT DOWN. THE RESULTING CUE BURN CAN C...
DUB PLATE 012
SINCE THE EARLY DAYS OF REGGAE SOUND SYSTEM THE DUB PLATE HAS BEEN THE FORMAT USED TO PRESENT EXCLUSIVE OR UNRE-
LEASED MUSIC, TO AID IN THE PROMOTION OF THAT MUSIC, ITS ARTIST AND PRODUCER. MOST DUB PLATES ARE 10" AND CONTAIN
ONE TO FIVE TRACKS. THEIR COST VARIES BUT IN GENERAL THEY ARE ABOUT $40 EACH IN THE USA RIGHT NOW.
CUEING 048
SELECTA
PHRASING 048
A TECHNIQUE USEFUL IN HOUSE AND HARDCORE, AS WELL AS OLD SKOOL.
RATHER THAN JUST THE BEATS, SO THAT CHANGES OCCUR SIMULTANEOUS
FLYING CHICKS
DEAFNESS 085
QUARTZ LOCK 048
...CTION FOUND ON PROFESSIONAL TURNTABLES THAT ALLOWS THE SPEED OF THE PLATTER TO REMAIN CONSTANT (LOCKED)
BEATS AND PHRASING
OPEN
DEAFNESS 085
A TEMPORARY... PERMANENT CONDITION COMMON IN THE MUSIC INDUSTRY: PROTECT YOUR HEARING WITH EARPLUGS!

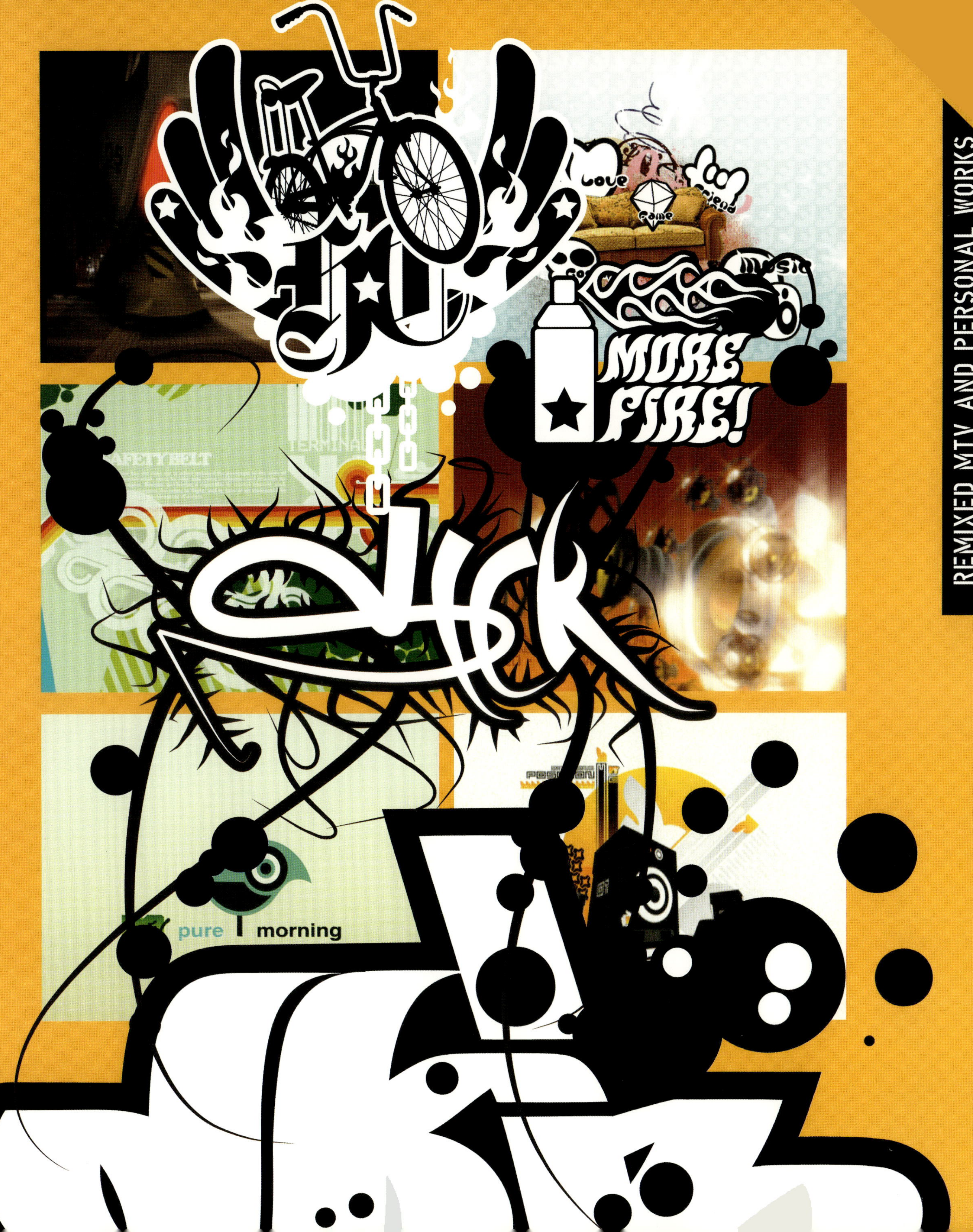

MORE FIRE!
SAFETY BELT
TERMINAL
pure morning
REMIXED MTV AND PERSONAL WORKS

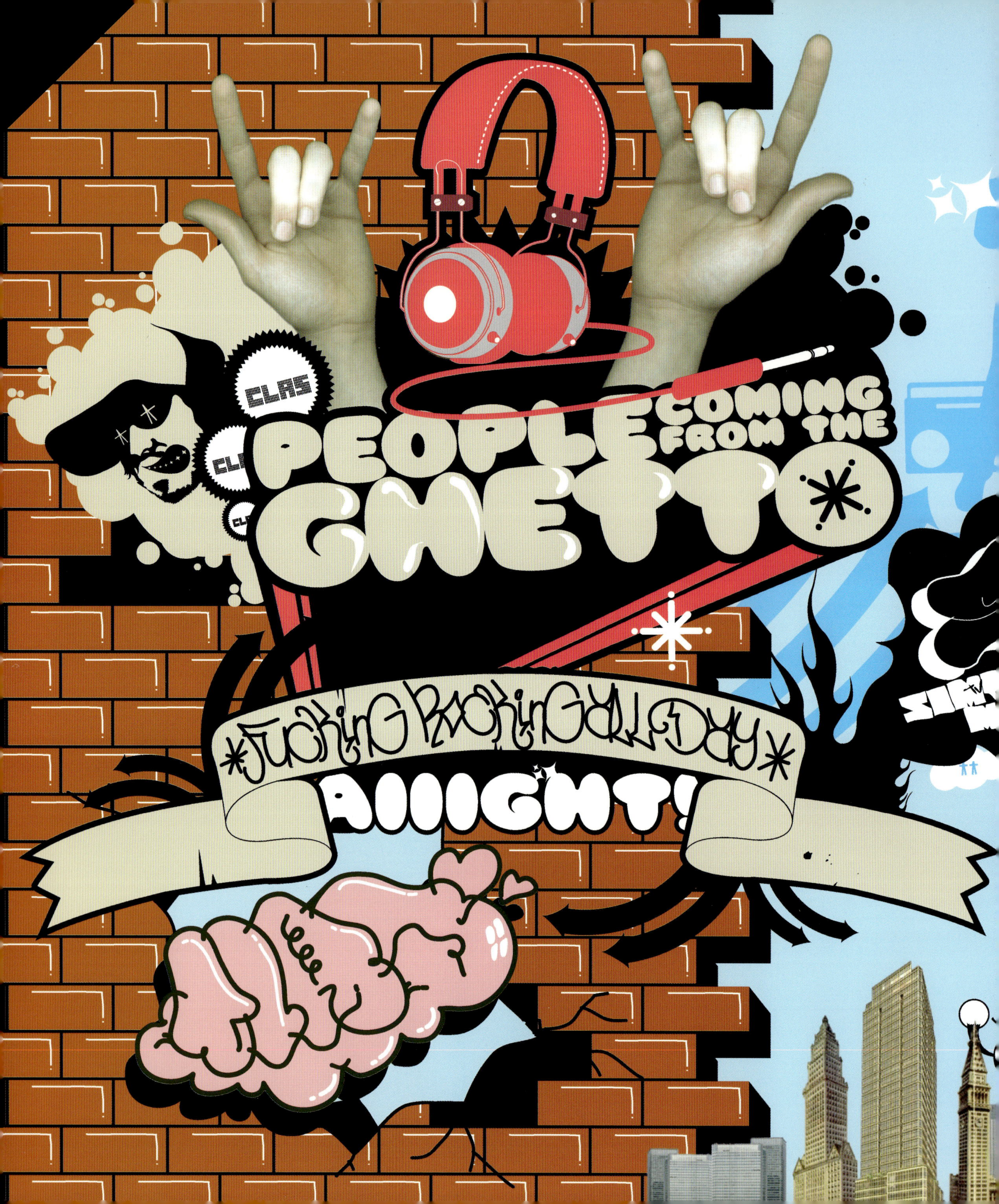

CLAS
PEOPLE COMING FROM THE
GHETTO
fucking rocking all day
ALLLIGHT!

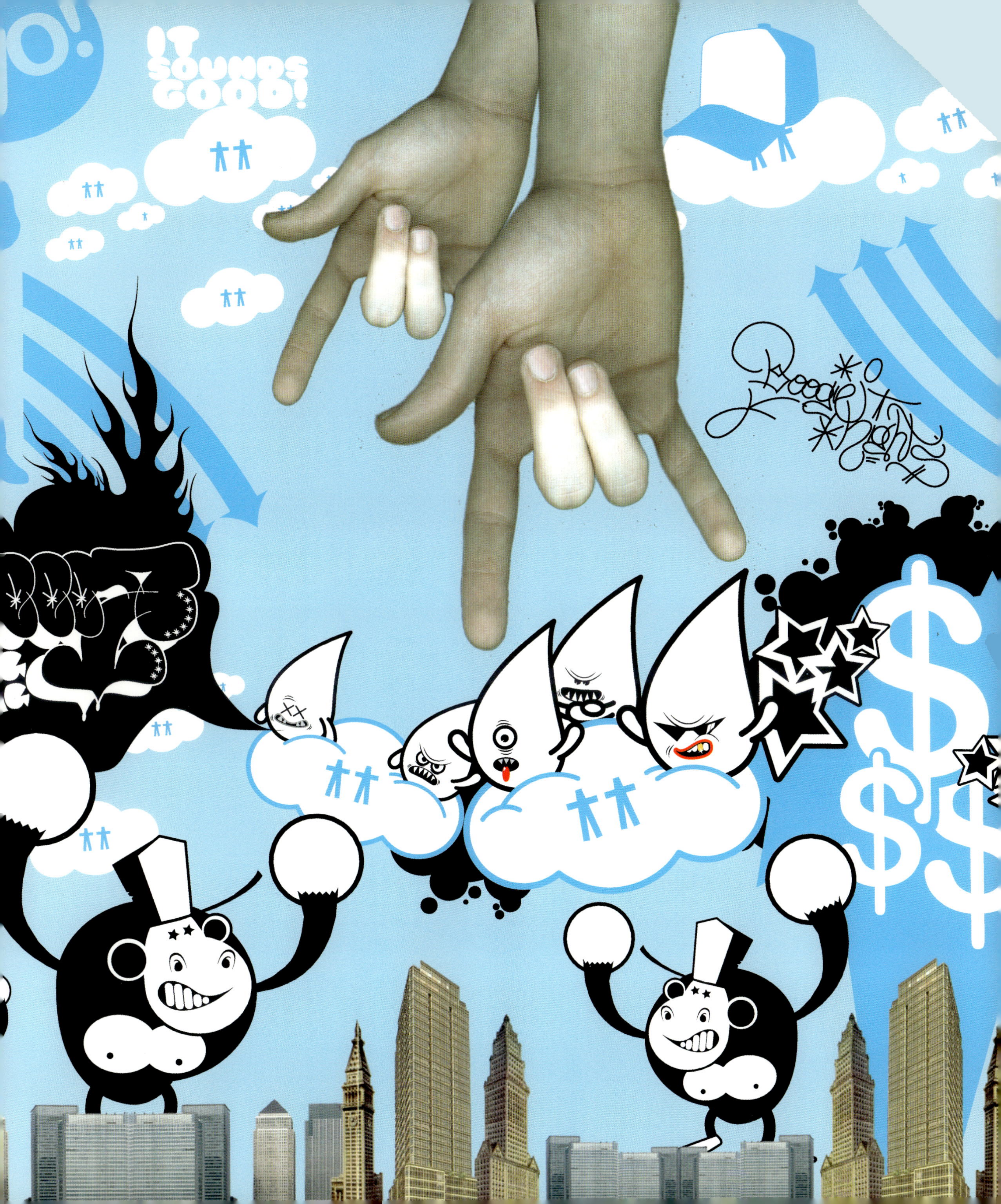

IT SOUNDS GOOD!
Boogie Nights

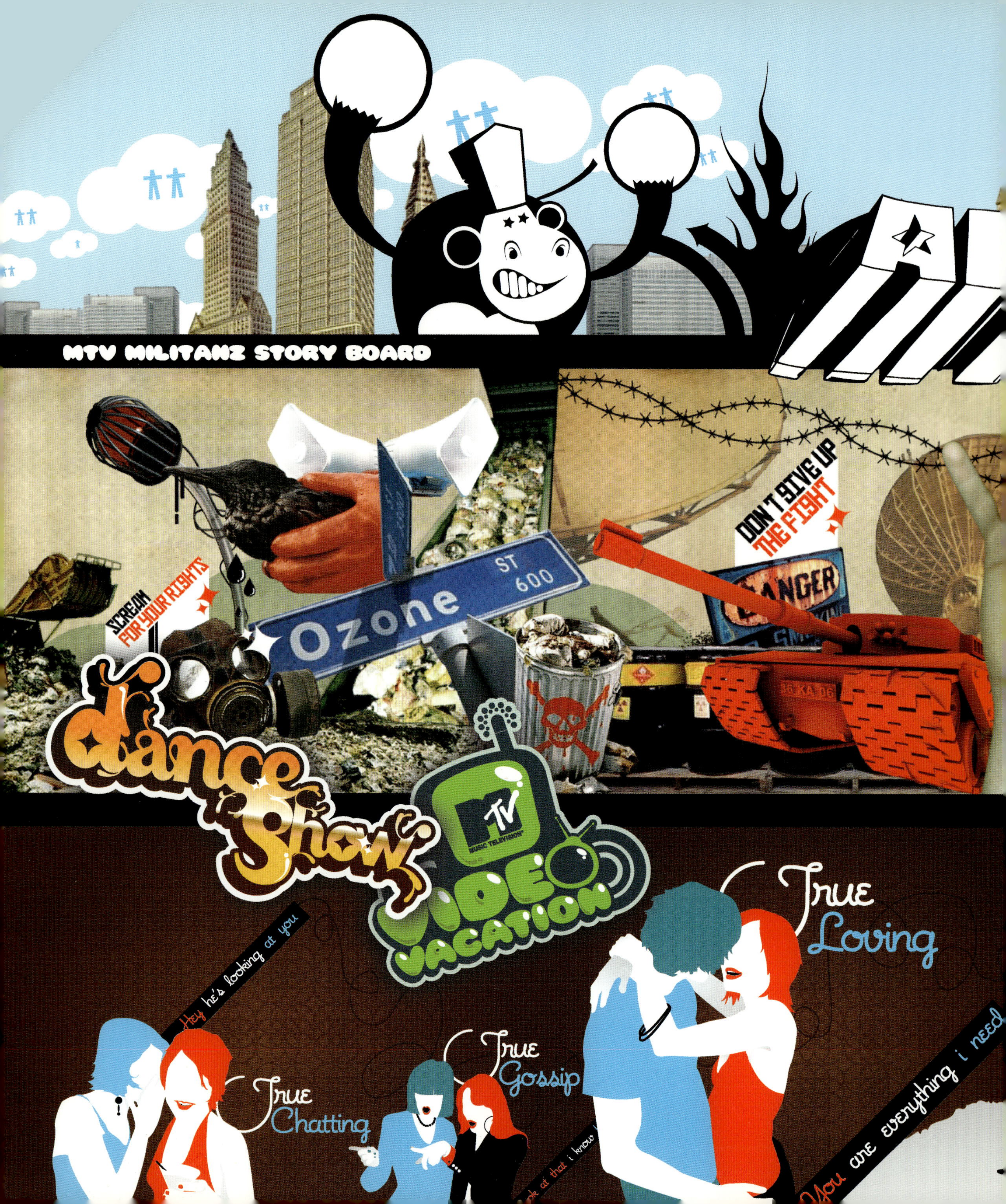

MTV MILITANZ STORY BOARD
SCREAM FOR YOUR RIGHTS
DON'T GIVE UP THE FIGHT
DANGER
Ozone
ST 600
dance Show
MTV
MUSIC TELEVISION
VIDEO VACATION
True Loving
True Gossip
True Chatting
Hey he's looking at you
You are everything i need

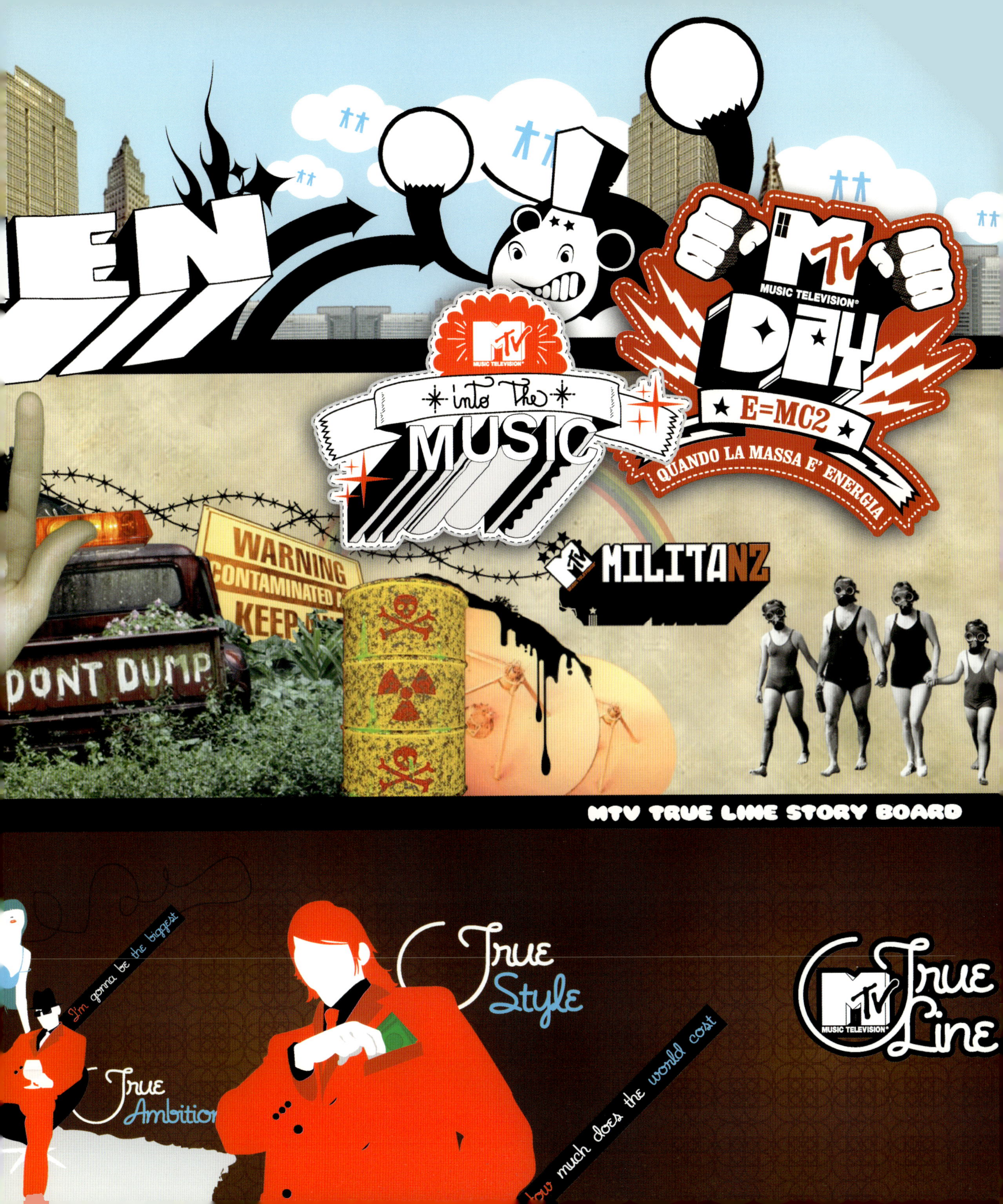

EN
MTV
MUSIC TELEVISION
into the MUSIC
MTV
MUSIC TELEVISION
DAY
E=MC2
QUANDO LA MASSA E' ENERGIA
MTV MILITANZ
WARNING
CONTAMINATED
KEEP
DONT DUMP
MTV TRUE LINE STORY BOARD

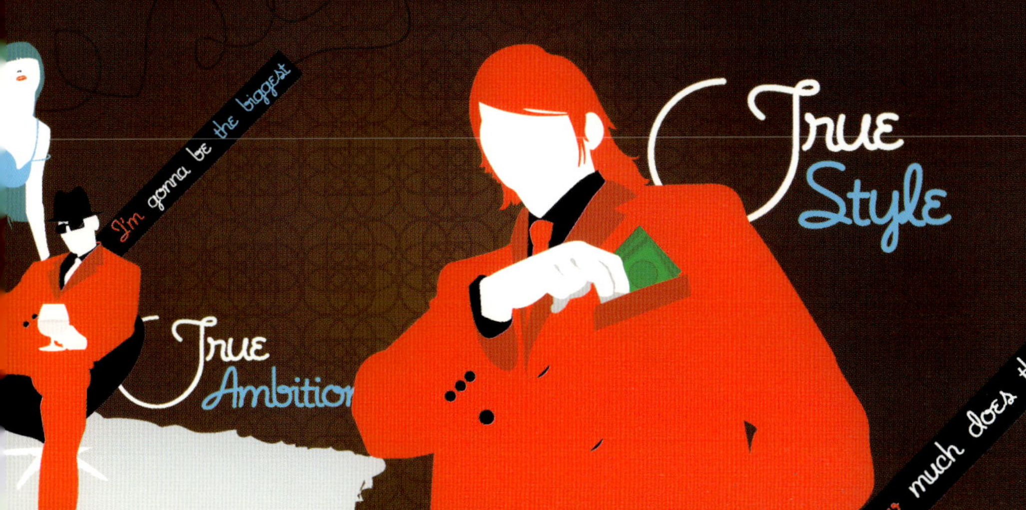
I'm gonna be the biggest
True Ambition
True Style
how much does the world cost

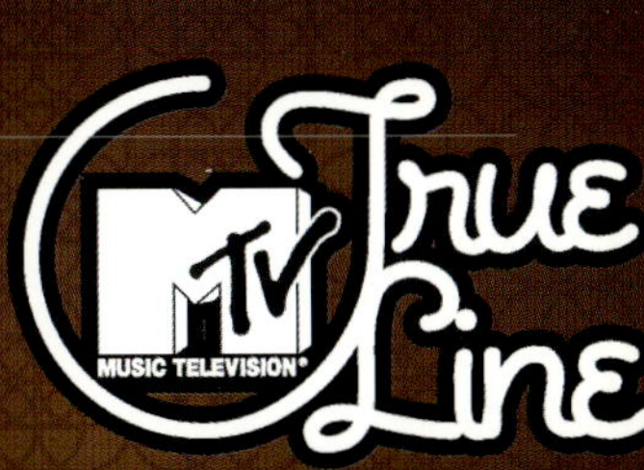
MTV
MUSIC TELEVISION
True Line

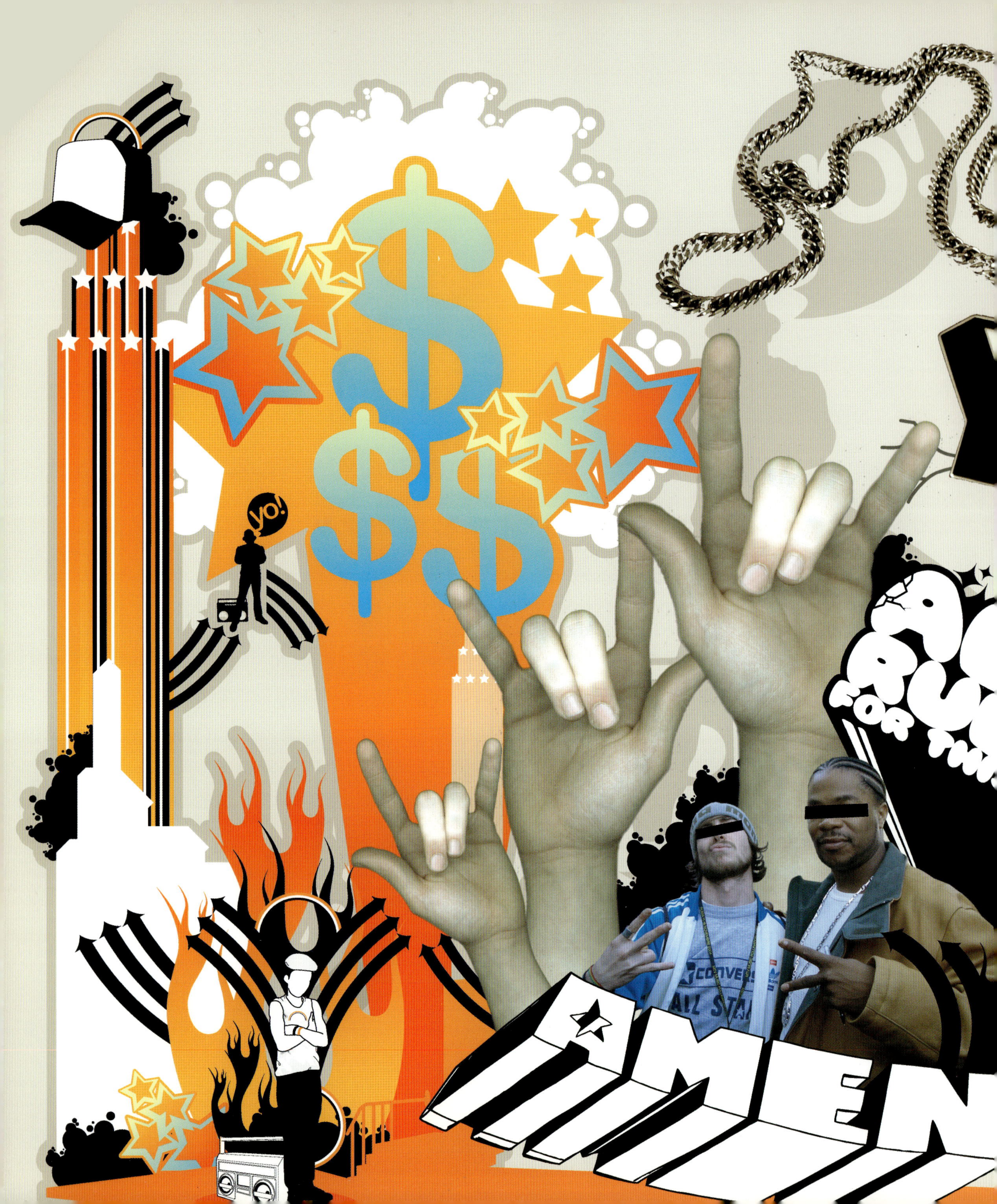

yo!
AMEN

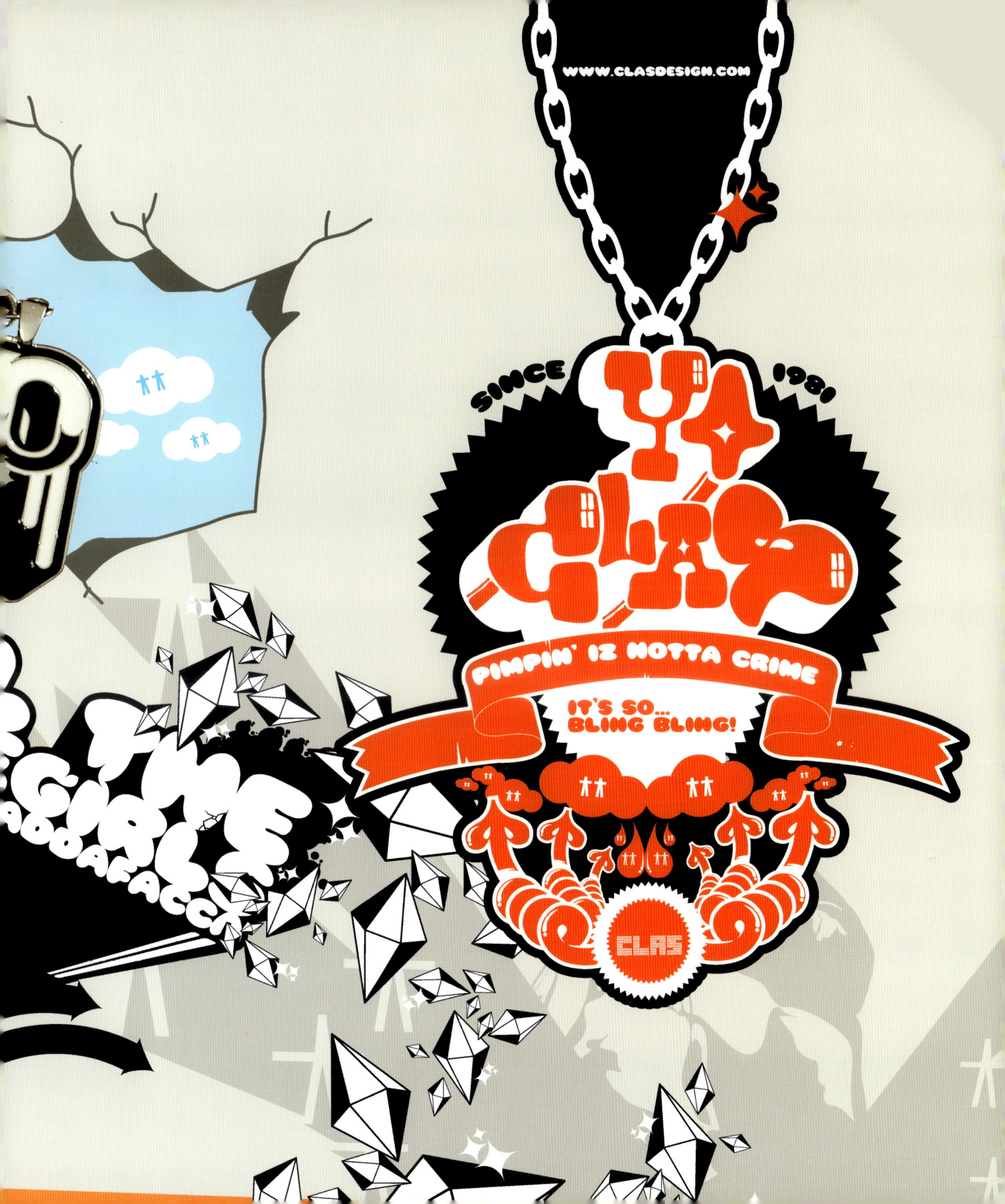

WWW.CLASDESIGN.COM
SINCE '1981
YA CLAP
PIMPIN' IZ NOTTA CRIME
IT'S SO...
BLING BLING!
CLAS

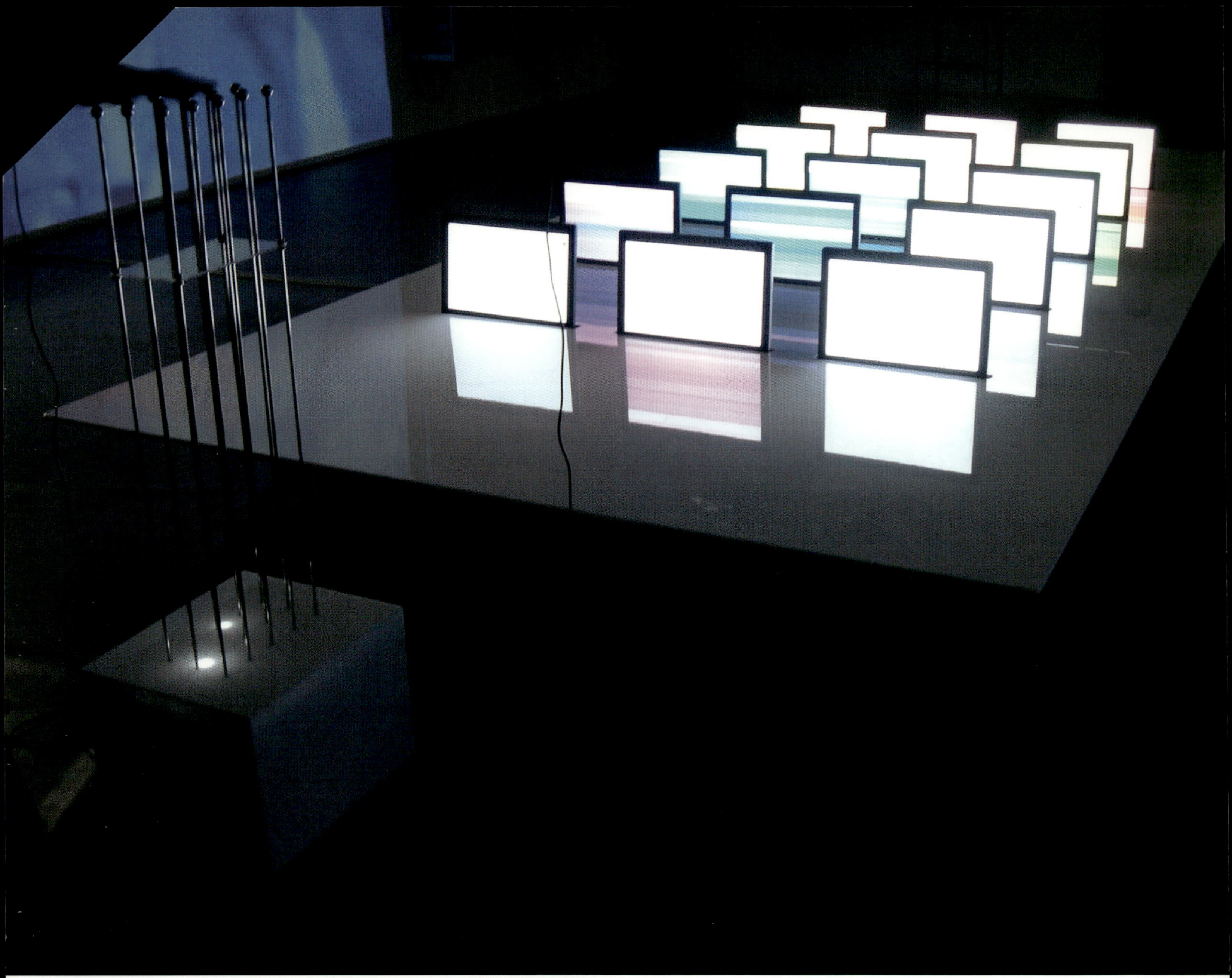

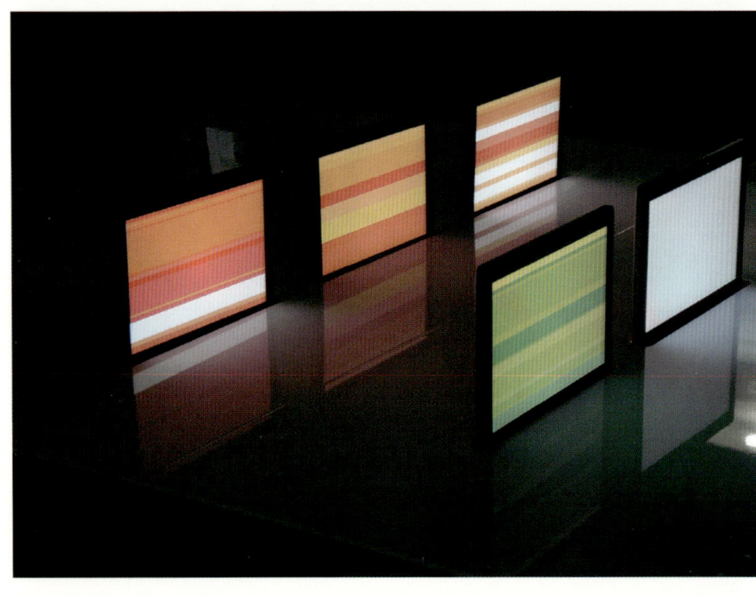

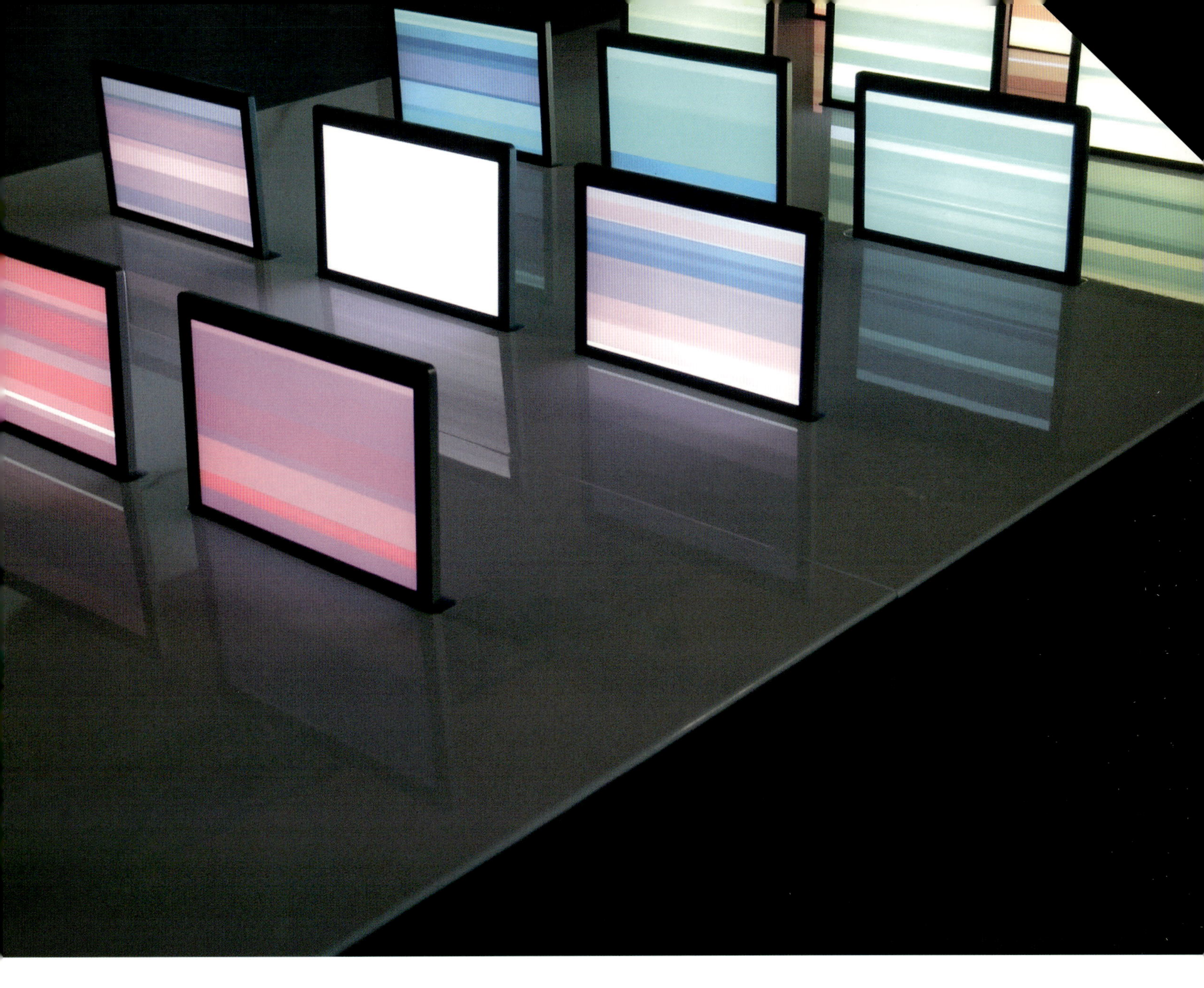

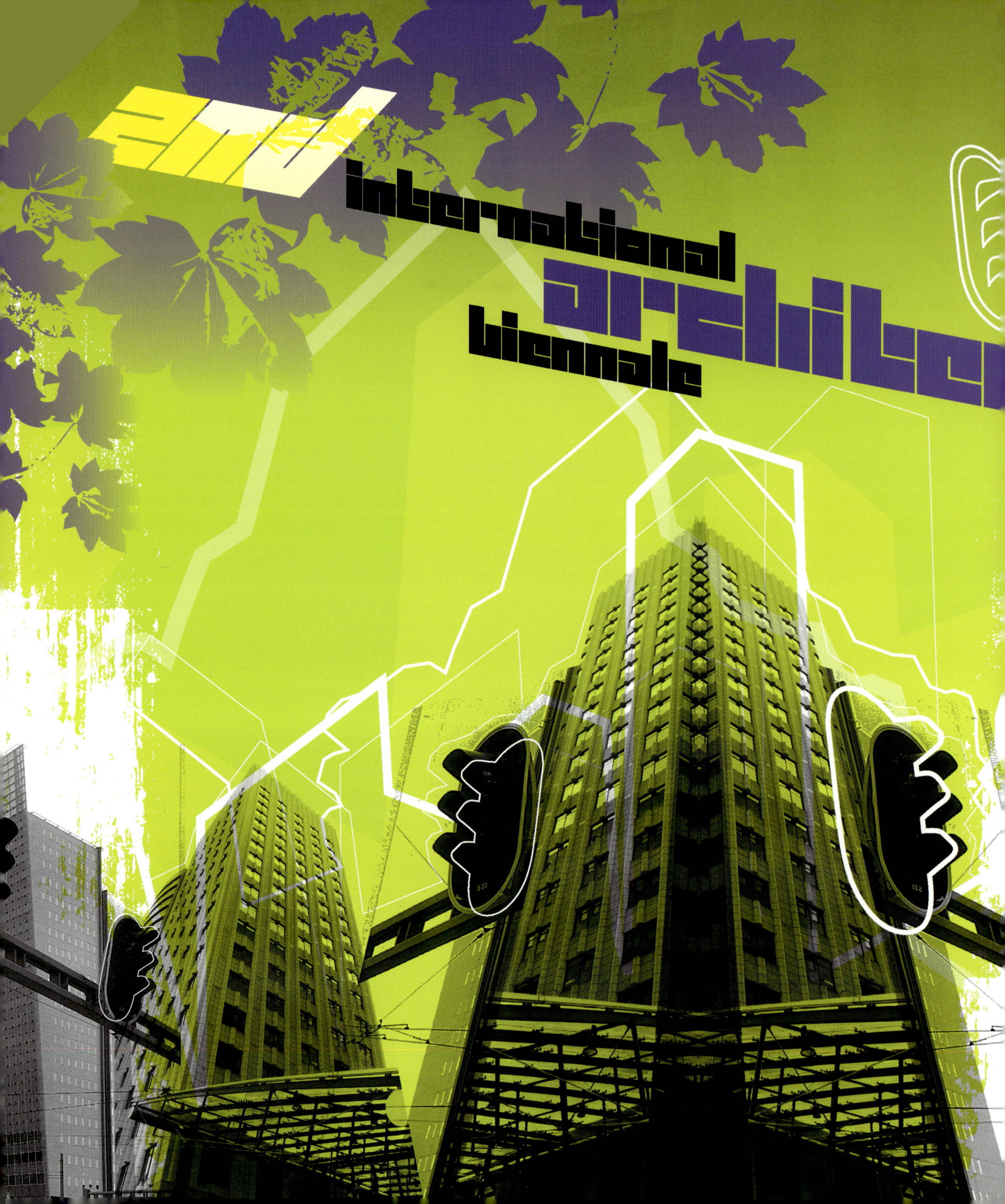
2nd
international
architecture
biennale

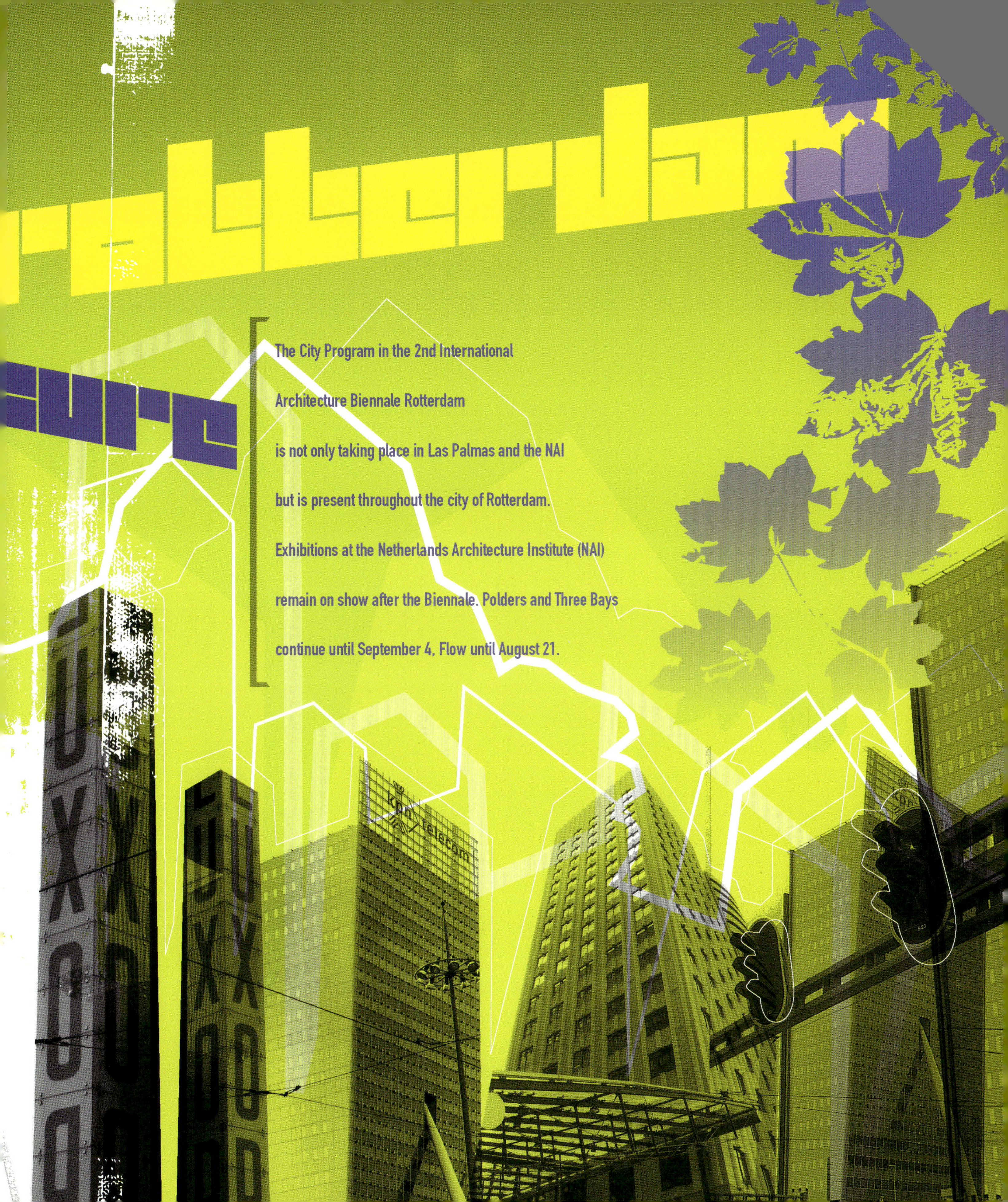

rotterdam
cure

The City Program in the 2nd International
Architecture Biennale Rotterdam
is not only taking place in Las Palmas and the NAI
but is present throughout the city of Rotterdam.
Exhibitions at the Netherlands Architecture Institute (NAI)
remain on show after the Biennale. Polders and Three Bays
continue until September 4, Flow until August 21.

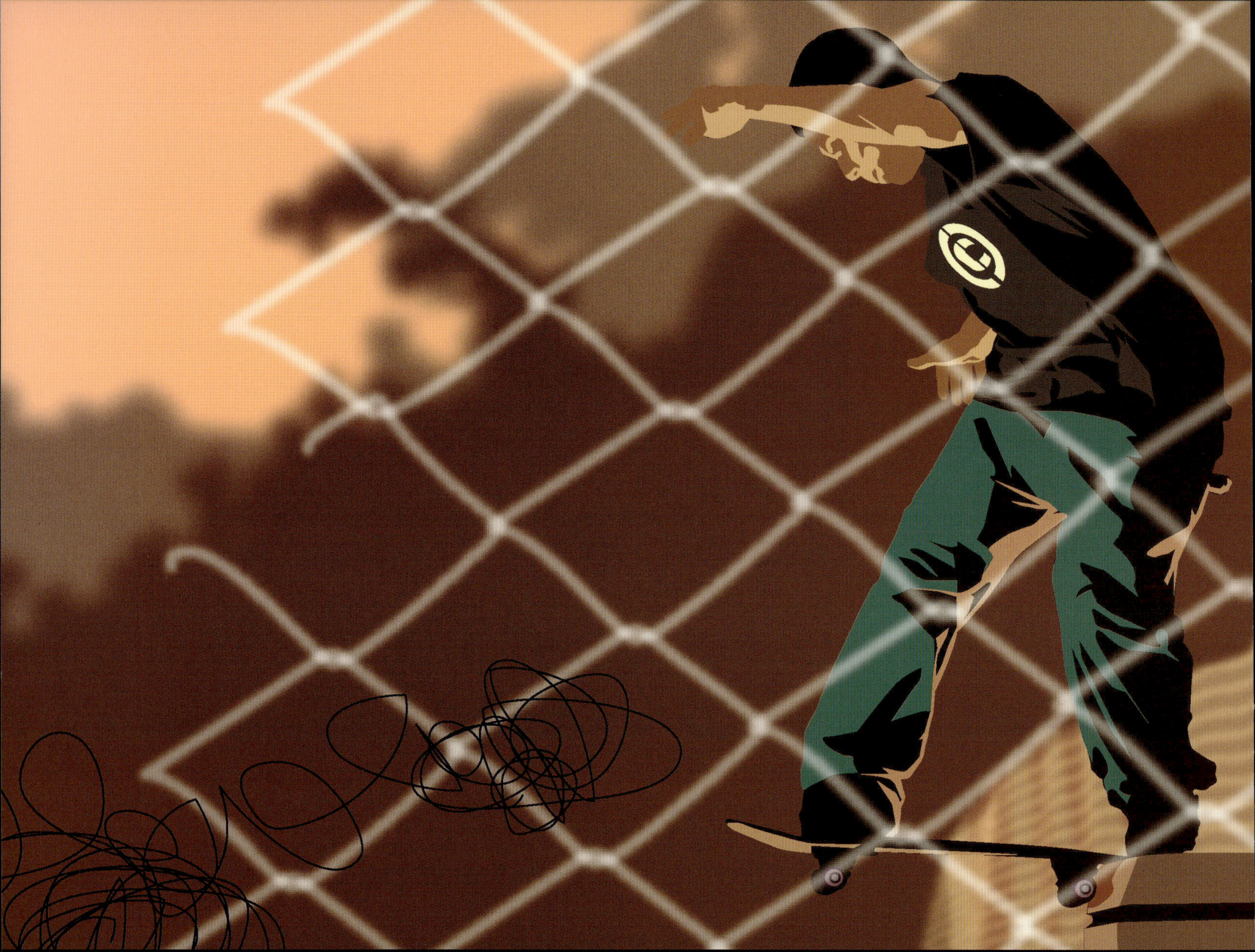

2005 3007

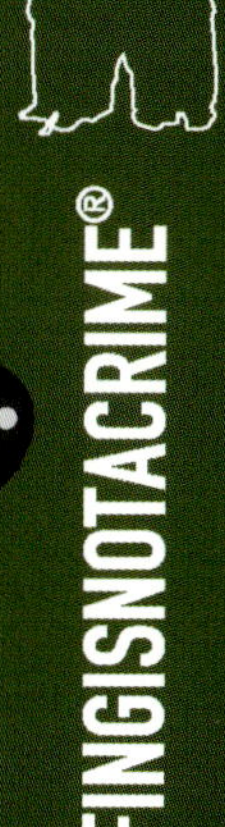
I*USED*TO*PLAY
EVERY*DAY,
BUT MY MONEY
BEGAN TO RUN OUT
GOLFINGISNOTACRIME®

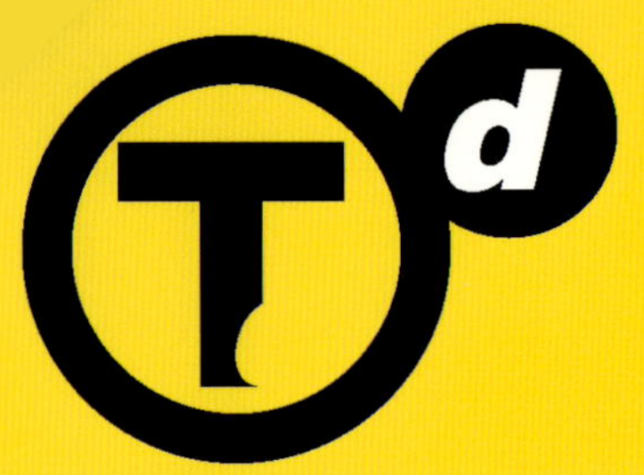

T d

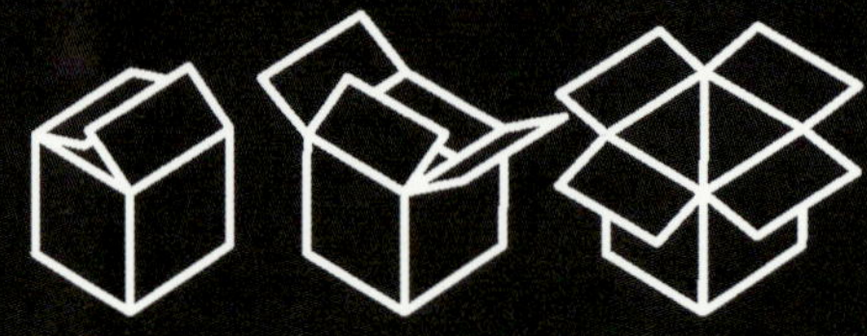

{t}{M}{C}{L}

220
©TEMECULAdeSIGN

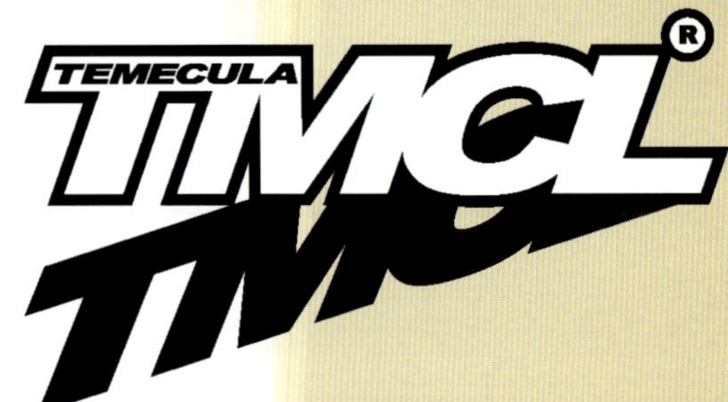

TEMECULA
TMCL®
TMCL

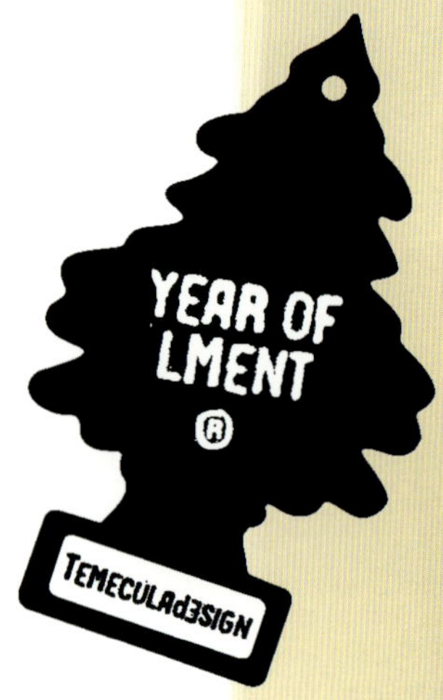

YEAR OF
LMENT
®
TEMECULAdESIGN

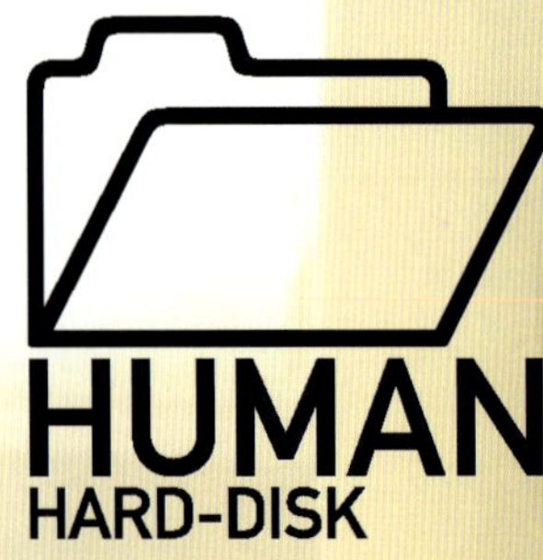

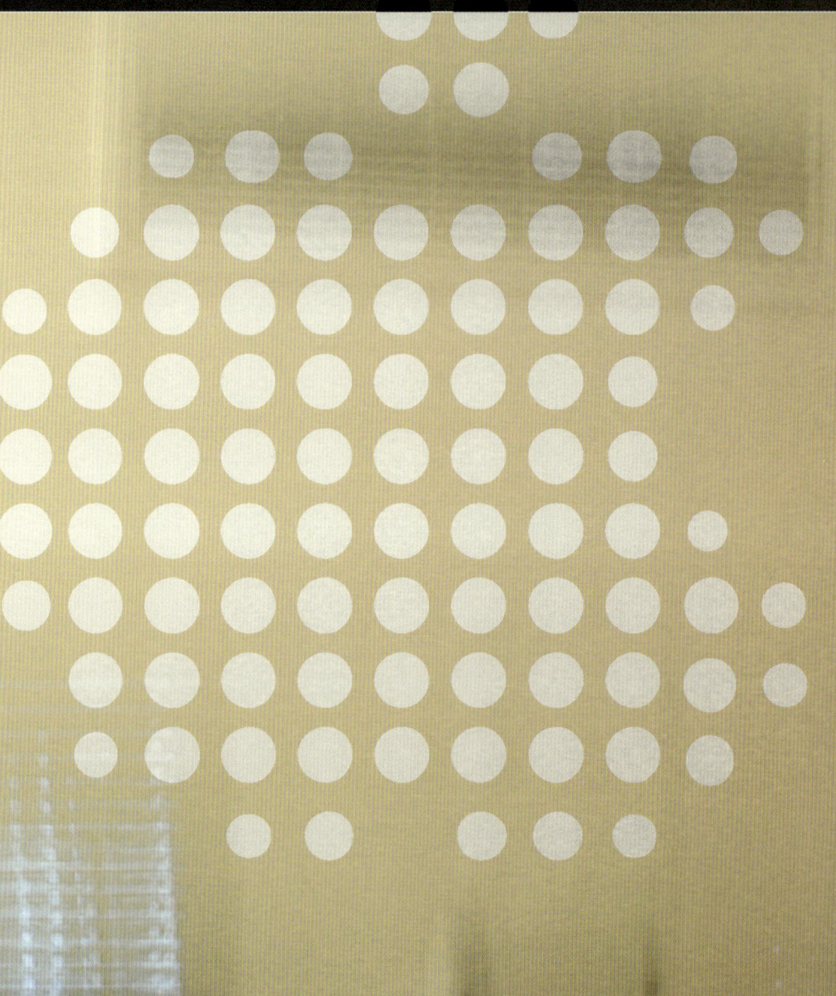

HUMAN
HARD-DISK

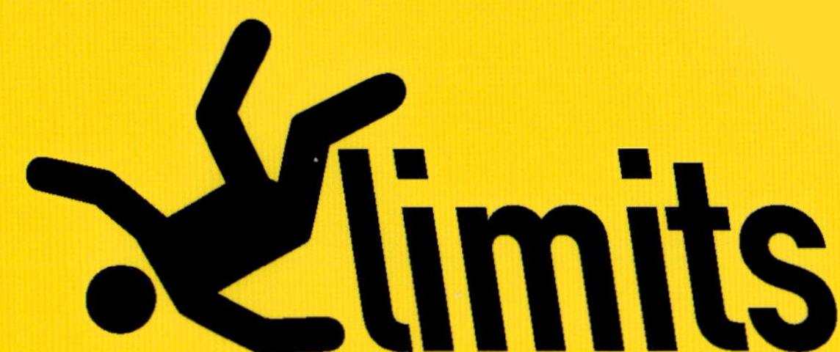

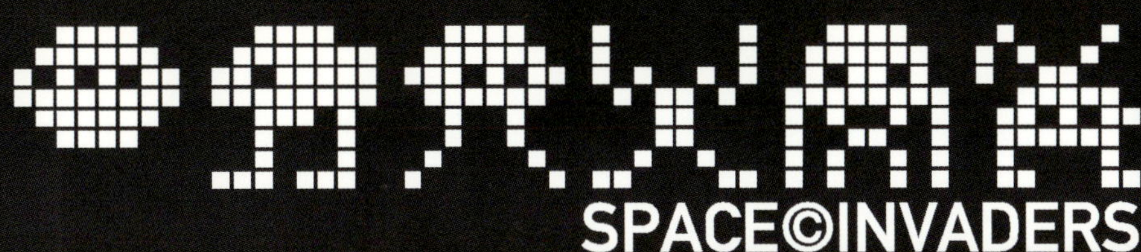

警告
为了防止窒息，请务必将这个袋子放在没有婴儿或小孩的
地方。这个袋子不是玩具。请不要在婴儿床、儿童栏
或婴儿围栏等，有小孩的地方使用这个袋子。

警告
空息の危険を避けるために、この袋で赤ちゃん、子供が
ないように注意すること。この袋はおもちゃではありません。
この袋をベビーベッド、乳母車、乳幼児用囲い等、子供の
まわりに使用しない事。

경고
어린이들이 이 비닐백을 뒤집어 쓸 경우, 질식될
수 있으니 어린이들의 손에 닿지 않는 곳에
보관하십시오.

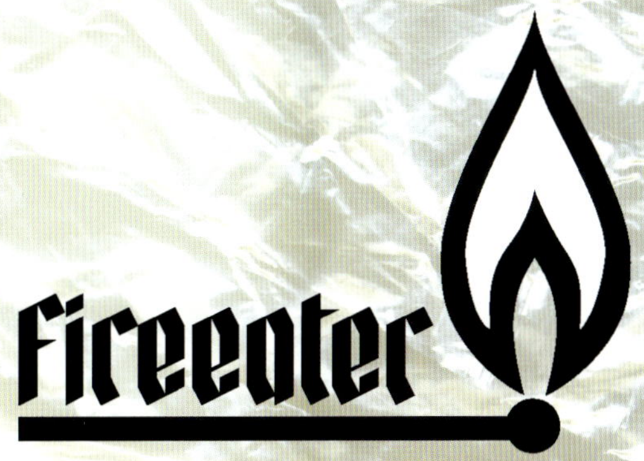

WARNING
TO AVOID DANGER OF SUFFOCATION KEEP
AWAY FROM BABIES AND CHILDREN. DO NOT USE
IN CRIBS, PRAMS OR PLAYPENS.
THIS BAG IS NOT A TOY.

ATTENTION
AFIN D'EVITER TOUT RISQUE

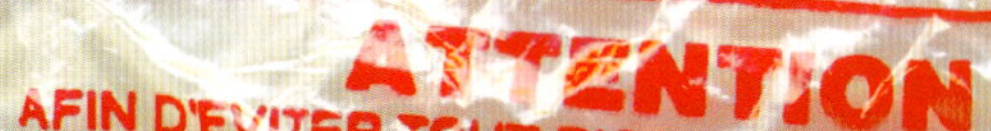

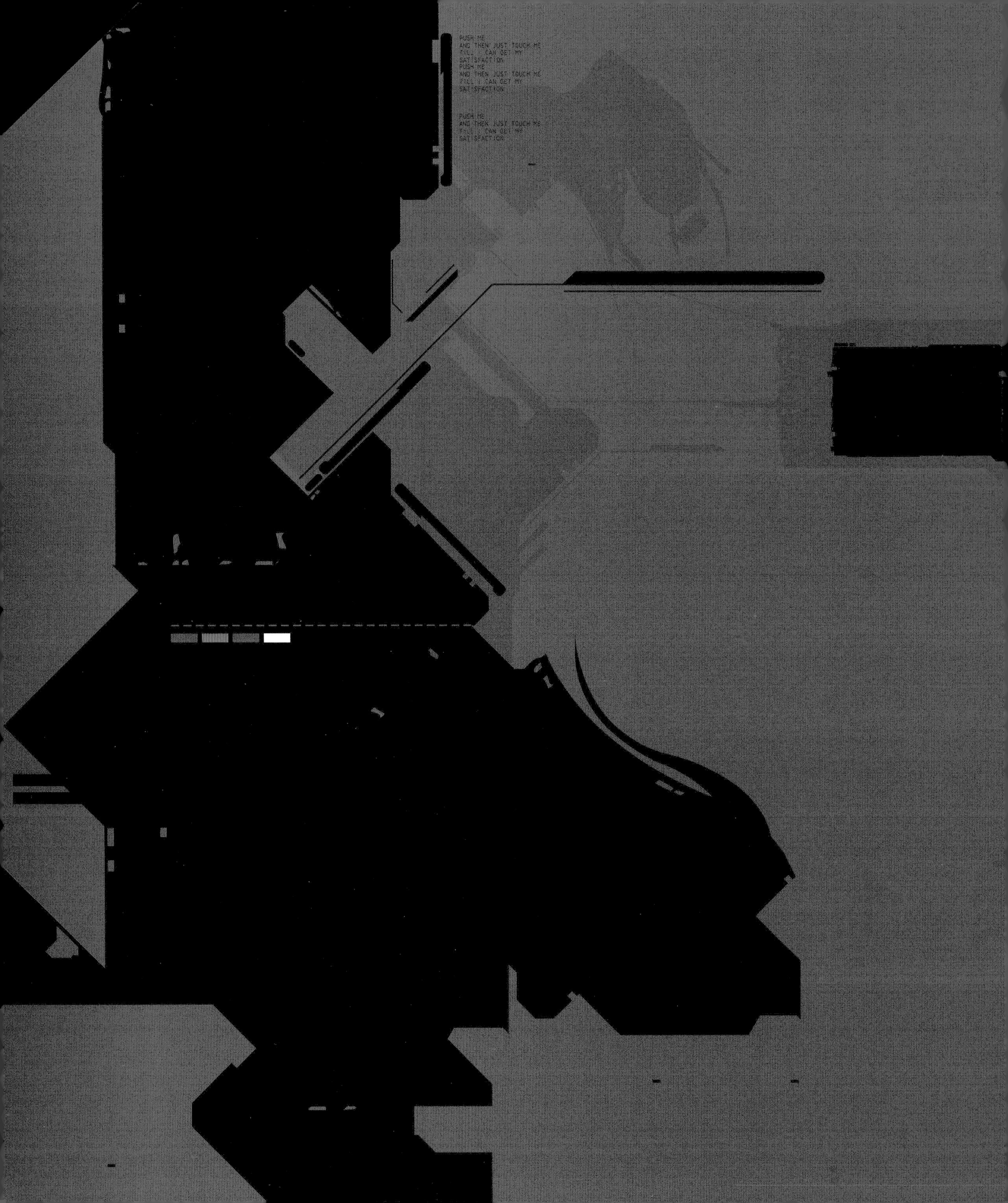

PUSH ME
AND THEN JUST TOUCH ME
TILL I CAN GET MY
SATISFACTION
PUSH ME
AND THEN JUST TOUCH ME
TILL I CAN GET MY
SATISFACTION

PUSH ME
AND THEN JUST TOUCH ME
TILL I CAN GET MY
SATISFACTION

BENASSI BROS.
...Phobia

Producer: A. Larry Pignagnoli

All tracks arranged, performed and mixed by Benny Benassi and Alle Benassi,
except: "Ride to be my girl" arranged, performed and mixed by Alle Benassi.

Website:—————www.bennybenassi.com —————www.benassibros.com

Tested at Peecker Sound (RE)

Grafica: Kalimera—————————www.kalimera.it
Photo by: Maurizio Montani, Massimo Dall'Aglio, Corrado Dalcò

Management:
Off Limits Management
Via Sessi 8– 42100 Reggio Emilia (Italy)
Tel +39 0522 45 12 82
Fax +39 0522 45 18 32
Email:info@offlimits-production.it
Website:www.offlimits-production.it

Publishing: Off Limits Srl– Energy Production srl

(P) & © 2005 Energy Production Srl

CD1
1. MAKE ME FEEL feat. DHANY (original version)—5.28—ISRC IT 000 04.089.01
2. LIGHT feat. SANDY (original version)—7.28—ISRC IT 000 05.002.01
3. ROCKET IN THE SKY feat. NAAN (original version)—5.42—ISRC IT 000 05.003.01
4. EVERY SINGLE DAY feat. DHANY (original version)—4.42—ISRC IT 000 05.004.01
5. CASTAWAY feat. SANDY (original version)—6.04—ISRC IT 000 05.005.01
6. FEEL ALIVE feat. NAAN (original version)—4.46—ISRC IT 000 05.006.01
7. WAITIN' FOR YOU feat. JB (sfaction version)—5.42—ISRC IT 000 99.314.04
8. RIDE TO BE MY GIRL feat. ALLE (original version)—4.36—ISRC IT 000 05.007.01
9. BLACKBIRD feat. PAUL FRENCH (sfaction version)—6.37—ISRC IT 000 01.070.05
10. SOMEBODY TO TOUCH ME feat. DHANY (sfaction version)—5.48—ISRC IT 000 95.010.09
11. MOVIN' UP feat. SANDY (sfaction version)—5.20—ISRC IT 000 01.029.05
12. RUN TO ME feat. DHANY (sfaction version)—5.05—ISRC IT 000 02.010.05

Publishing: Off Limits Srl– Energy Production srl

(P) & © 2005 Energy Production Srl

Milan:
Via Fantoli 7 //////////// 20138 Milano Italy
Tel +39–02 58010964 ————— Fax +39–02 58011979
energy01@energy-prod.it

Rome:
Viale Mazzini 140 //////////// 00195 Roma Italy
Tel +39 06 37516950—————Fax +39 06 3700542
energy02@energy-prod.it http://www.energy-prod.it

ROM TRACK——SYSTEM REQUIREMENTS:

Sistemi WINDOWS
RAM 64Mb
Lettore CD-Rom
QuickTime Player
Rom Design by CYBERIA"

C Y B E R I A

MADE IN ITALY

DV 3317.05 CD

8014090223173

CD1
1. MAKE ME FEEL feat. DHANY——————5.28——
2. LIGHT feat. SANDY——————7.28——
3. ROCKET IN THE SKY feat. NAAN——————5.42——
4. EVERY SINGLE DAY feat. DHANY——————4.42——
5. CASTAWAY feat. SANDY——————6.04——
6. FEEL ALIVE feat. NAAN——————4.46——
7. WAITIN' FOR YOU feat. JB——————5.42——
8. RIDE TO BE MY GIRL feat. ALLE——————4.36——
9. BLACKBIRD feat. PAUL FRENCH——————6.37——
10. SOMEBODY TO TOUCH ME feat. DHANY——————5.48——
11. MOVIN' UP feat. SANDY——————5.20——
12. RUN TO ME feat. DHANY——————5.05——

CD 1

THE COPYRIGHT OF THIS SOUND RECORDING
AND ARTWORK IS OWNED BY – ENERGY PRODUCTION srl

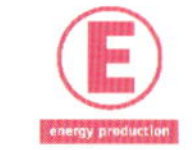

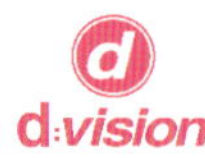

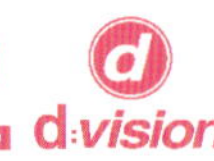

DV 3317.05 CD

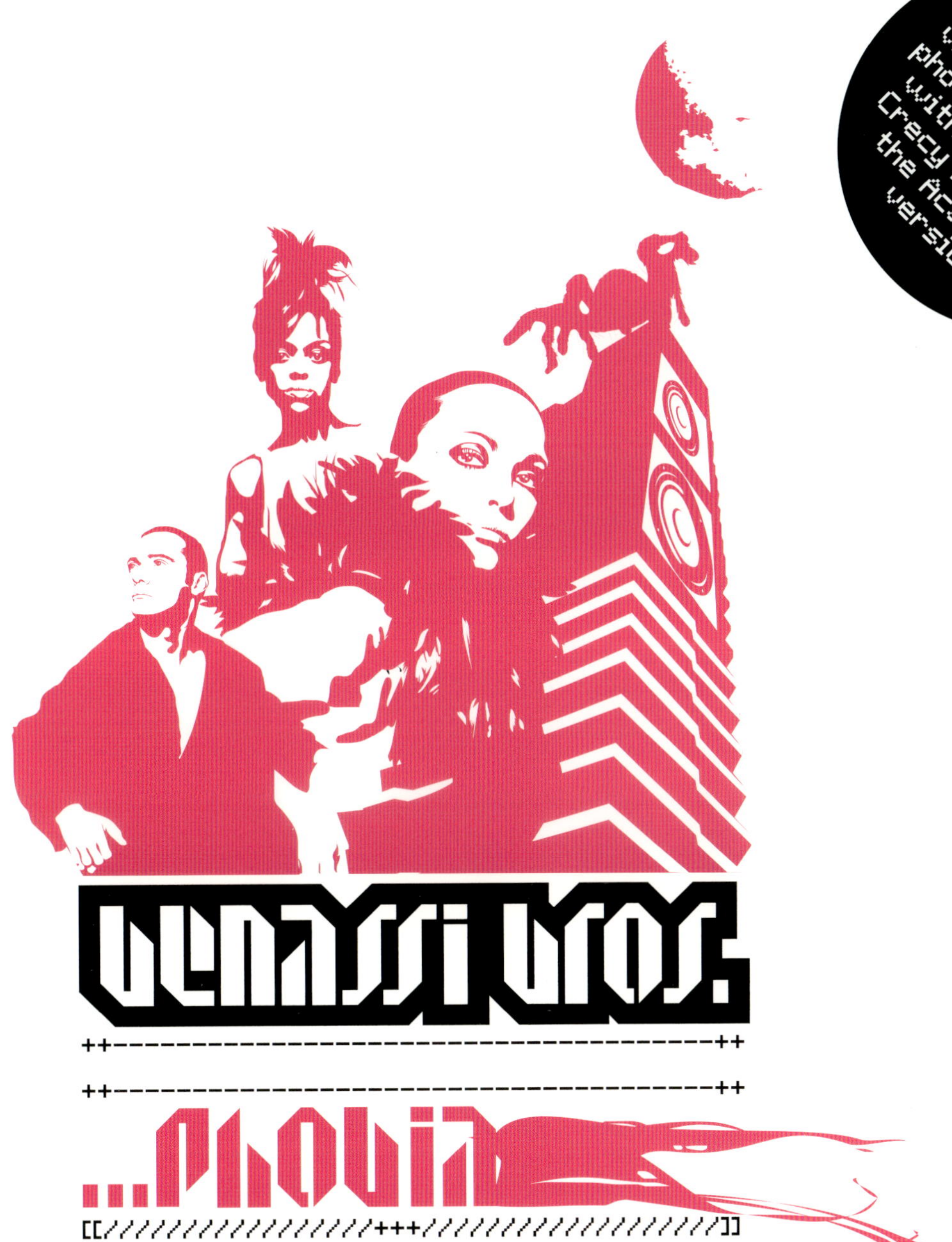

Including with
ROM TRACK
"Make Me Feel"
videoclip, lyrics,
photos, MP3 tracks
with Etienne De
Crecy remix and
the Acappella
version.
BENASSI BROS.
...PHOBIA
CD ALBUM
LD WX 001
PHOBIA

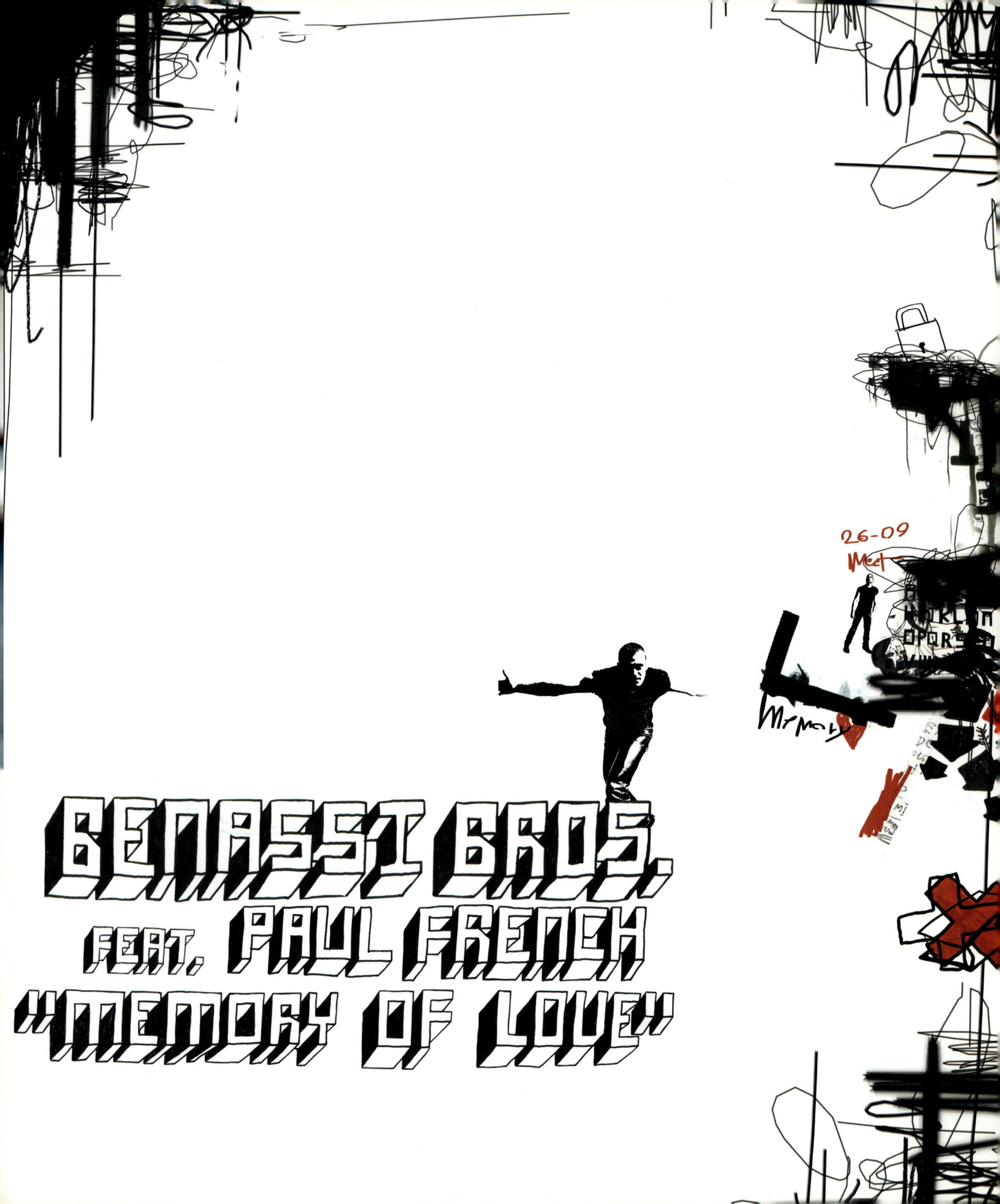

26-09
Meet
BENASSI BROS.
FEAT. PAUL FRENCH
"MEMORY OF LOVE"

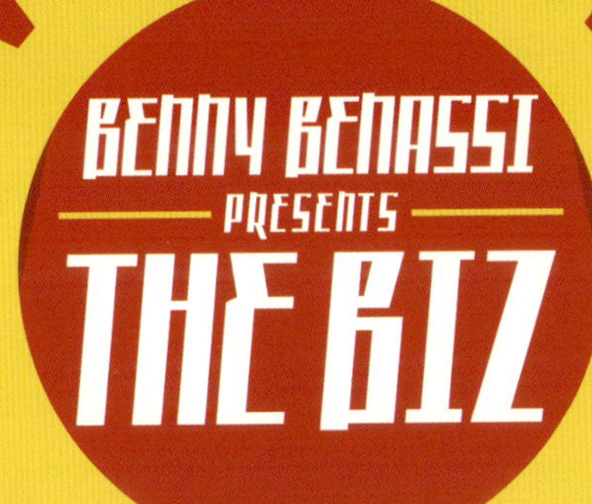
BENNY BENASSI
PRESENTS
THE BIZ
NO MATTER WHAT YOU DO

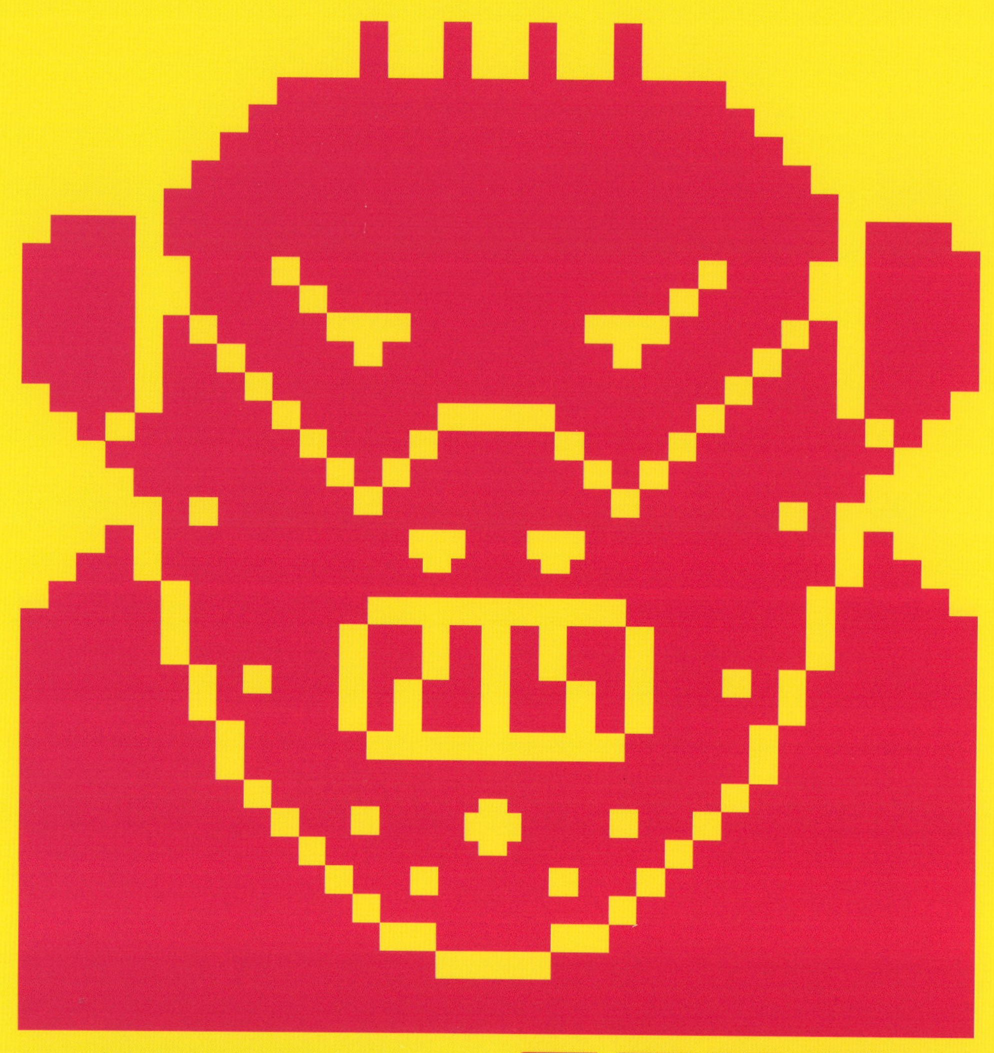
*psychological wear
*neuropsychiatryc t-shirt | CRASH
HANDLE WITH CARE
S/S 2004
neuropsychiatryc*psychological
wear

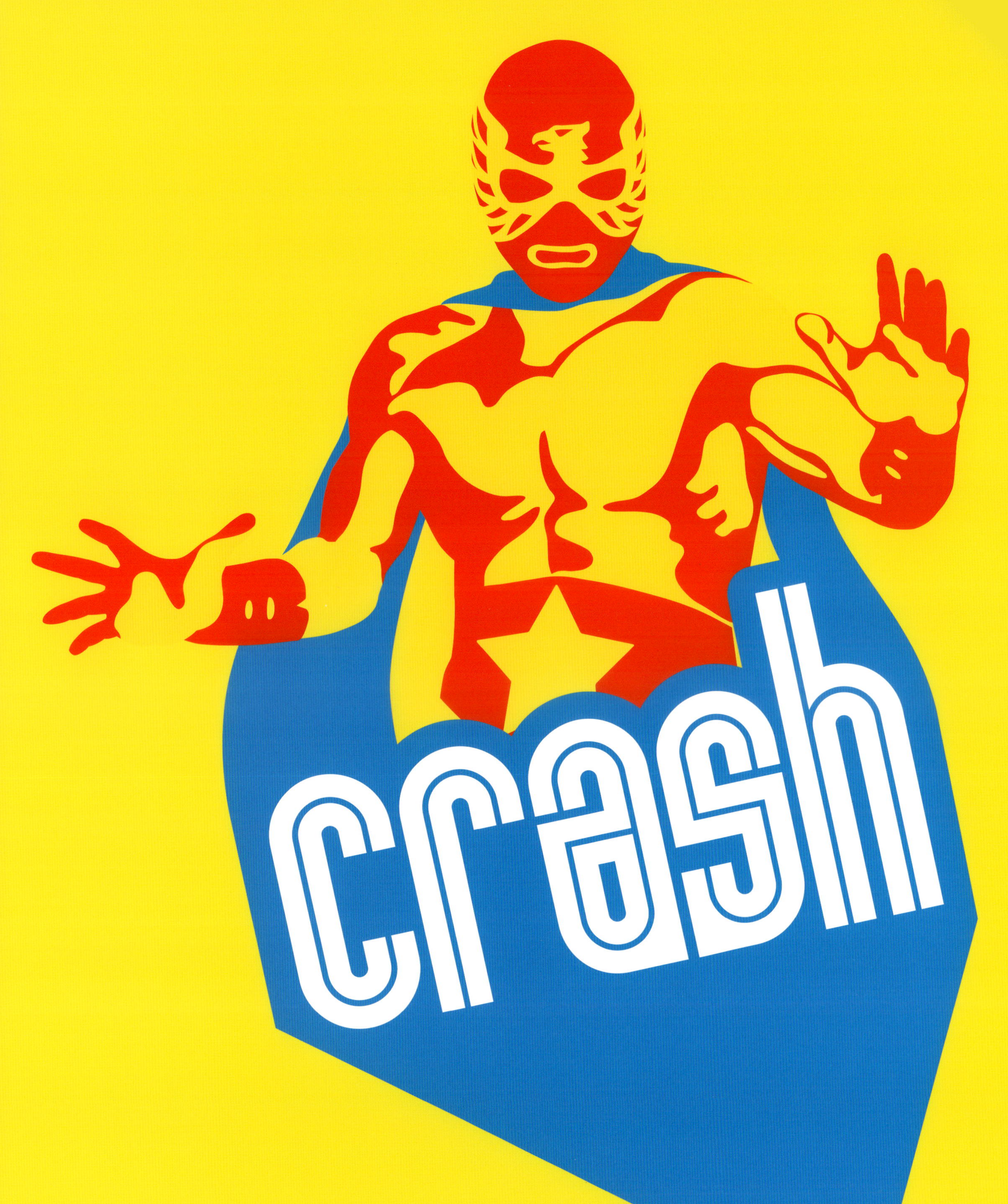
crash

WIRELESS
ENTHUSIAST
INTERCEPTS
GOVERNMENT
SECRET
RADIO

BAND AND UNCOVERS SECRETS AND

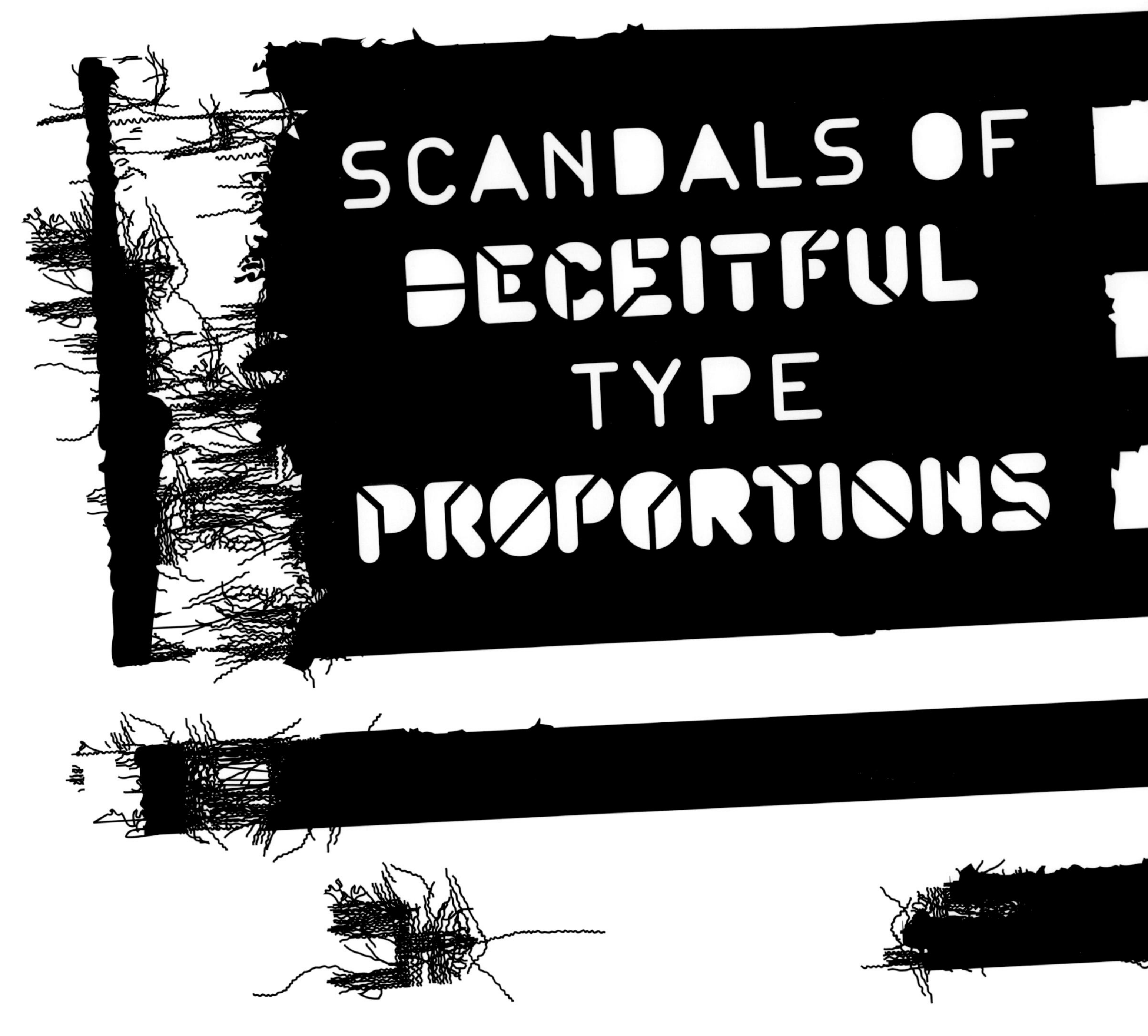

SCANDALS OF
DECEITFUL
TYPE
PROPORTIONS

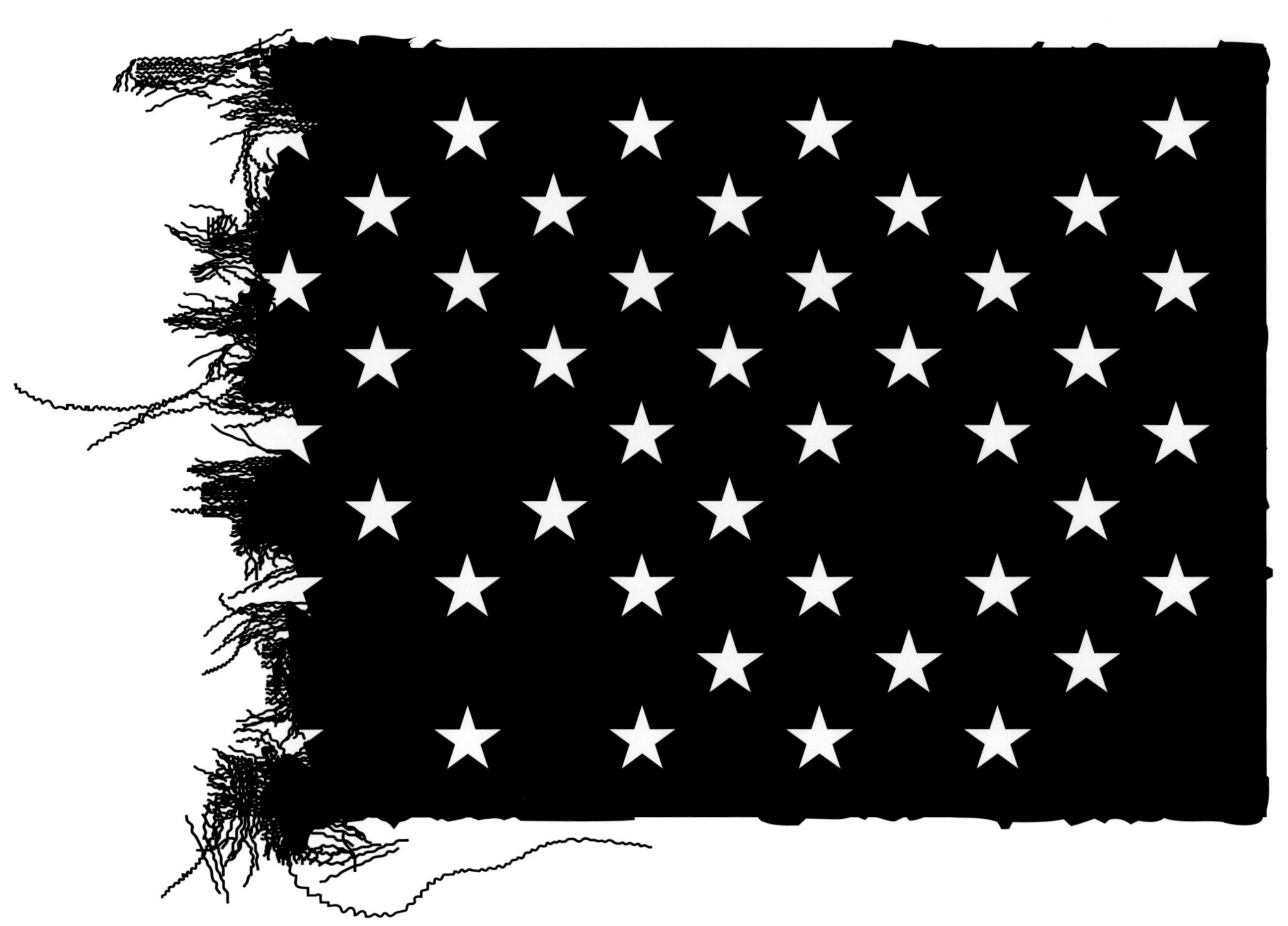

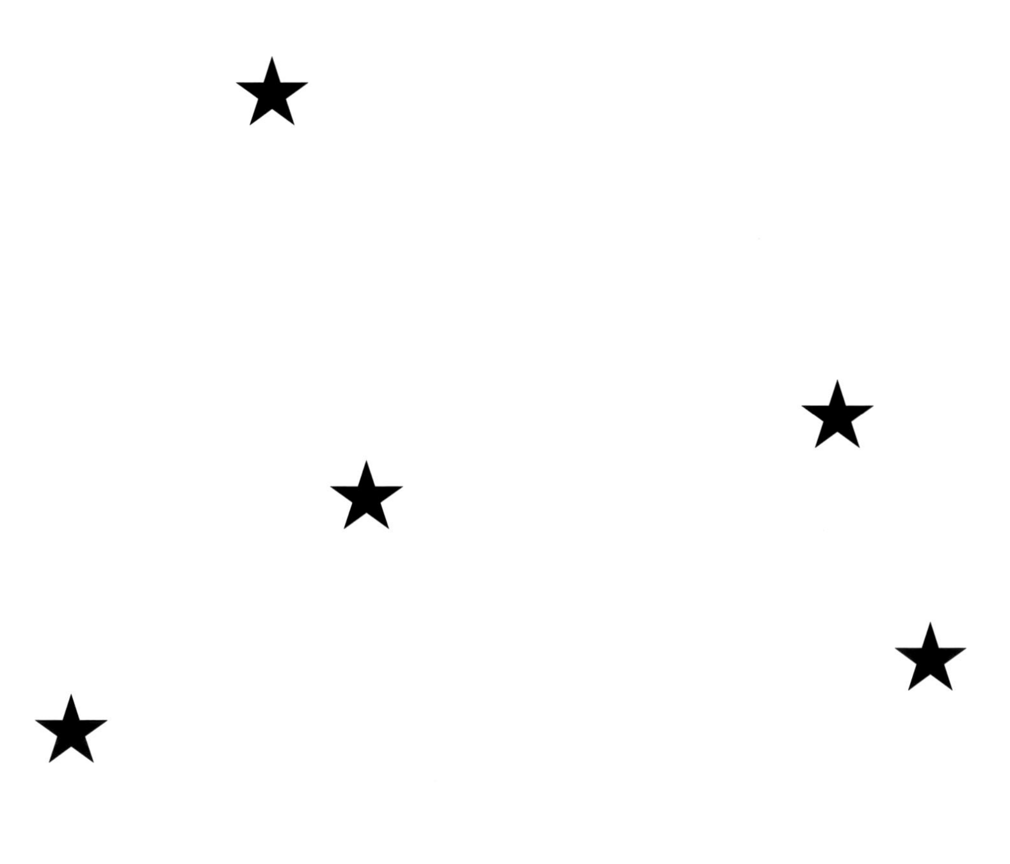

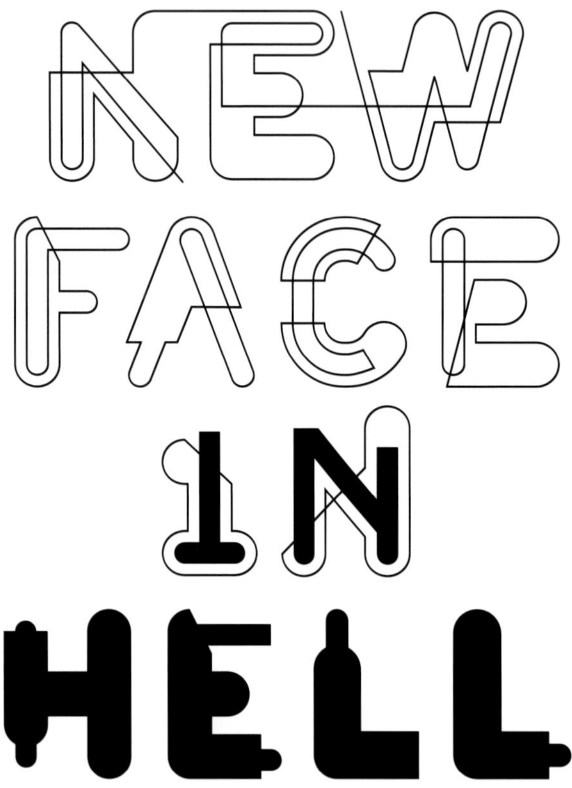

NEW
FACE
IN
HELL
NEW FACE IN HELL. MARK E SMITH / THE FALL
DESIGNED IN 2005. BASED ON THE CIRCUIT TYPEFACE

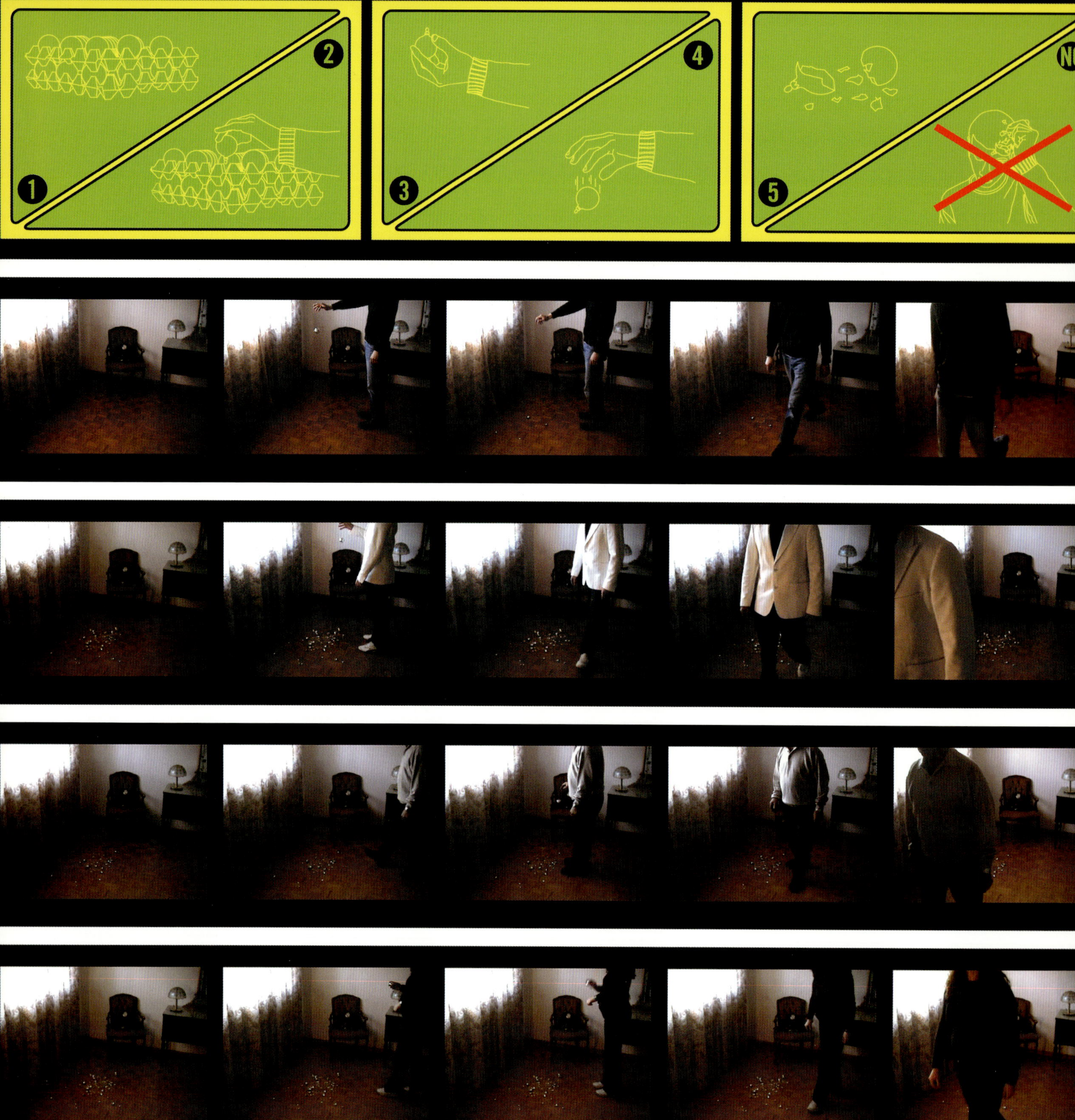
1
2
3
4
5
NO

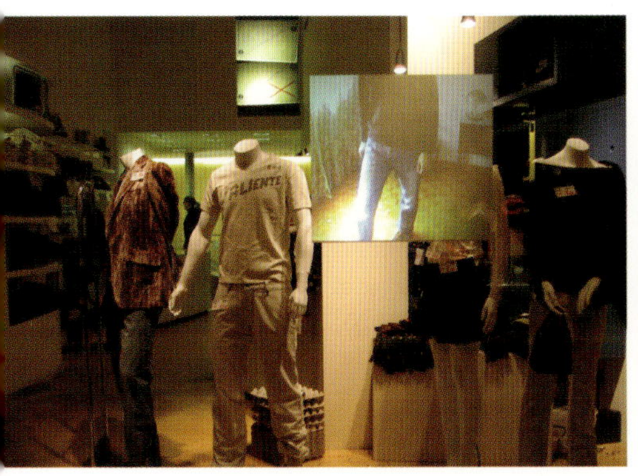
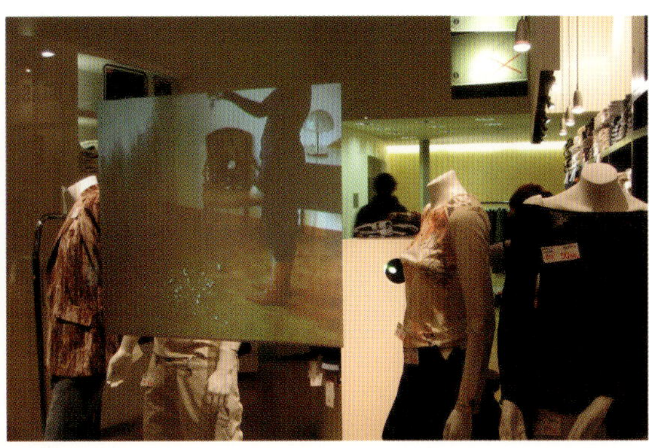
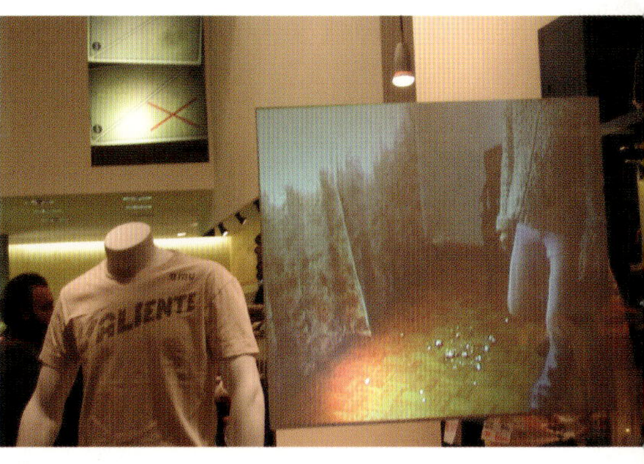
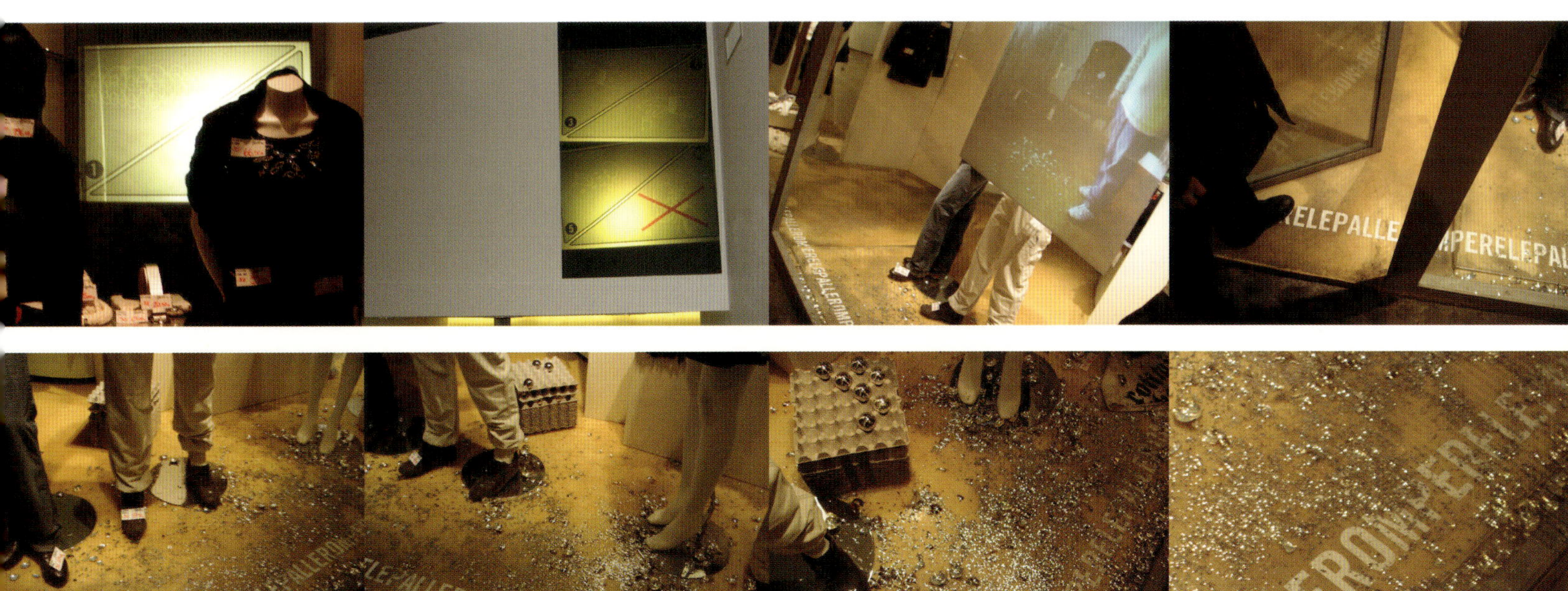

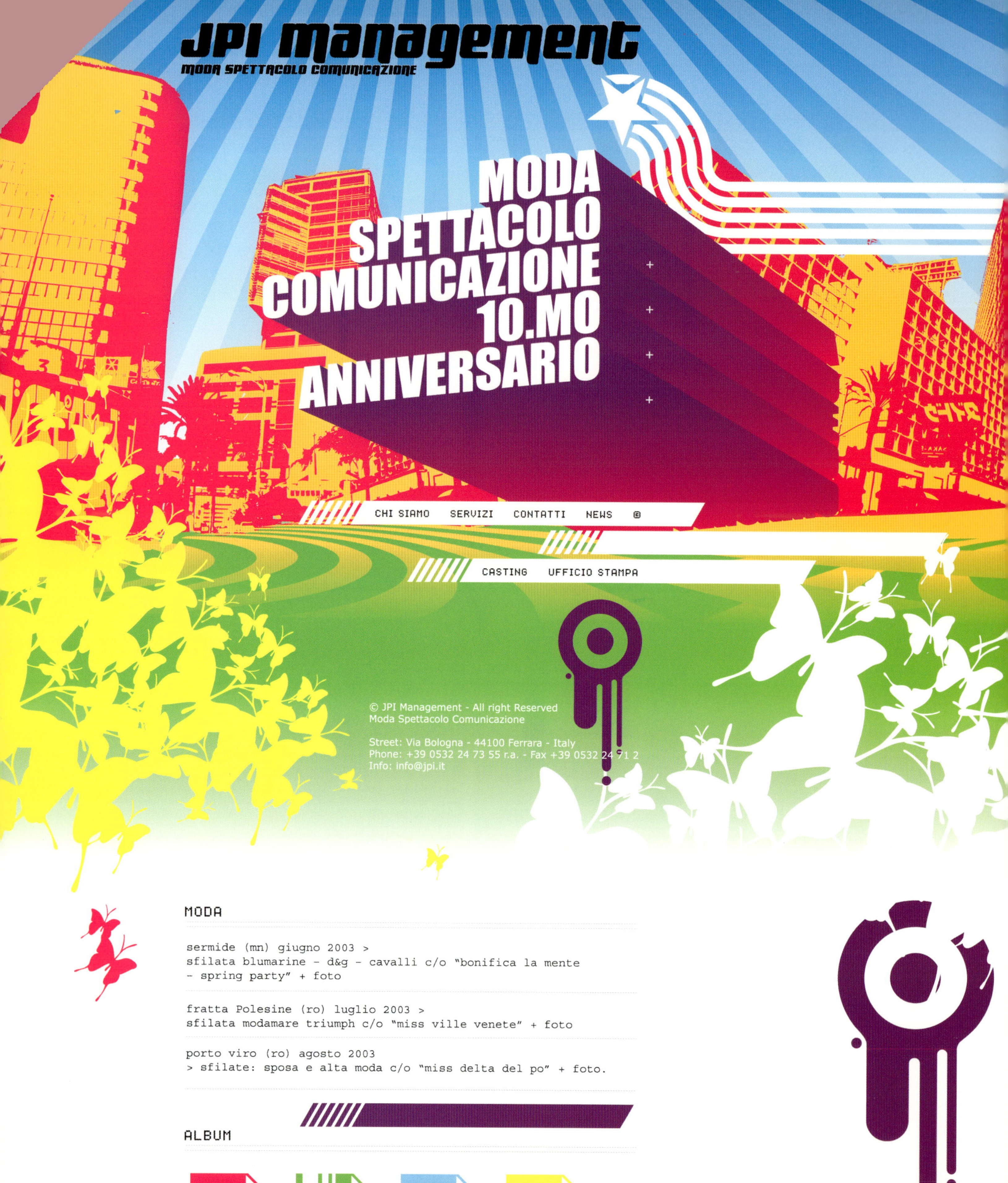

JPI management
MODA SPETTACOLO COMUNICAZIONE

MODA
SPETTACOLO
COMUNICAZIONE
10.MO
ANNIVERSARIO

CHI SIAMO   SERVIZI   CONTATTI   NEWS   @

CASTING   UFFICIO STAMPA

© JPI Management - All right Reserved
Moda Spettacolo Comunicazione

Street: Via Bologna - 44100 Ferrara - Italy
Phone: +39 0532 24 73 55 r.a. - Fax +39 0532 24 71 2
Info: info@jpi.it

MODA

sermide (mn) giugno 2003 >
sfilata blumarine – d&g – cavalli c/o "bonifica la mente
– spring party" + foto

fratta Polesine (ro) luglio 2003 >
sfilata modamare triumph c/o "miss ville venete" + foto

porto viro (ro) agosto 2003
> sfilate: sposa e alta moda c/o "miss delta del po" + foto.

ALBUM

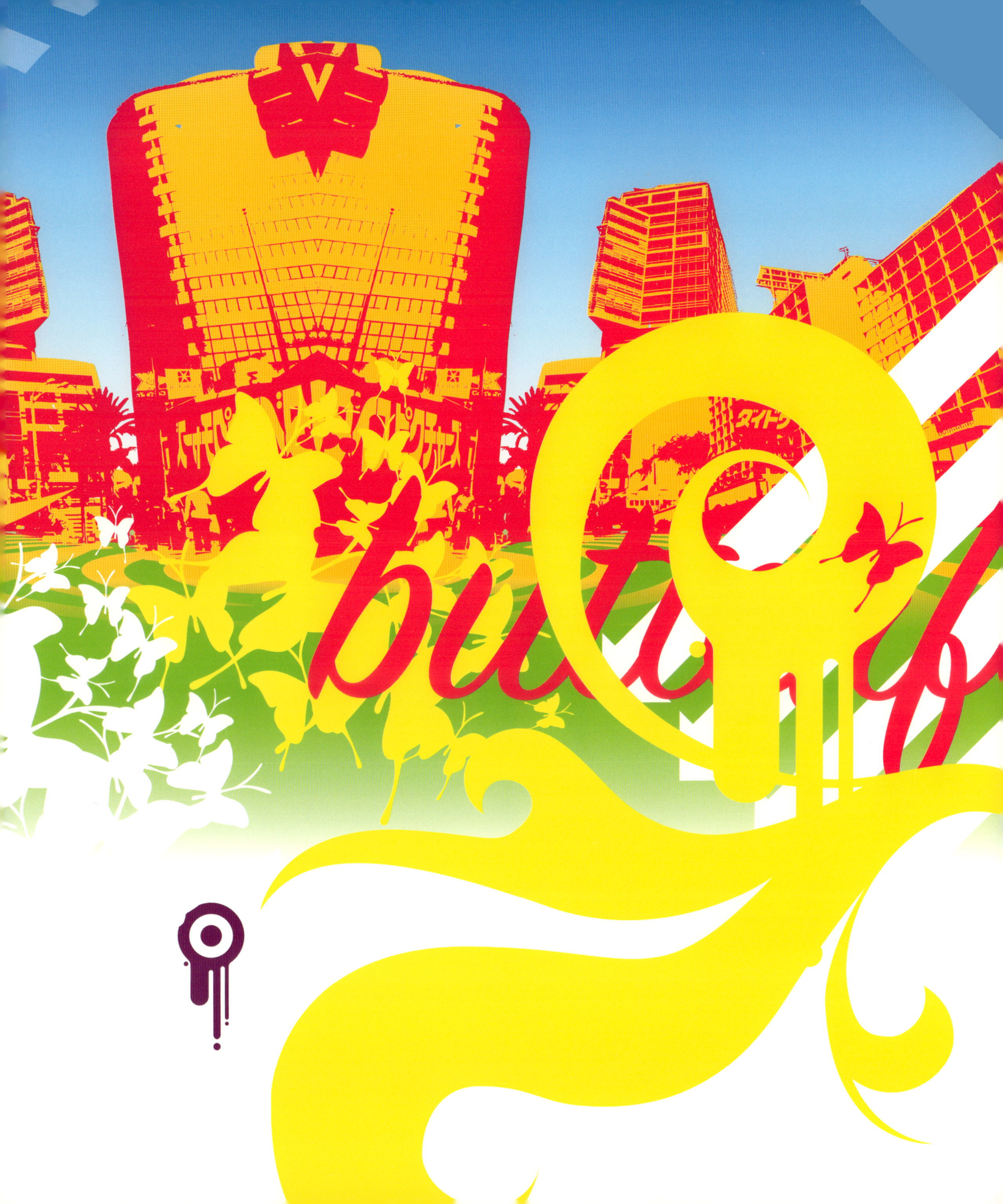
butterfly

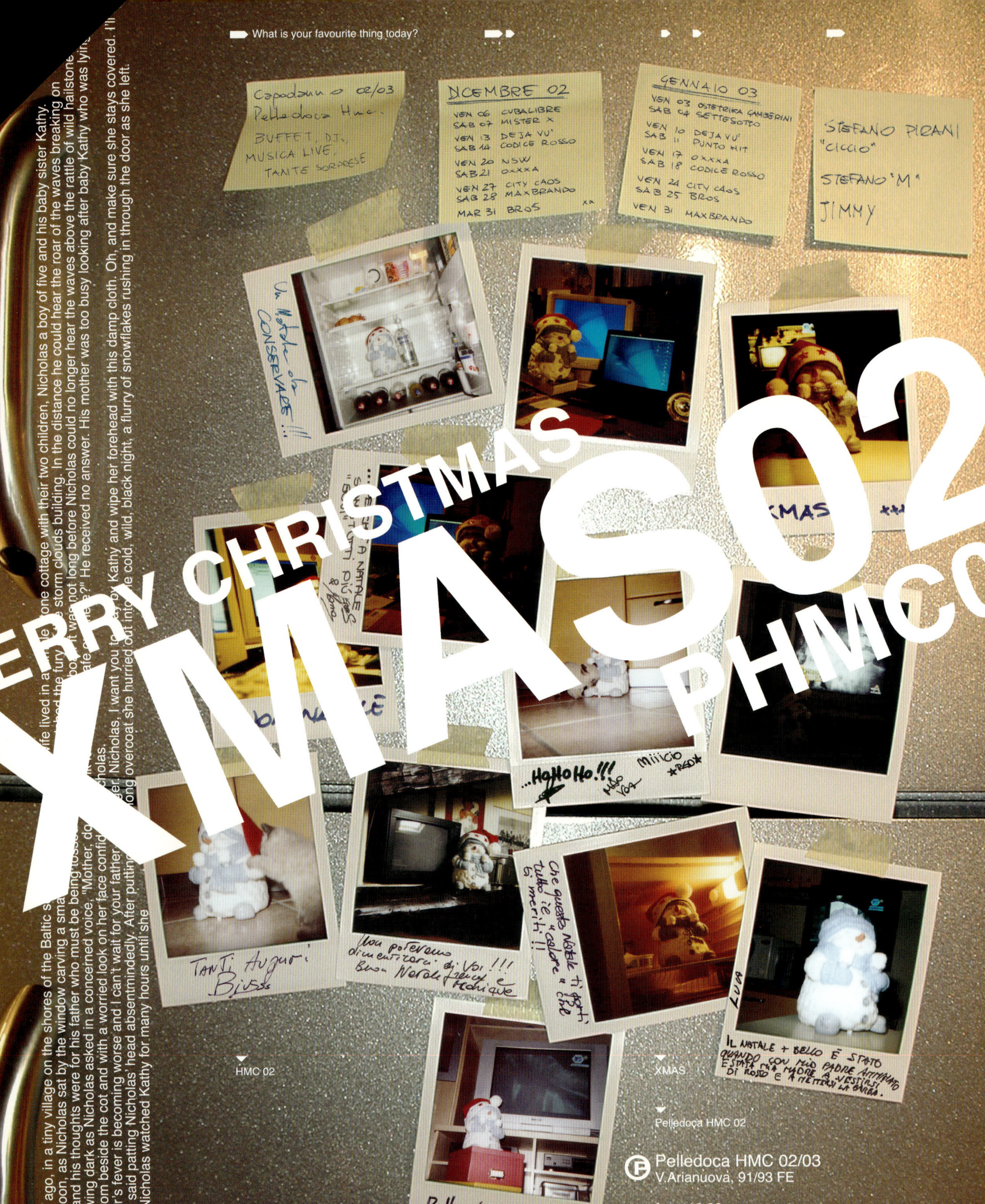

What is your favourite thing today?
Capodanno 02/03
Pelledoca H.M.C.
BUFFET, D.J.,
MUSICA LIVE,
TANTE SORPRESE
DICEMBRE 02
VEN 06 CUBALIBRE
SAB 07 MISTER X
VEN 13 DEJA VU'
SAB 14 CODICE ROSSO
VEN 20 NSW
SAB 21 OXXXA
VEN 27 CITY CAOS
SAB 28 MAXBRANDO
MAR 31 BROS
GENNAIO 03
VEN 03 OSTERIKA GAMBERINI
SAB 04 SETTESOTTO
VEN 10 DEJA VU'
SAB 11 PUNTO HIT
VEN 17 OXXXA
SAB 18 CODICE ROSSO
VEN 24 CITY CAOS
SAB 25 BROS
VEN 31 MAXBRANDO
STEFANO PICANI
"CICCIO"
STEFANO "M"
JIMMY
MERRY CHRISTMAS
XMAS02
PHMCO
Un Natale da CONSERVARE!!!
XMAS 02
...HoHoHo!!! Miiicio *RED*
Tanti Auguri Biusss
Non potevamo dimenticarci di Voi!!! Buon Natale
Che questo Natale ti porti tutto il "calore" che ti meriti!!
IL NATALE + BELLO È STATO QUANDO CON MIO PADRE AMMINATO E STATA MIA MADRE A VESTIRSI DI ROSO E A METTERSI LA BARBA.
HMC 02
XMAS
Pelledoca HMC 02
Pelledoca HMC 02/03
V.Arianuova, 91/93 FE
from 10.30 p.m.

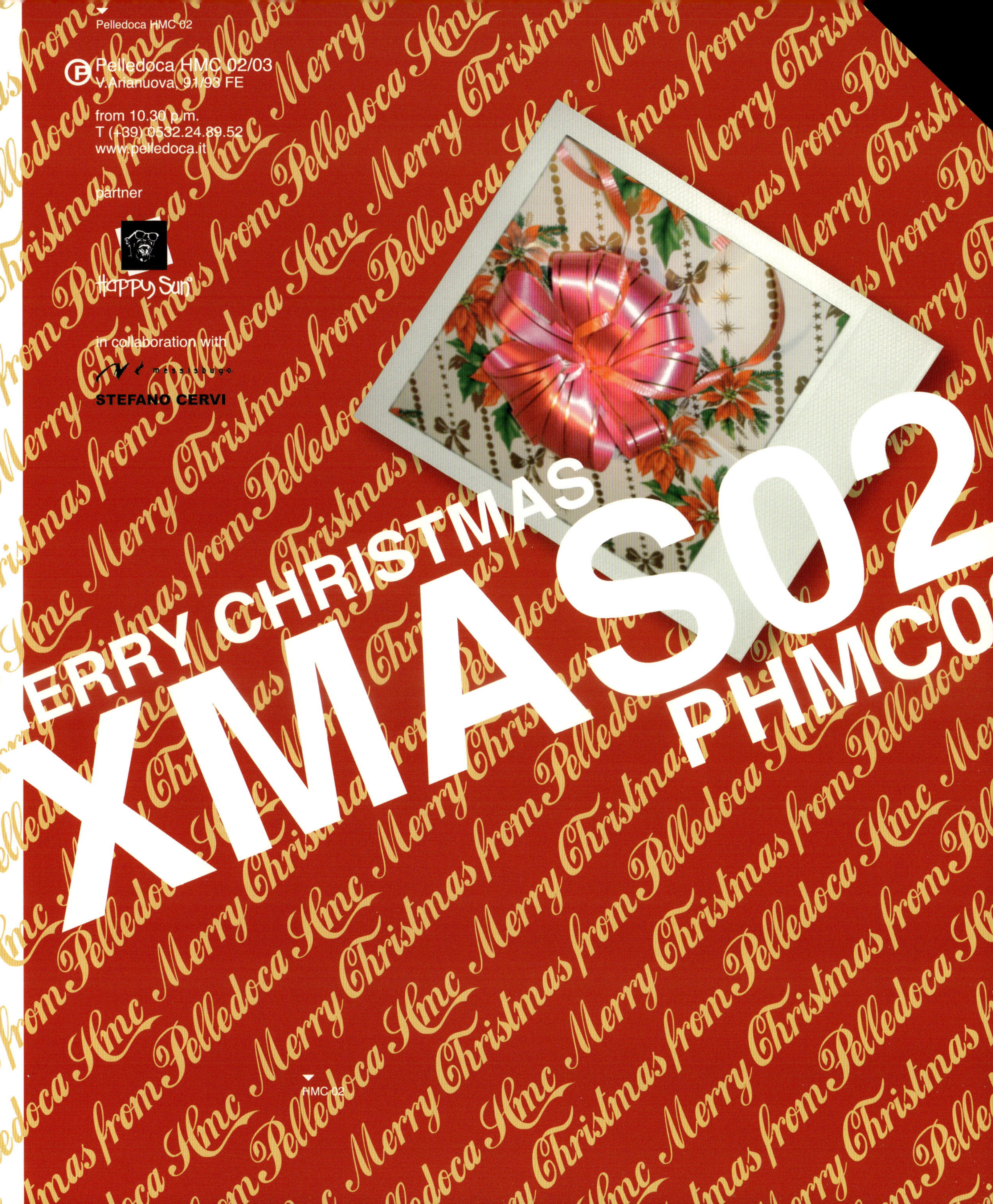

Pelledoca HMC 02

Pelledoca HMC 02/03
V.Ariianuova, 91/93 FE

from 10.30 p.m.
T (+39) 0532.24.89.52
www.pelledoca.it

partner

Happy Sun

in collaboration with
messisbugo
STEFANO CERVI

MERRY CHRISTMAS XMAS 02 PHMC02

HMC 02

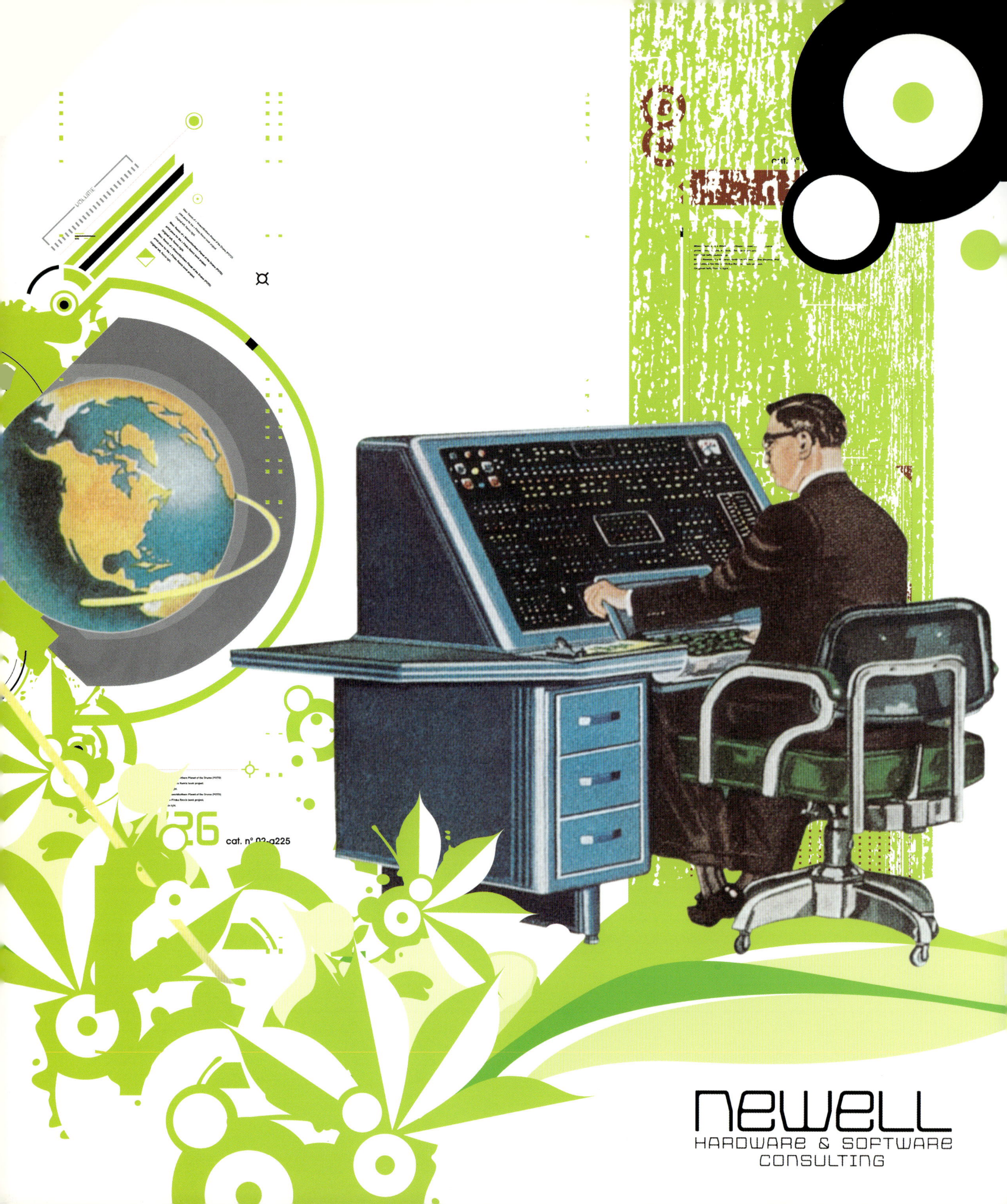

newell
HARDWARE & SOFTWARE
CONSULTING

newell
HARDWARE & SOFTWARE
CONSULTING

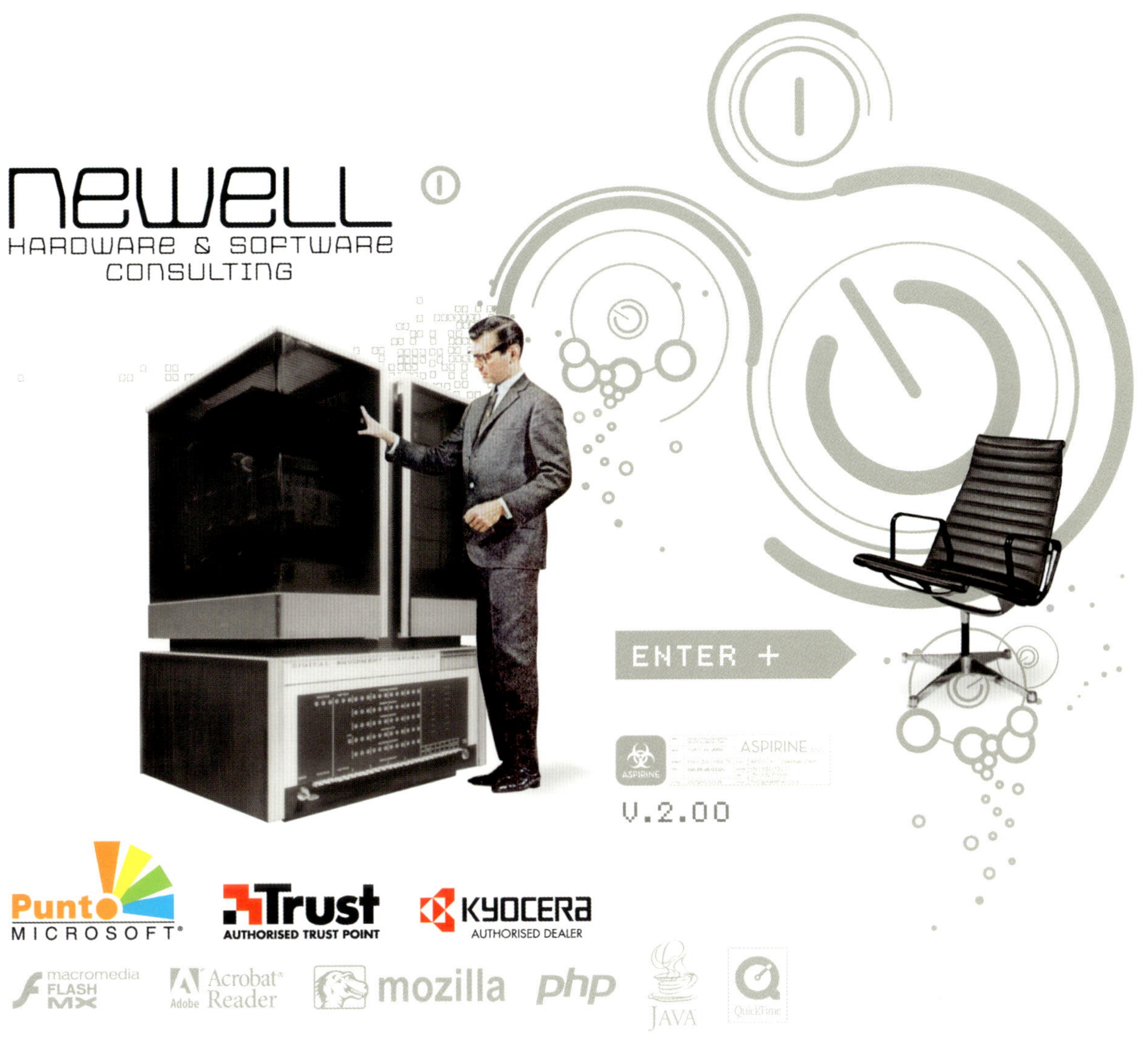

ENTER +

ASPIRINE

V.2.00

```
<!DOCTYPE HTML PUBLIC "-//W3C//DTD HTML 4.01 TRANSITIONAL//EN"
"HTTP://WWW.W3.ORG/TR/HTML4/LOOSE.DTD">
<HTML>
<HEAD>
<TITLE>APPLE</TITLE>
<META HTTP-EQUIV="CONTENT-TYPE" CONTENT="TEXT/HTML; CHARSET=UTF-8">
<META HTTP-EQUIV="PICS-LABEL" CONTENT='(PICS-1.1 "HTTP://WWW.ICRA.ORG/RATINGSV02.HTML" L GEN TRUE FO
 "HTTP://WWW.APPLE.COM/IT" R (CZ 1 LZ 1 NZ 1 OZ 1 VZ 1) "HTTP://WWW.RSAC.ORG/RATINGSV01.HTML" L GEN TRUE FOR
"HTTP://WWW.APPLE.COM/IT" R (N 0 S 0 V 0 L 0))'>
<META HTTP-EQUIV="EXPIRES" CONTENT="FRI, 26 MAR 1999 23:59:59 GMT">
<META HTTP-EQUIV="PRAGMA" CONTENT="NO-CACHE">
<META NAME="AUTHOR" CONTENT="APPLE COMPUTER, INC.">
<META NAME="KEYWORDS" CONTENT="APPLE COMPUTER">
<LINK REL="HOME" HREF="HTTP://WWW.APPLE.COM/IT/">
<LINK REL="INDEX" HREF="HTTP://WWW.APPLE.COM/IT/FIND/SITEMAP.HTML">
<LINK REL="STYLESHEET" TYPE="TEXT/CSS" HREF="/EURO/MAIN/CSS/GLOBAL.CSS" MEDIA="ALL">
<STYLE TYPE="TEXT/CSS" MEDIA="ALL">
BODY {TEXT-ALIGN: CENTER;}
FORM {MARGIN: 0;}
A IMG {BORDER: 0; MARGIN: 0;}
#BILLBOARD {WIDTH: 680PX; MARGIN: 17PX AUTO 20PX;}
#BILLBOARD IMG {MARGIN: 0; PADDING: 0; BORDER: 0;}
#HOTNEWS {WIDTH: 680PX; HEIGHT: 21PX; MARGIN: 0 AUTO 10PX; CLEAR: LEFT;}
#PROMOS {WIDTH: 680PX; HEIGHT: 120PX; MARGIN: 0 AUTO;}
#PROMOS IMG {FLOAT: LEFT; MARGIN: 0 11PX 10PX 0; PADDING-RIGHT: 2PX; BORDER-WIDTH: 0;}
#PROMOS IMG.LAST {FLOAT: RIGHT; MARGIN: 0; PADDING: 0;}
#HEADLINES {WIDTH: 680PX; MARGIN: 5PX AUTO;}
#HEADLINES LI {MARGIN: .3EM 0; LIST-STYLE: NONE;}
</STYLE>
<LINK REL="STYLESHEET" TYPE="TEXT/CSS" HREF="/EURO/MAIN/CSS/GLOBALPRINT.CSS" MEDIA="PRINT">
<SCRIPT LANGUAGE="JAVASCRIPT" TYPE="TEXT/JAVASCRIPT">
VAR MYARRAYA = NEW ARRAY();
VAR A = 0;
        <CENTER>
                <FORM ACTION="HTTP://SEARCHCGI.APPLE.COM/CGI-BIN/SP/NPH-SEARCHPRE1.PL" METHOD="POST">
                        <INPUT TYPE="HIDDEN"  NAME="CLIENT" VALUE="WWW_COLLECTION" >
                        <INPUT TYPE="HIDDEN"  NAME="ACCESS" VALUE="P" >
                        <INPUT TYPE="HIDDEN"  NAME="IE" VALUE="UTF-8" >
                        <INPUT TYPE="HIDDEN"  NAME="OE" VALUE="UTF-8" >
                        <INPUT TYPE="HIDDEN" NAME="LR" VALUE="LANG_IT">
                        <INPUT TYPE="HIDDEN" NAME="SUBCOL" VALUE="IT_ONLY">
                        <TABLE CELLSPACING="0" CELLPADDING="2" BORDER="0">
                                <TR ALIGN=CENTER VALIGN=MIDDLE>
                                        <TD><INPUT NAME="Q" TYPE="TEXT" SIZE="25" MAXLENGTH="256" VALUE=""></TD>
                                        <TD><INPUT TYPE="SUBMIT" VALUE="CERCA" NAME="BTNG"></TD>
```

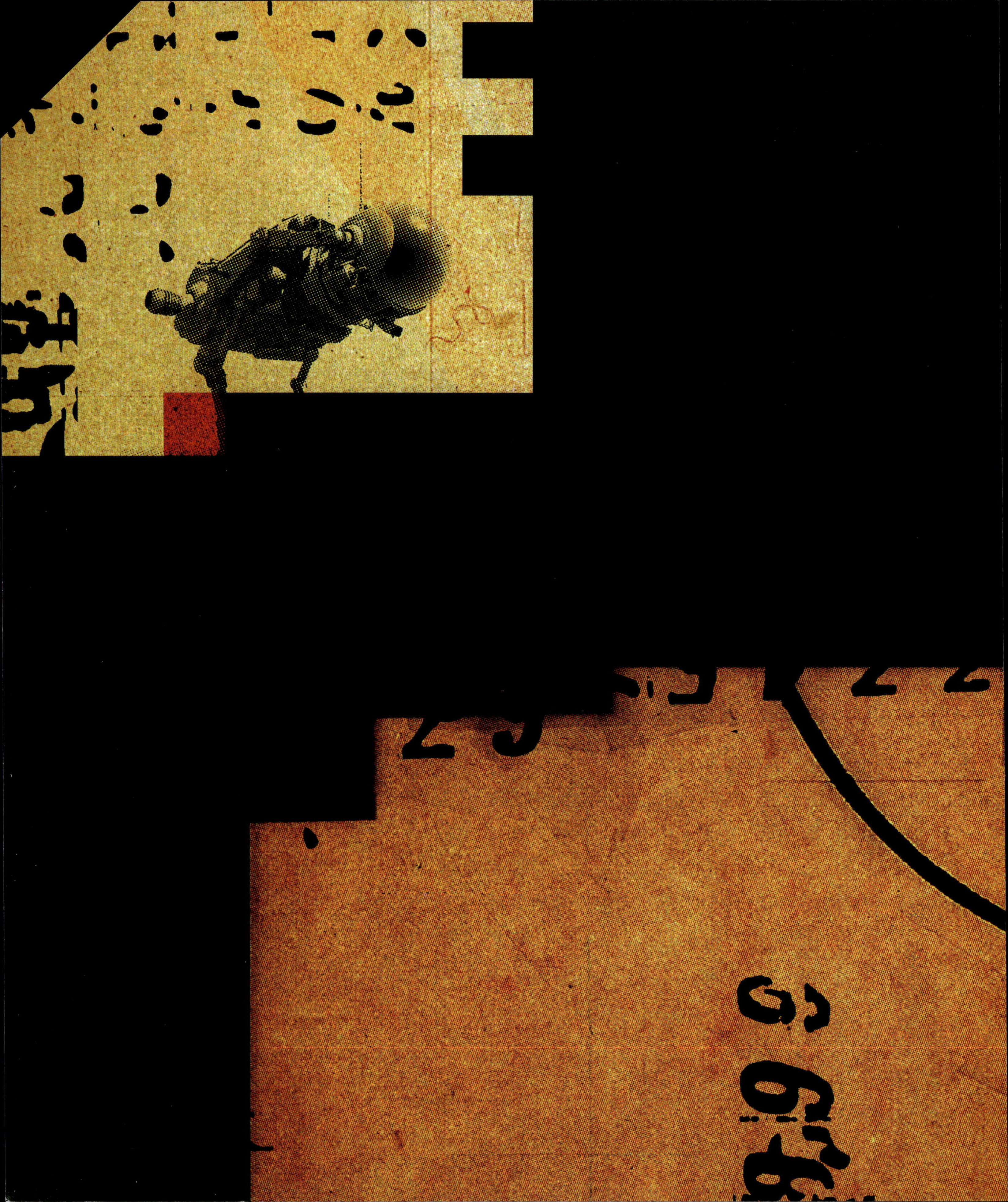

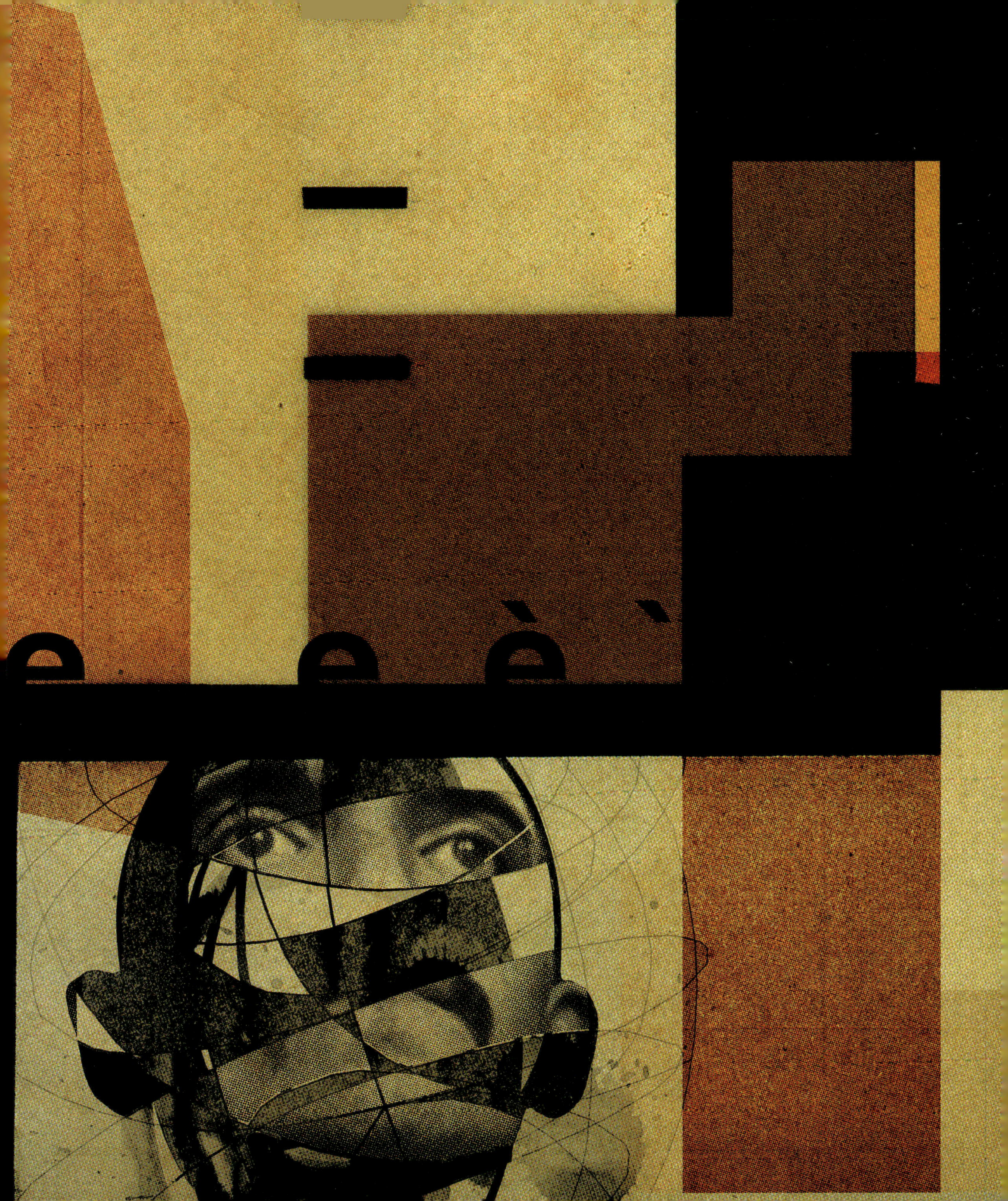

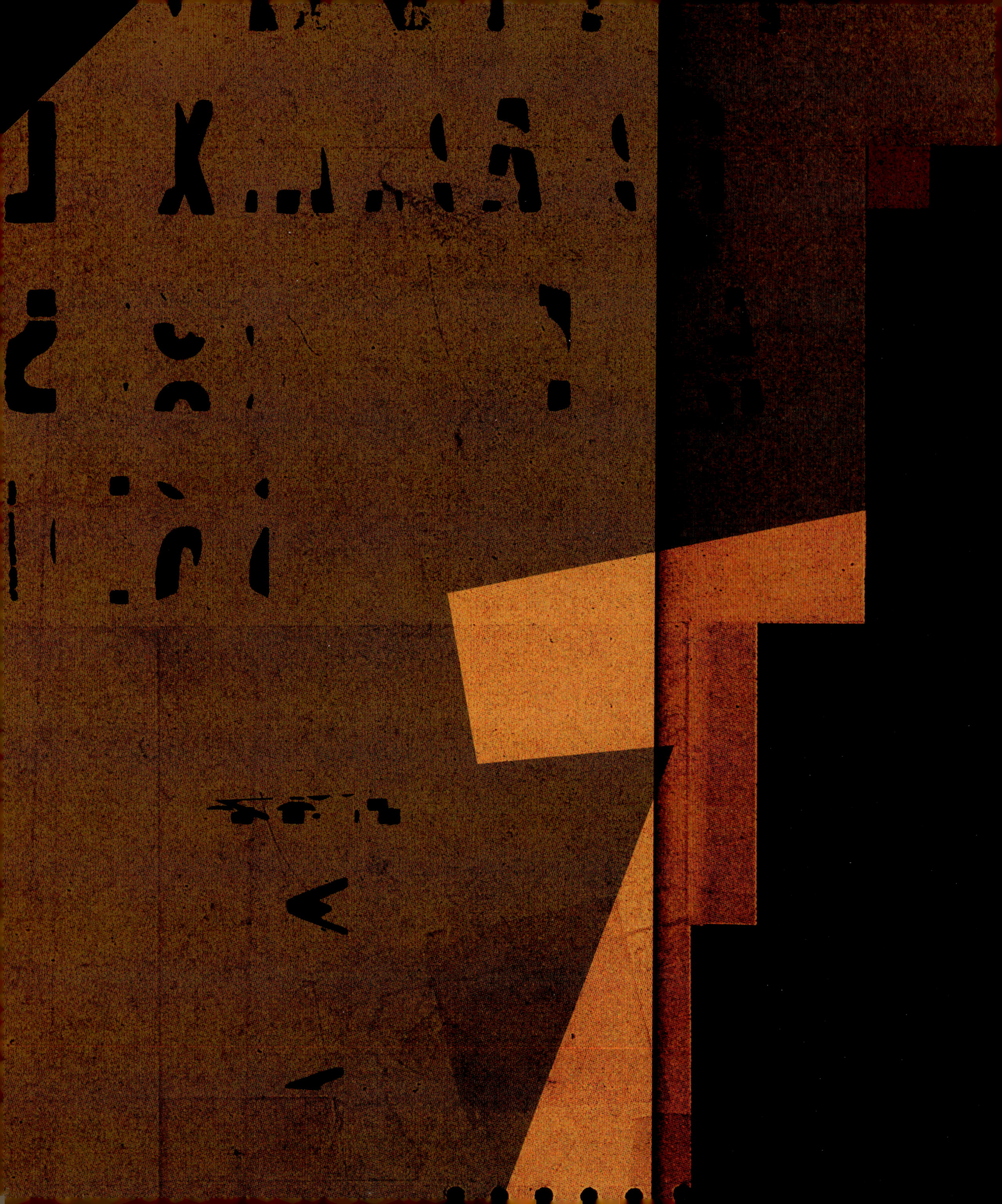

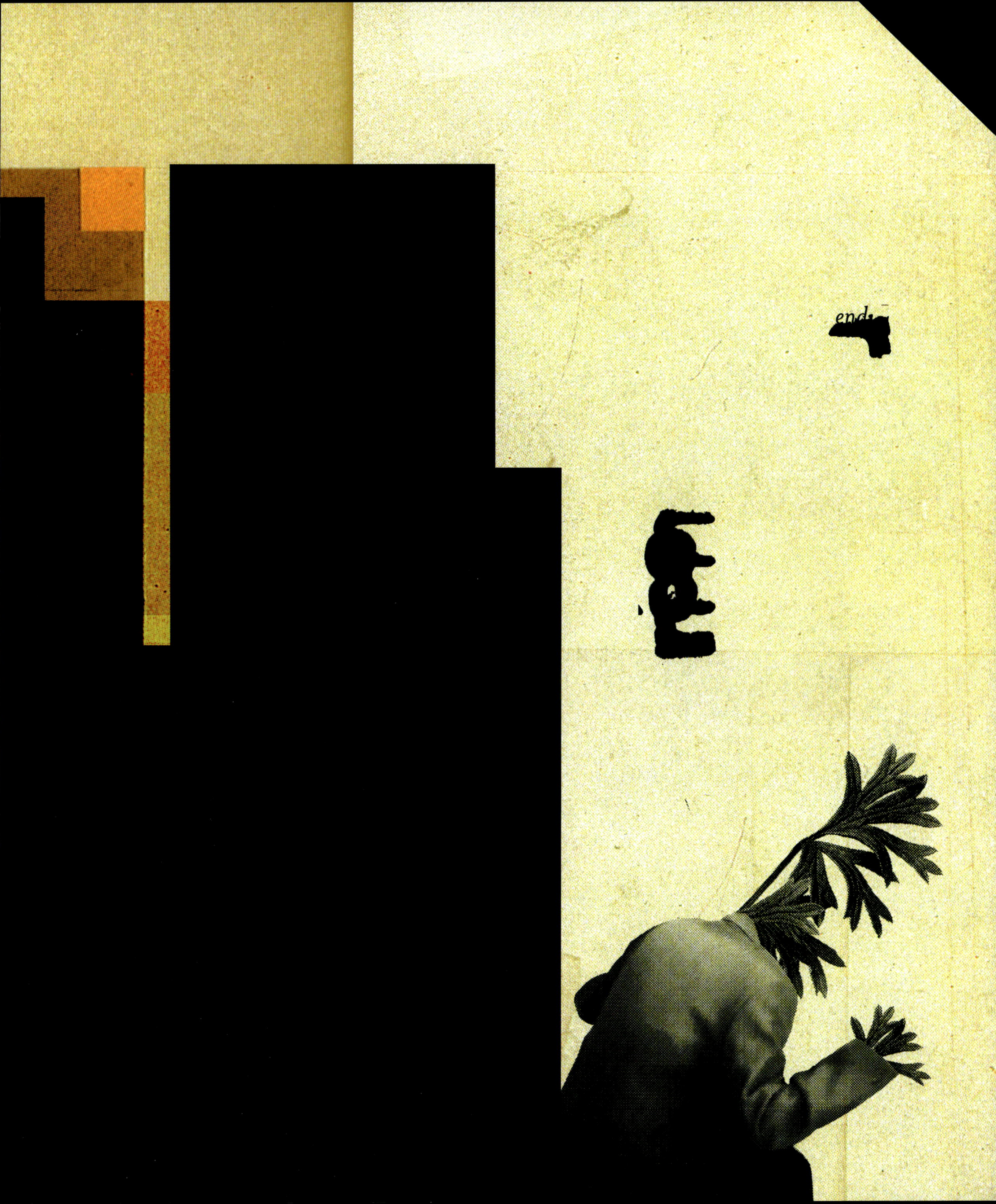

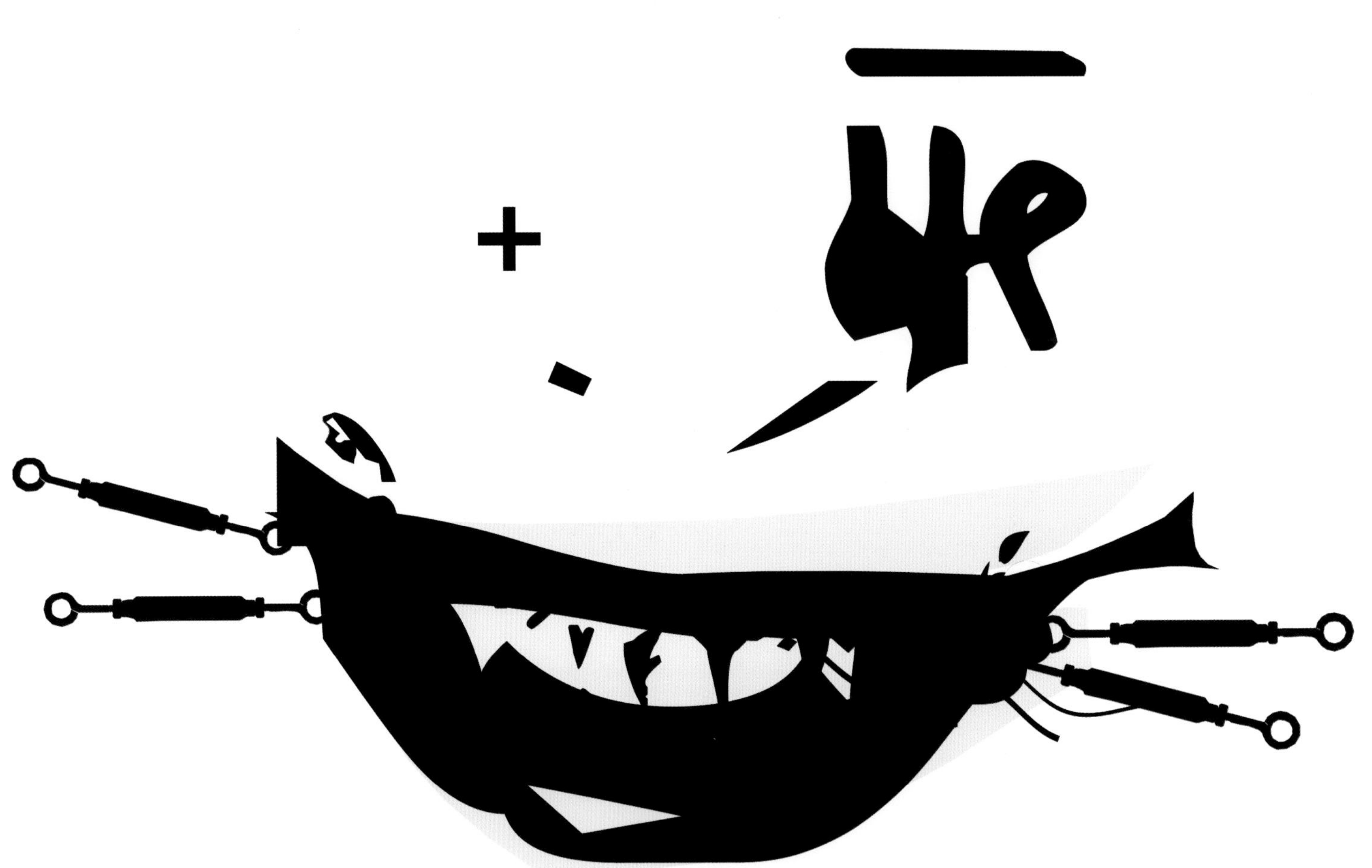

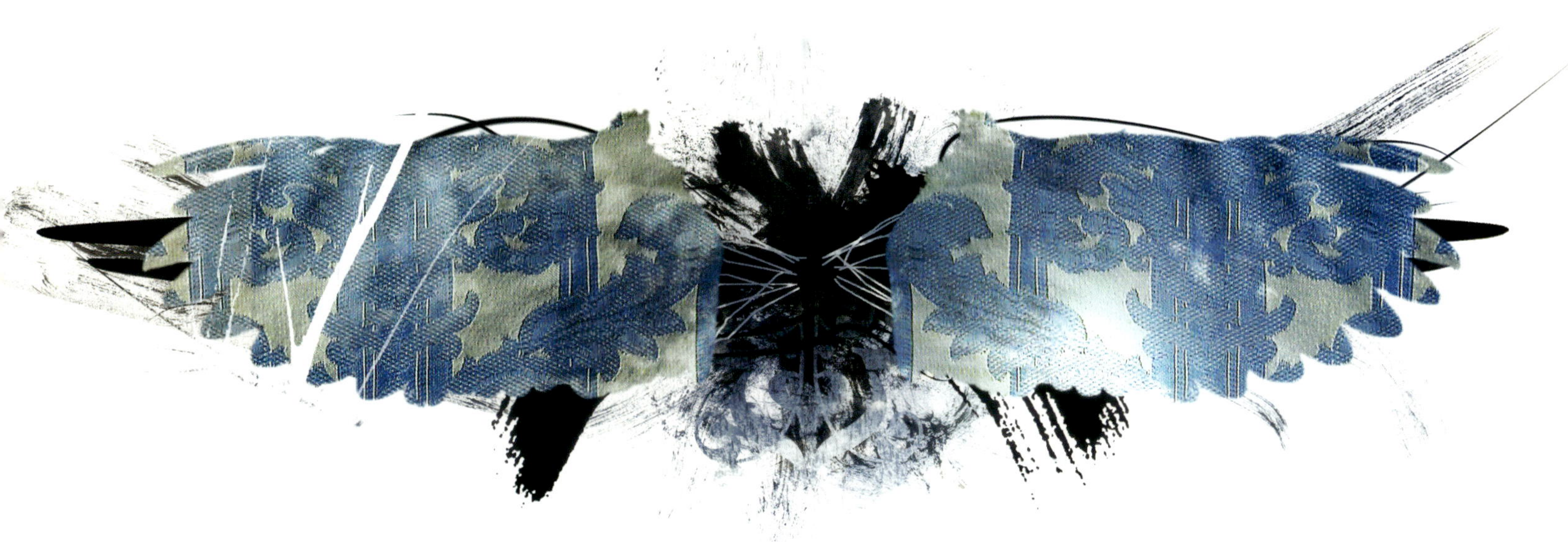

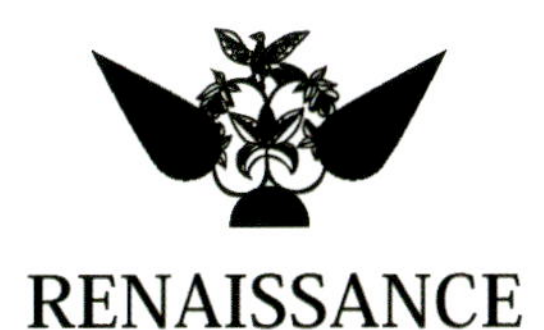

RENAISSANCE

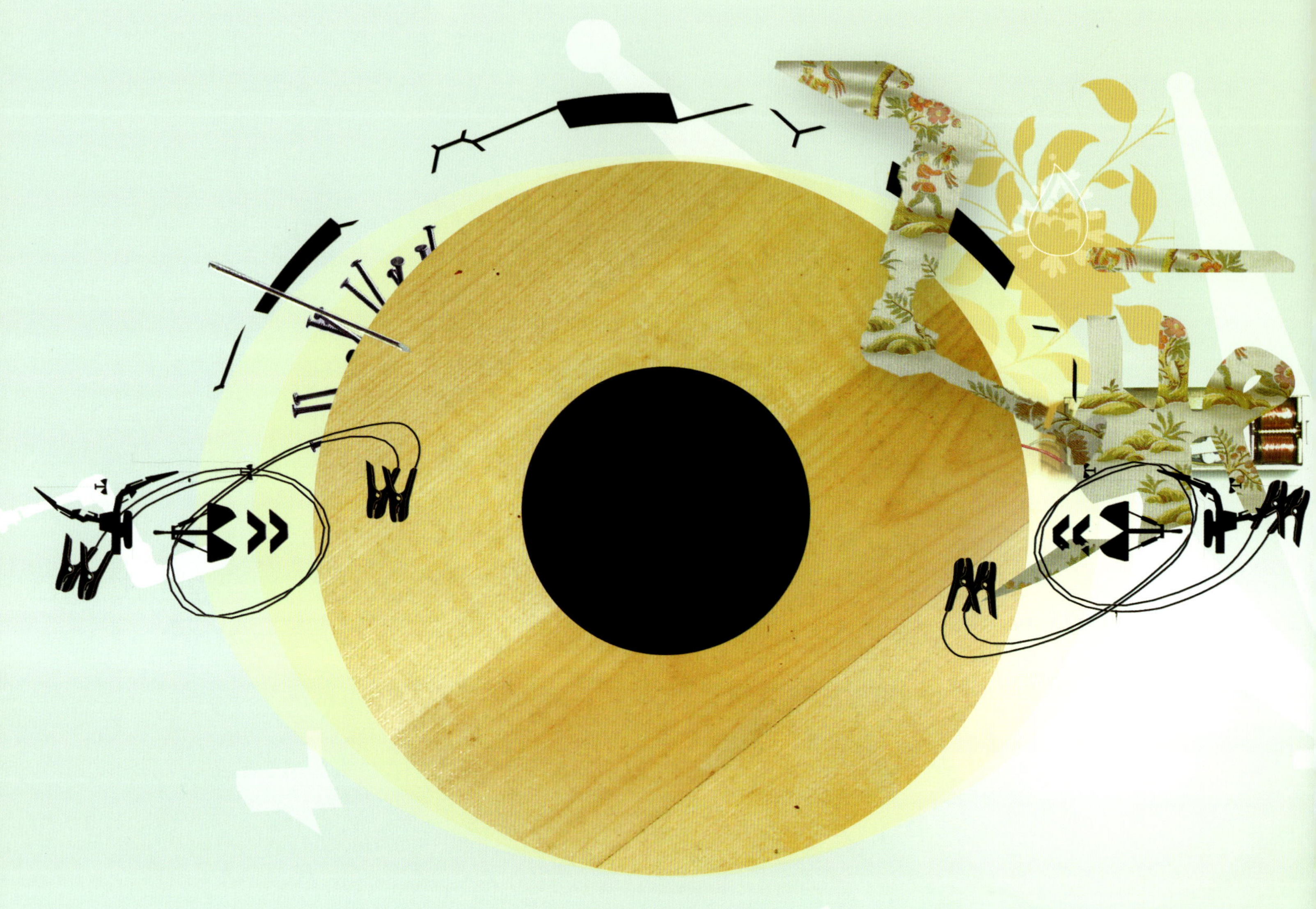

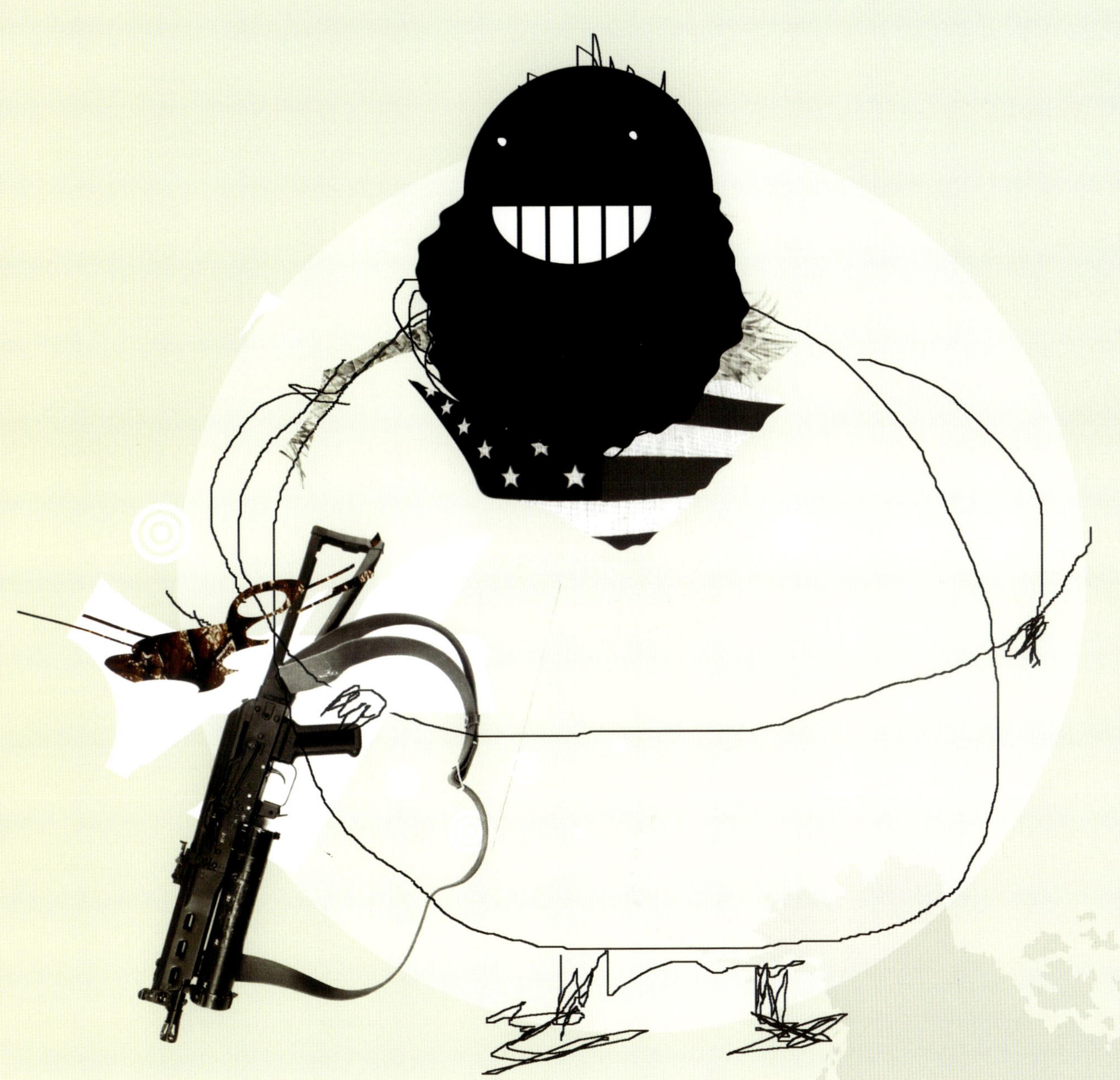

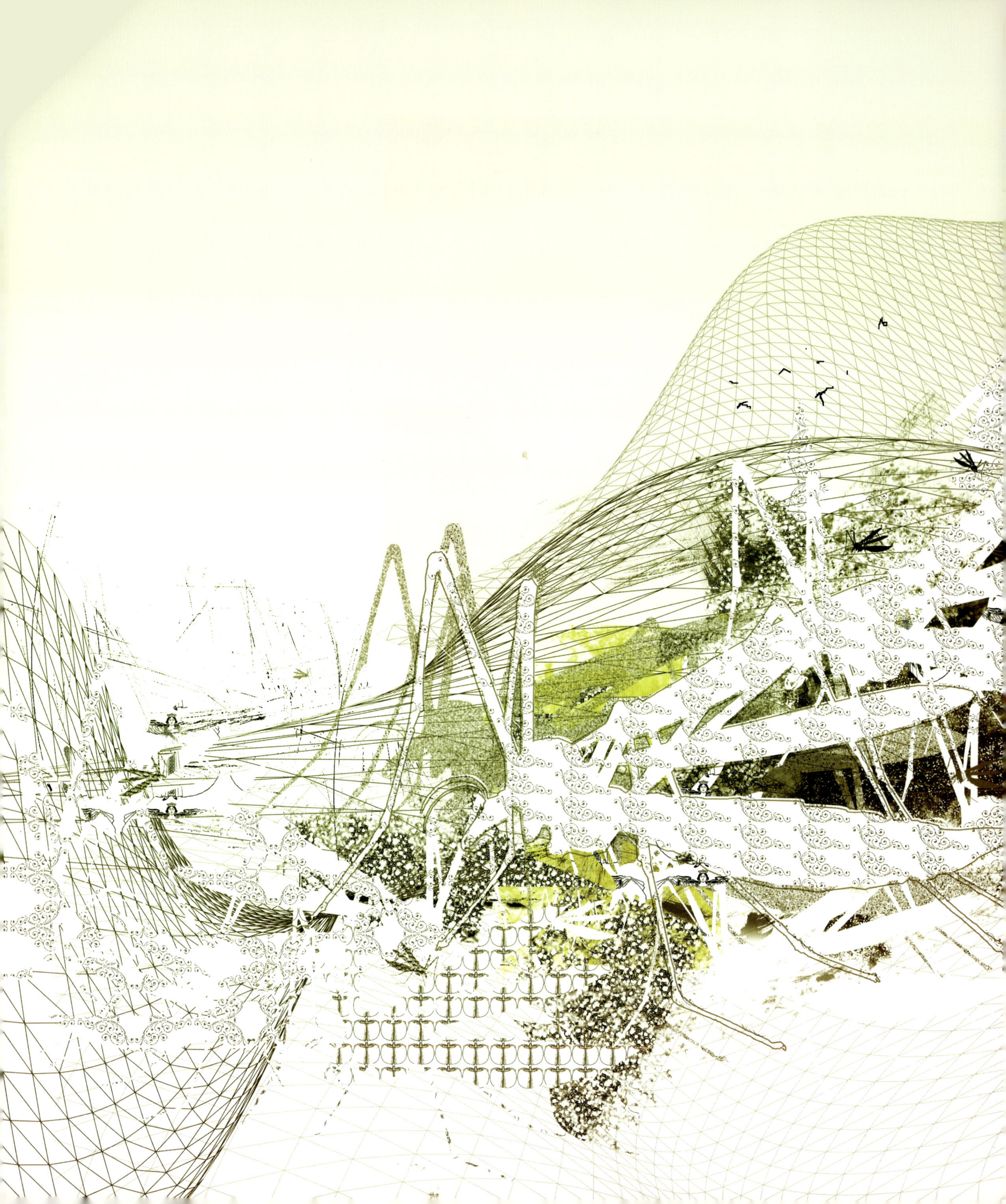

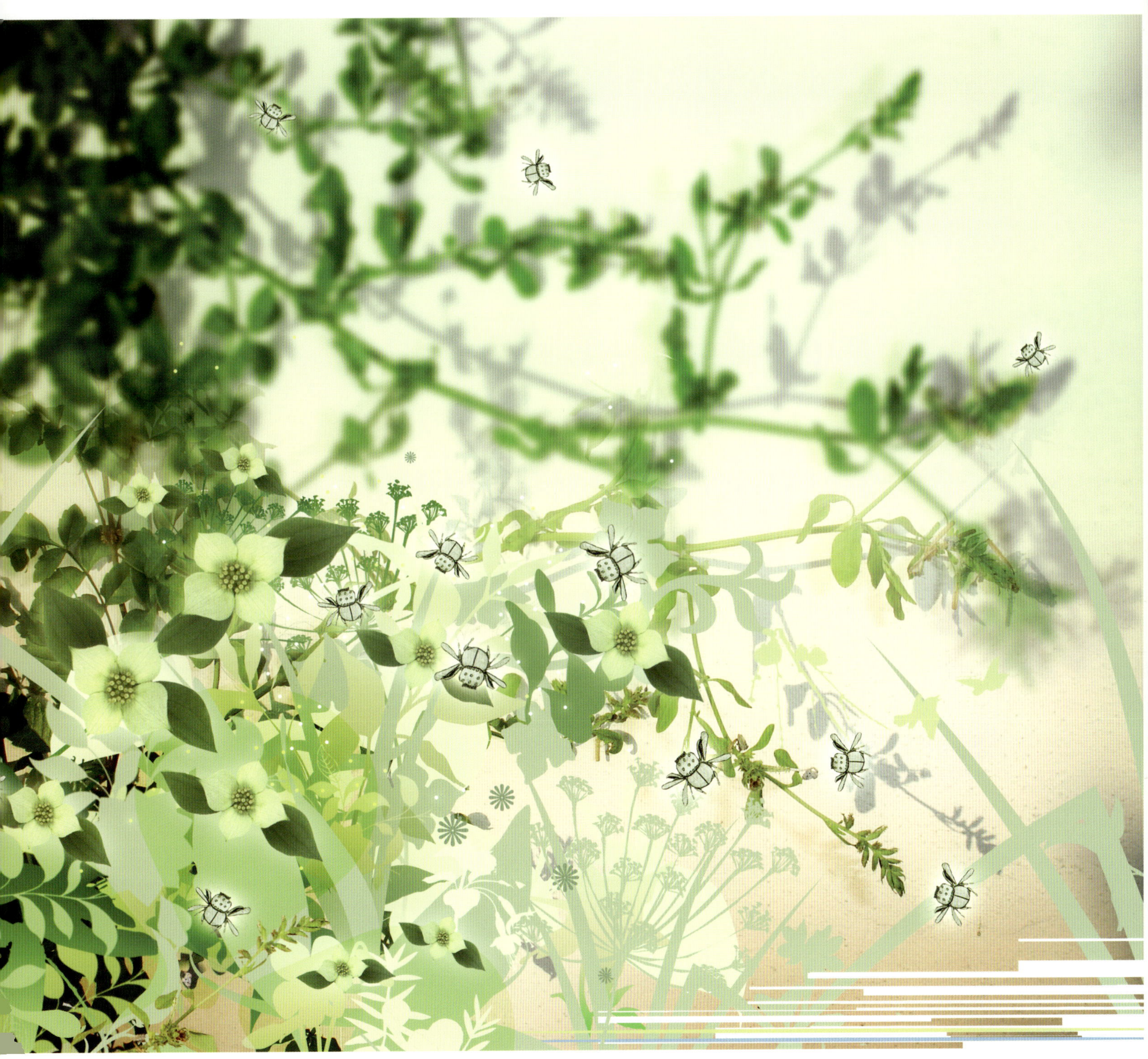

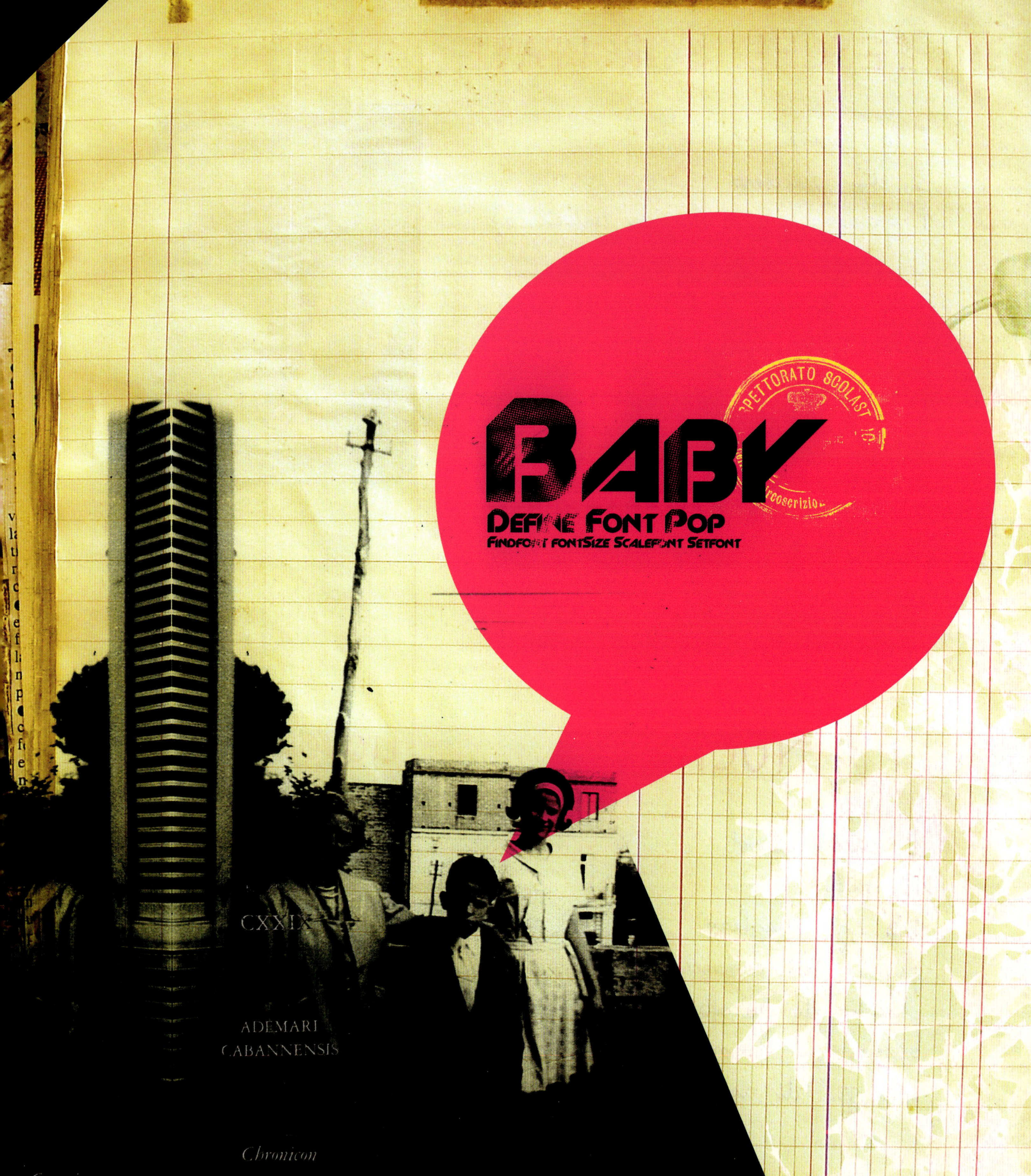
BABY
Define Font Pop
Findfont FontSize Scalefont Setfont

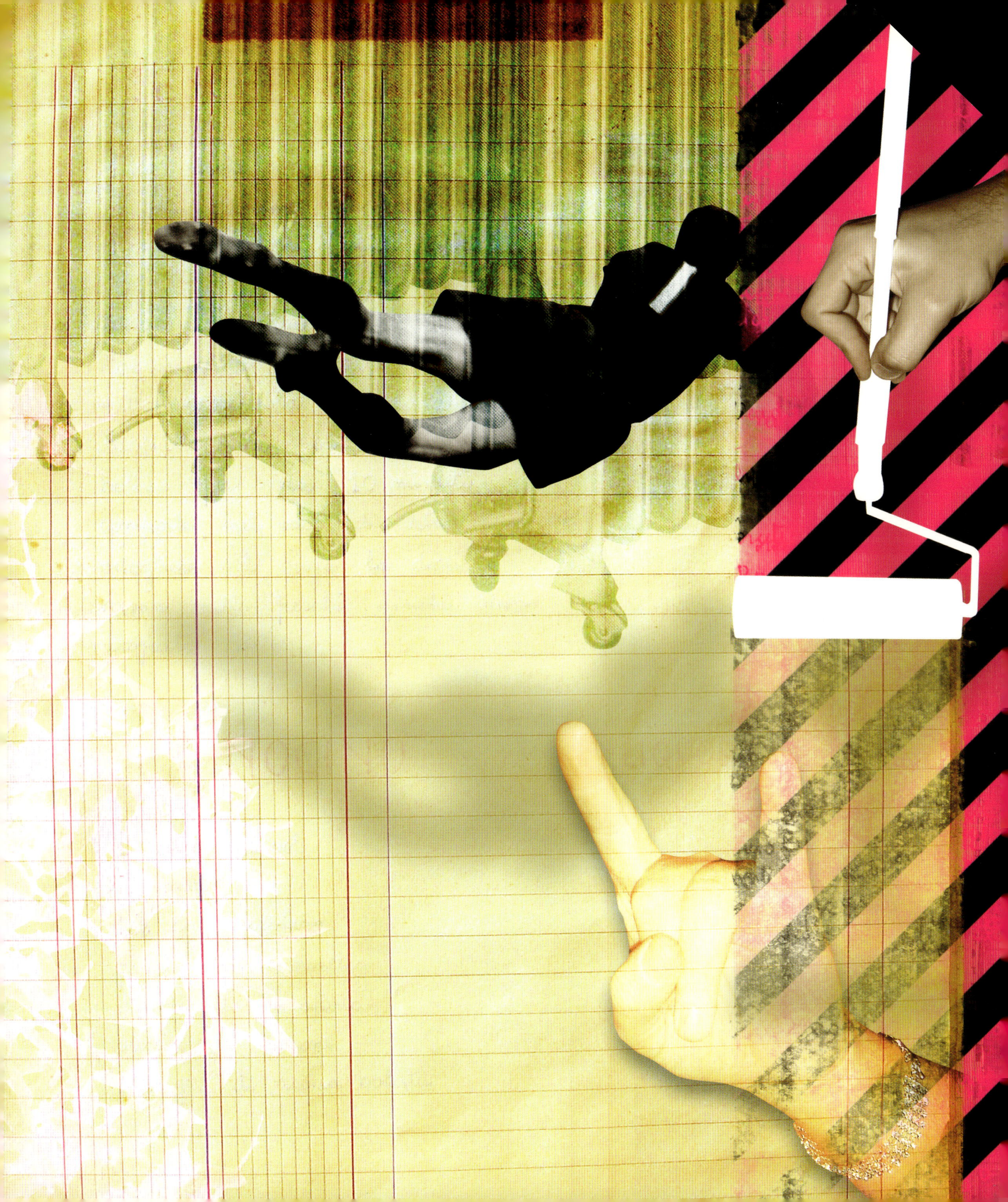

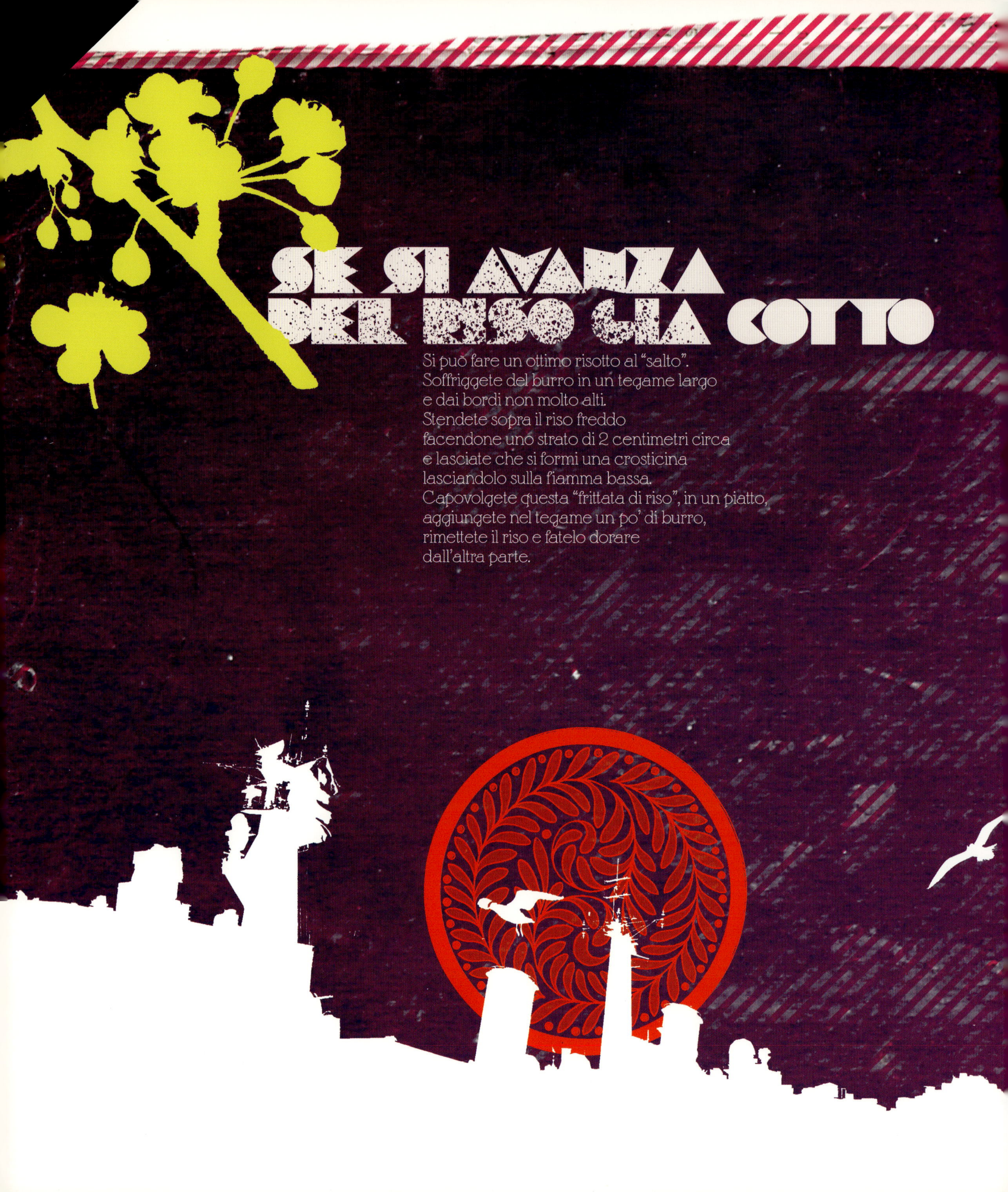

SE SI AVANZA DEL RISO GIA COTTO

Si può fare un ottimo risotto al "salto".
Soffriggete del burro in un tegame largo
e dai bordi non molto alti.
Stendete sopra il riso freddo
facendone uno strato di 2 centimetri circa
e lasciate che si formi una crosticina
lasciandolo sulla fiamma bassa.
Capovolgete questa "frittata di riso", in un piatto,
aggiungete nel tegame un po' di burro,
rimettete il riso e fatelo dorare
dall'altra parte.

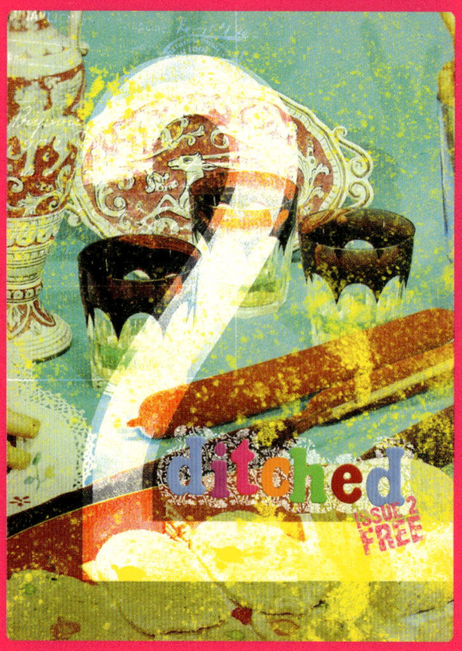
2
ditched
ISSUE 2
FREE

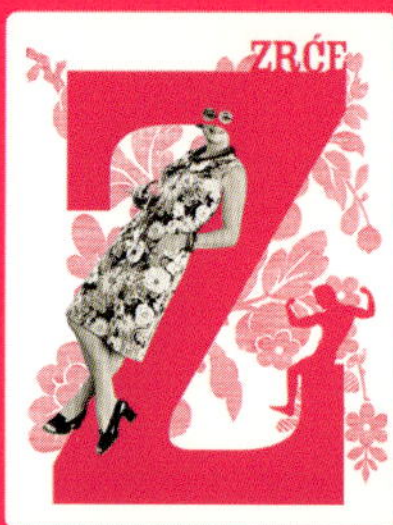
ZRĆE
Z

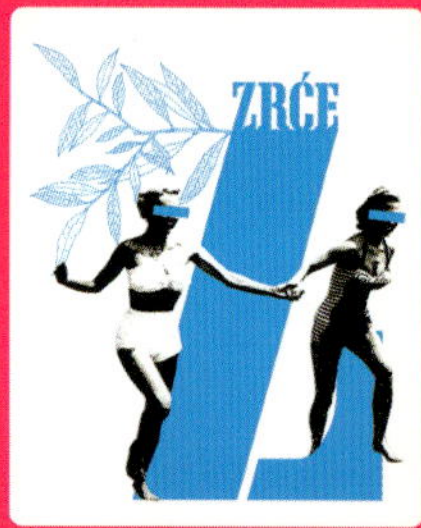
ZRĆE
Z

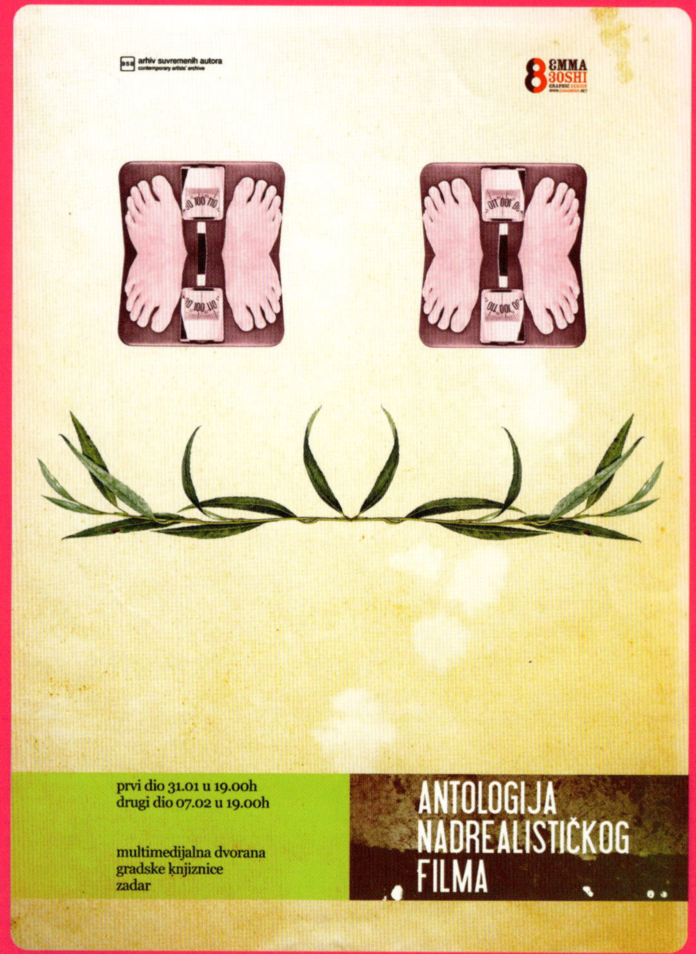
arhiv suvremenih autora
contemporary artists' archive
8 8MMA
30SHI
GRAPHIC DESIGN
prvi dio 31.01 u 19.00h
drugi dio 07.02 u 19.00h
multimedijalna dvorana
gradske knjiznice
zadar
ANTOLOGIJA
NADREALISTIČKOG
FILMA

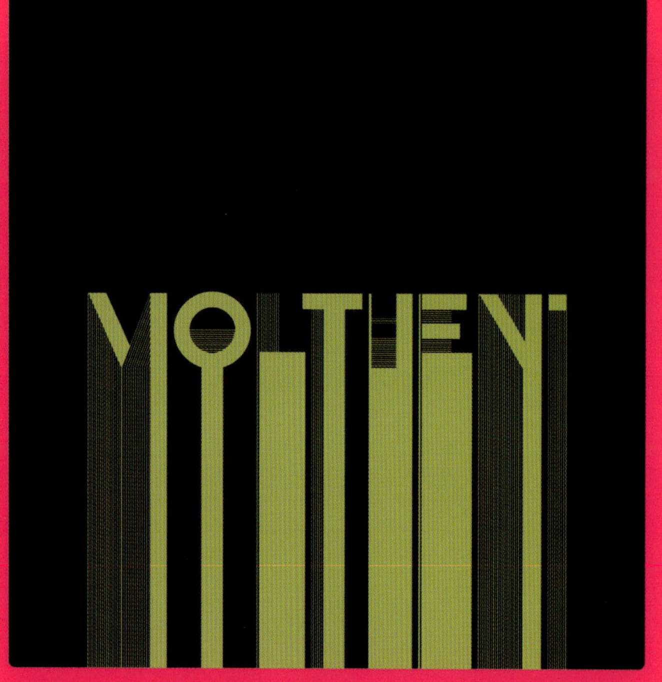
MOLTHENI

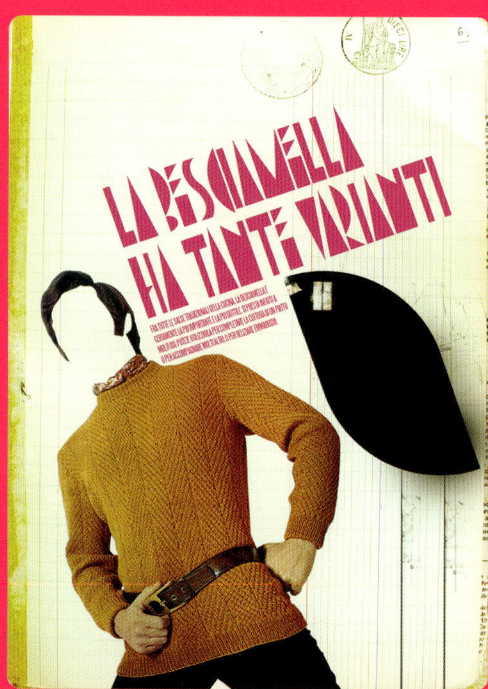
LA BESCIAMELLA
HA TANTE VARIANTI

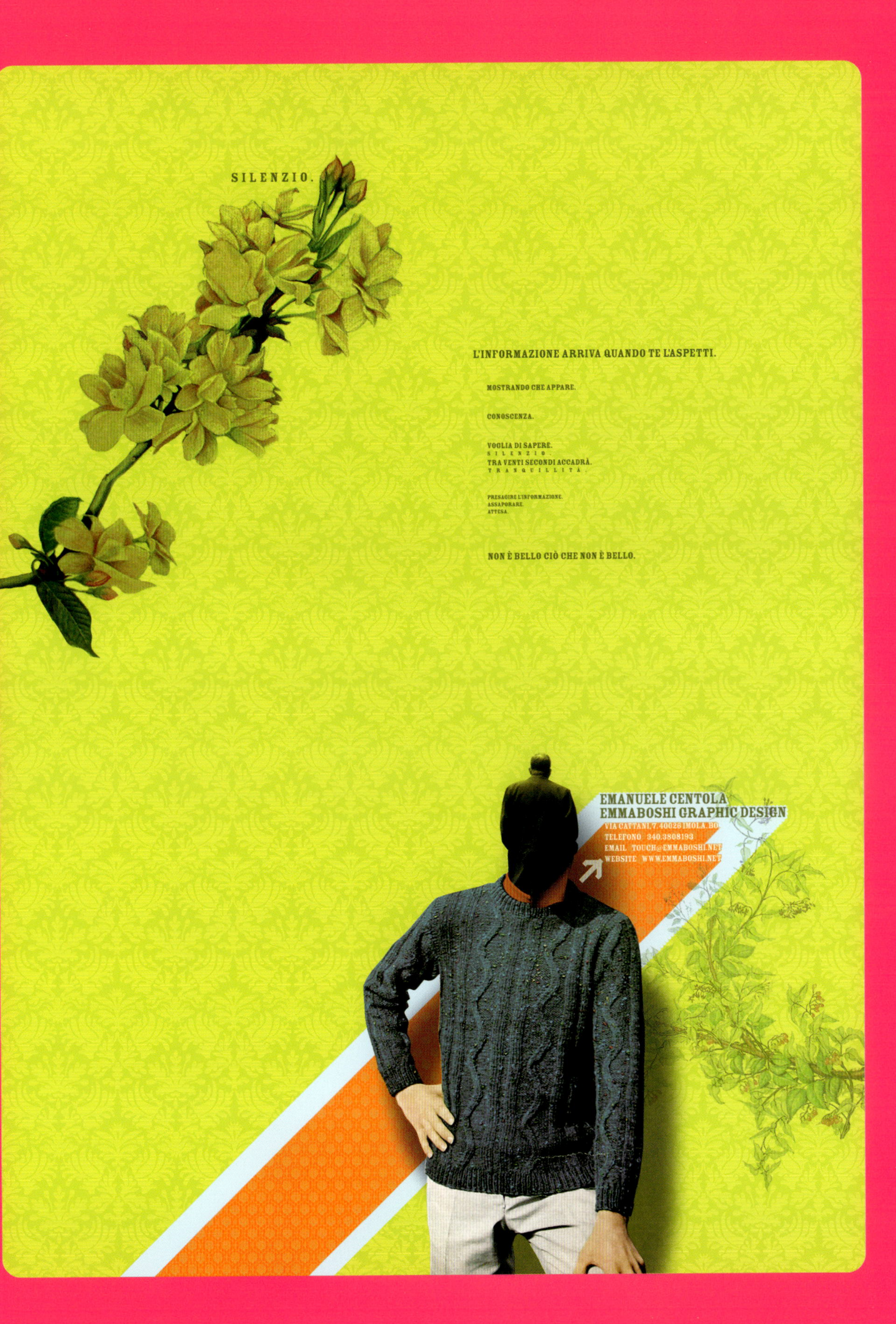

SILENZIO.
L'INFORMAZIONE ARRIVA QUANDO TE L'ASPETTI.
MOSTRANDO CHE APPARE.
CONOSCENZA.
VOGLIA DI SAPERE.
SILENZIO.
TRA VENTI SECONDI ACCADRÀ.
TRANQUILLITÀ.
PRESAGIRE L'INFORMAZIONE.
ASSAPORARE.
ATTESA.
NON È BELLO CIÒ CHE NON È BELLO.
EMANUELE CENTOLA
EMMABOSHI GRAPHIC DESIGN
VIA CATTANI, 7. 40026 IMOLA. BO.
TELEFONO 340.3808193
EMAIL TOUCH@EMMABOSHI.NET
WEBSITE WWW.EMMABOSHI.NET

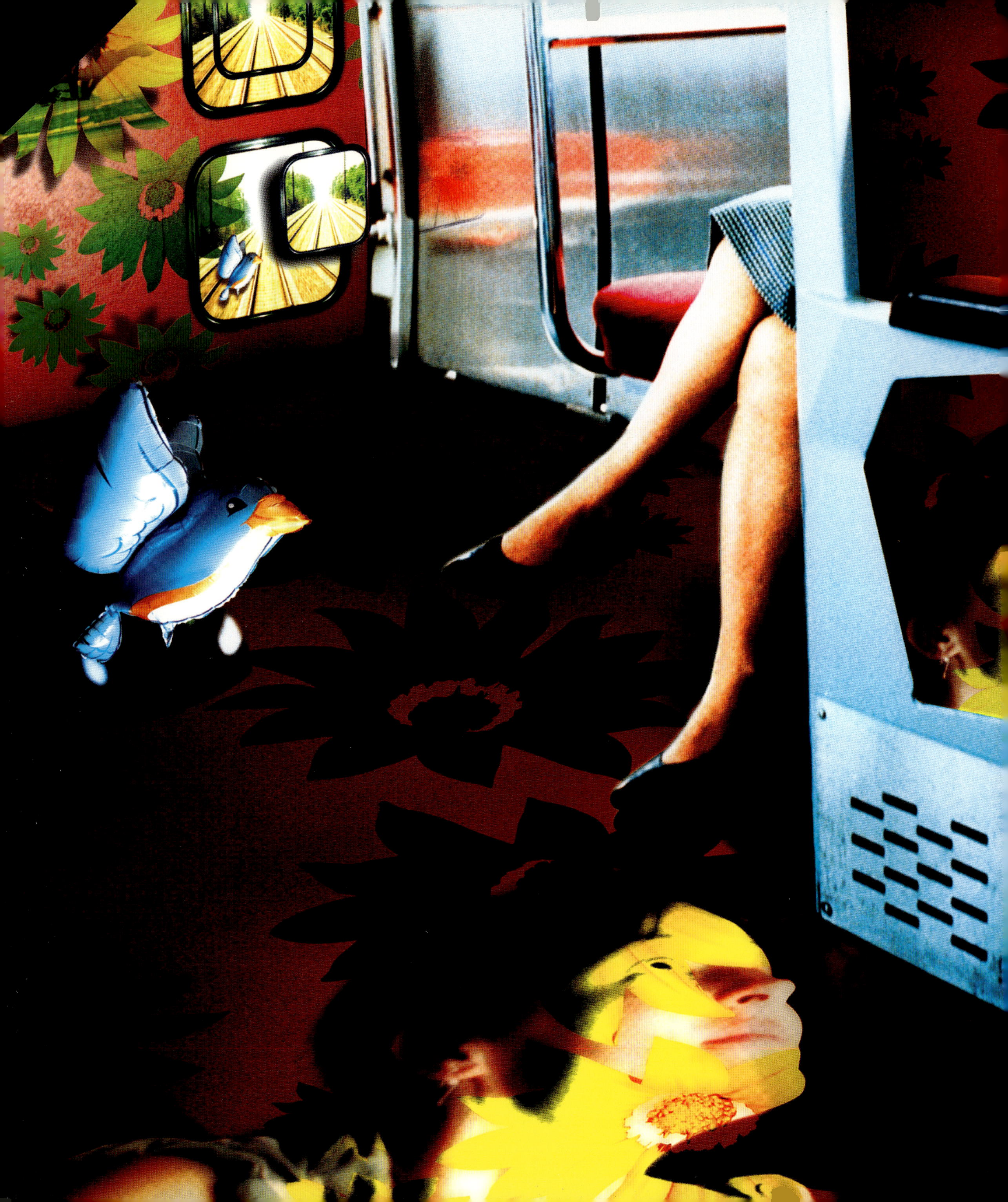

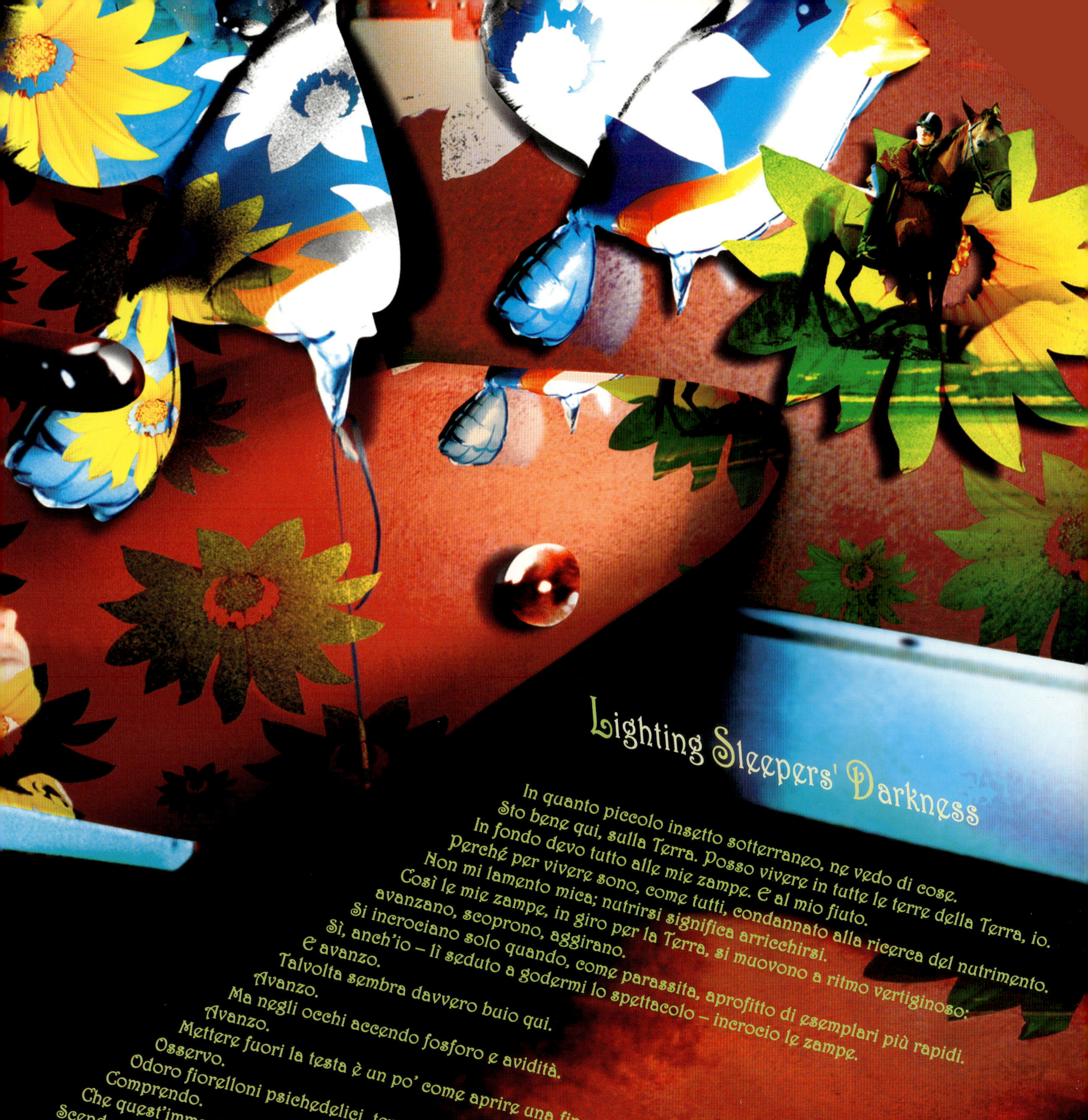

Lighting Sleepers' Darkness

In quanto piccolo insetto sotterraneo, ne vedo di cose.
Sto bene qui, sulla Terra. Posso vivere in tutte le terre della Terra, io.
In fondo devo tutto alle mie zampe. E al mio fiuto.
Perché per vivere sono, come tutti, condannato alla ricerca del nutrimento.
Non mi lamento mica; nutrirsi significa arricchirsi.
Così le mie zampe, in giro per la Terra, si muovono a ritmo vertiginoso:
avanzano, scoprono, aggirano.
Si incrociano solo quando, come parassita, aprofitto di esemplari più rapidi.
Sì, anch'io – lì seduto a godermi lo spettacolo – incrocio le zampe.
E avanzo.
Talvolta sembra davvero buio qui.
Avanzo.
Ma negli occhi accendo fosforo e avidità.
Avanzo.
Mettere fuori la testa è un po' come aprire una finestra sul mondo.
Osservo.
Odoro fiorelloni psichedelici, temo slanciati quadrupedi,
Comprendo.
Che quest'immagine mi resterà appiccicata addosso per tutta la mia breve vita.
Scendo.
Riparto.
prossima fermata: ancora Terra.

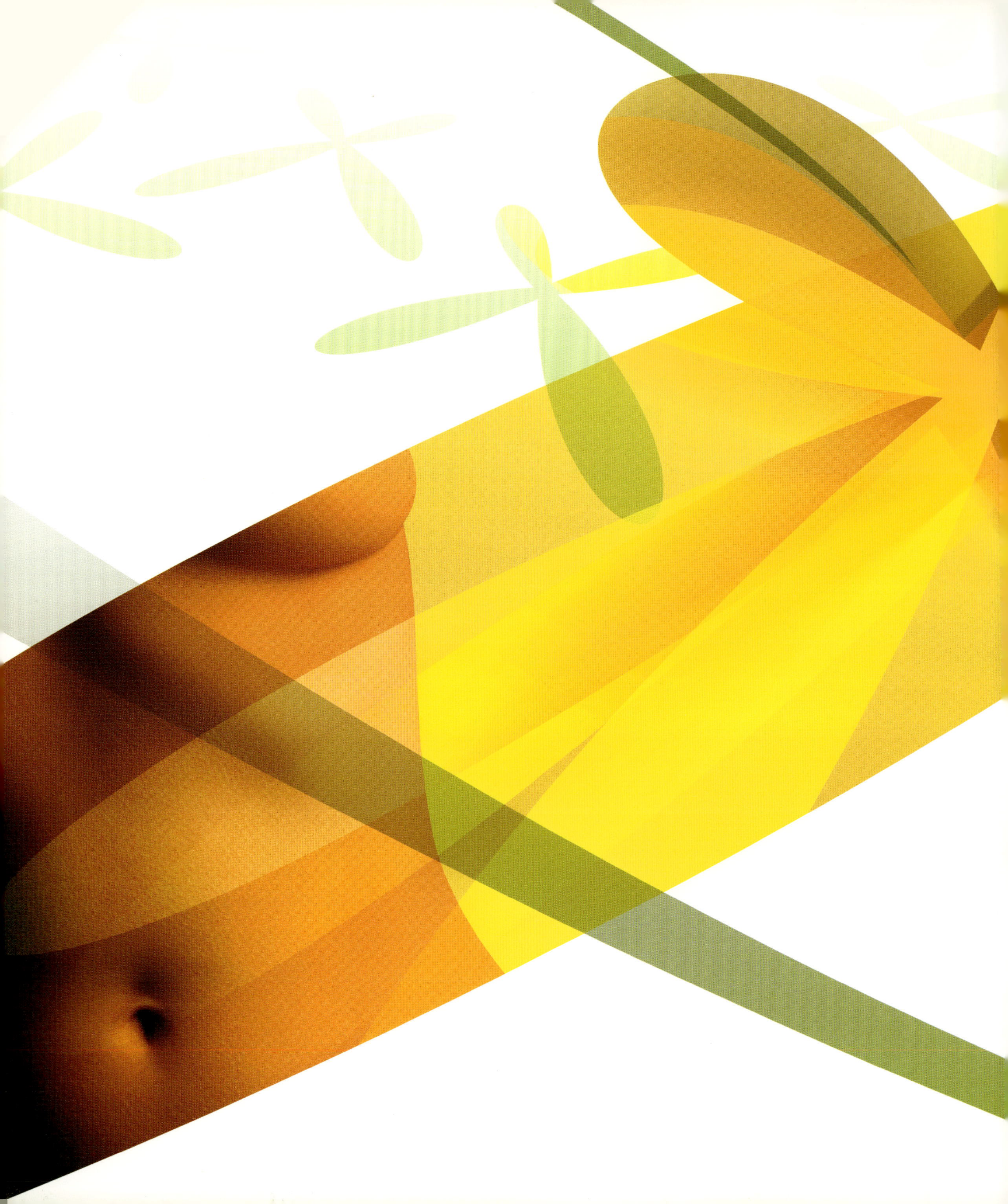

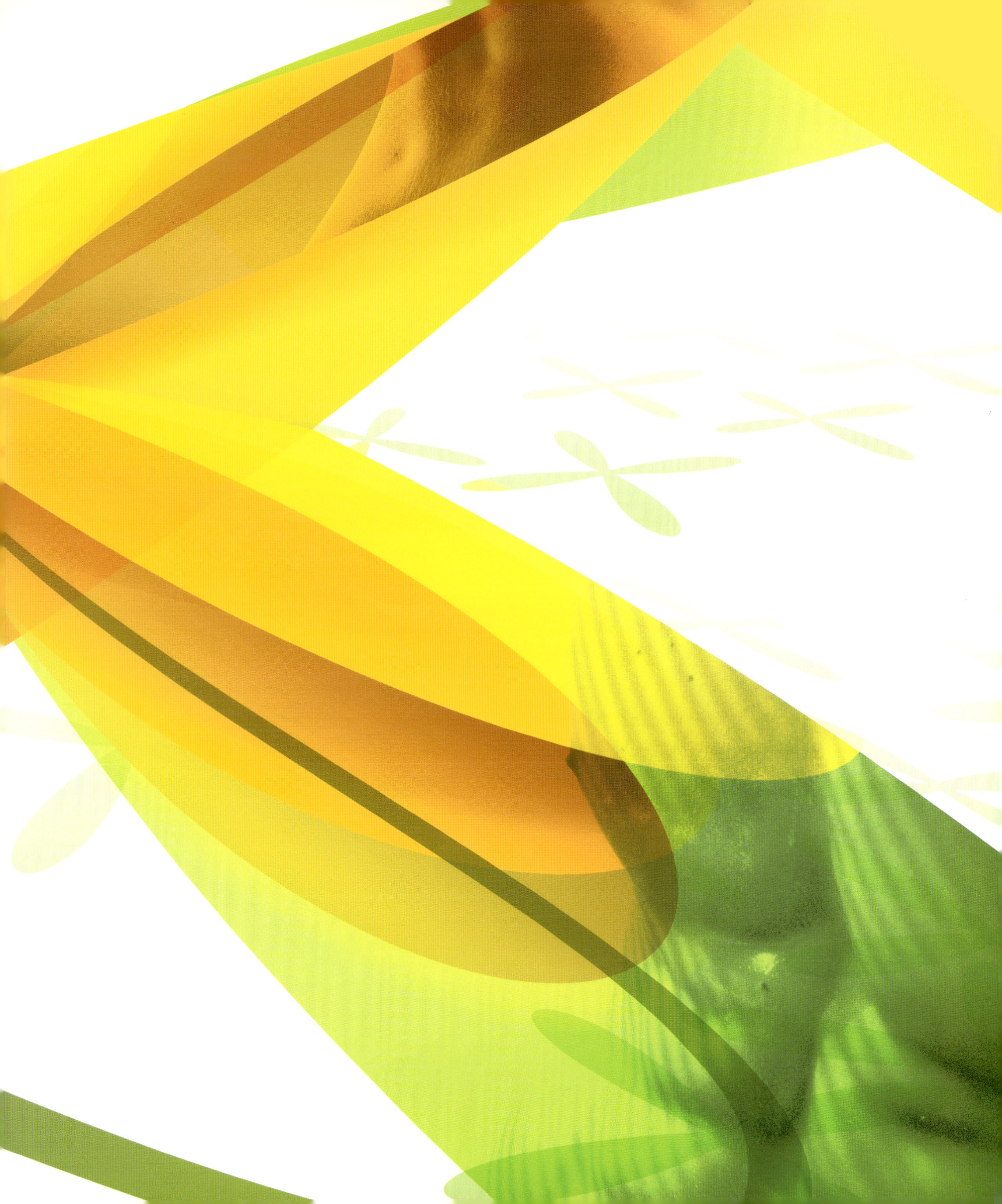

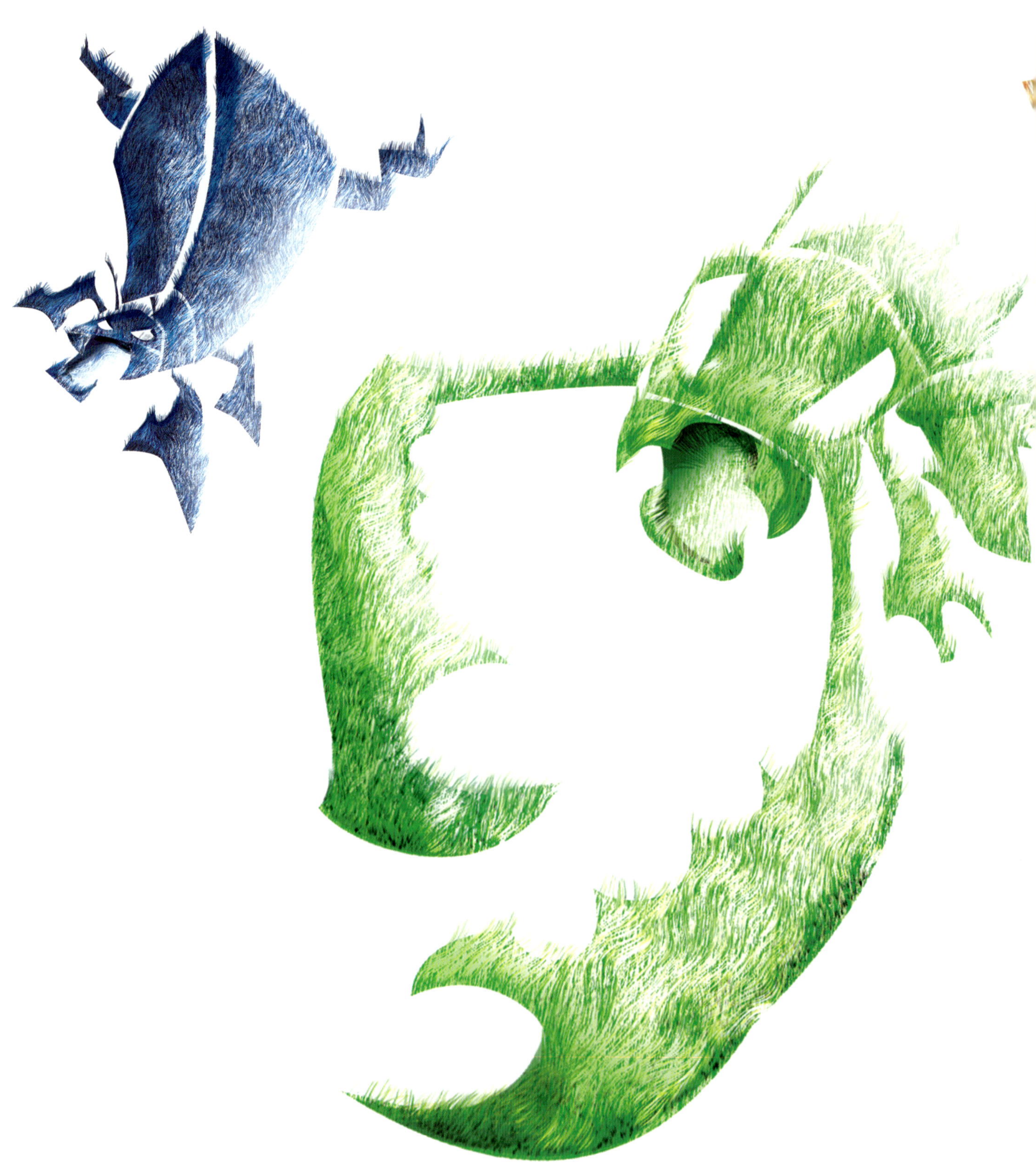

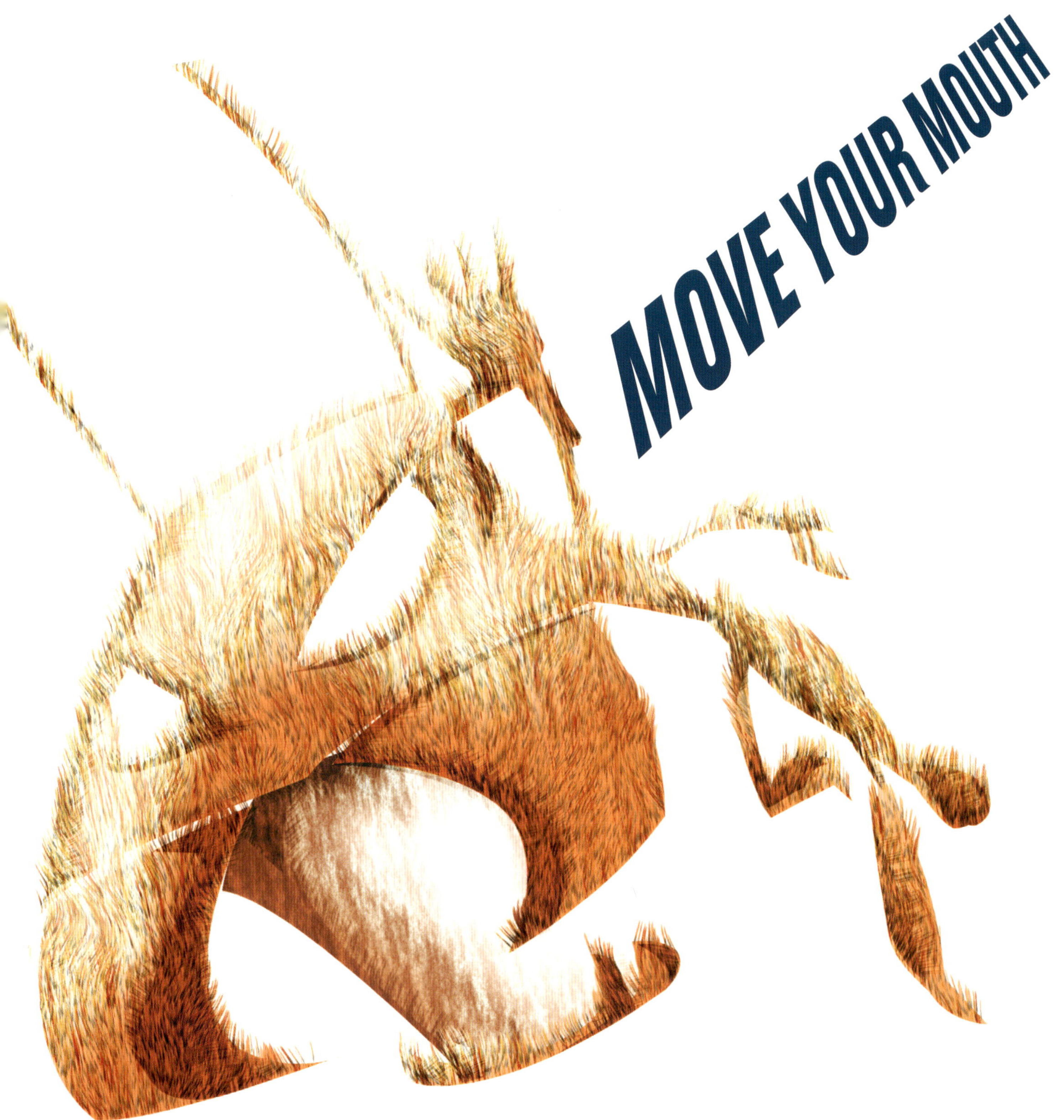
MOVE YOUR MOUTH

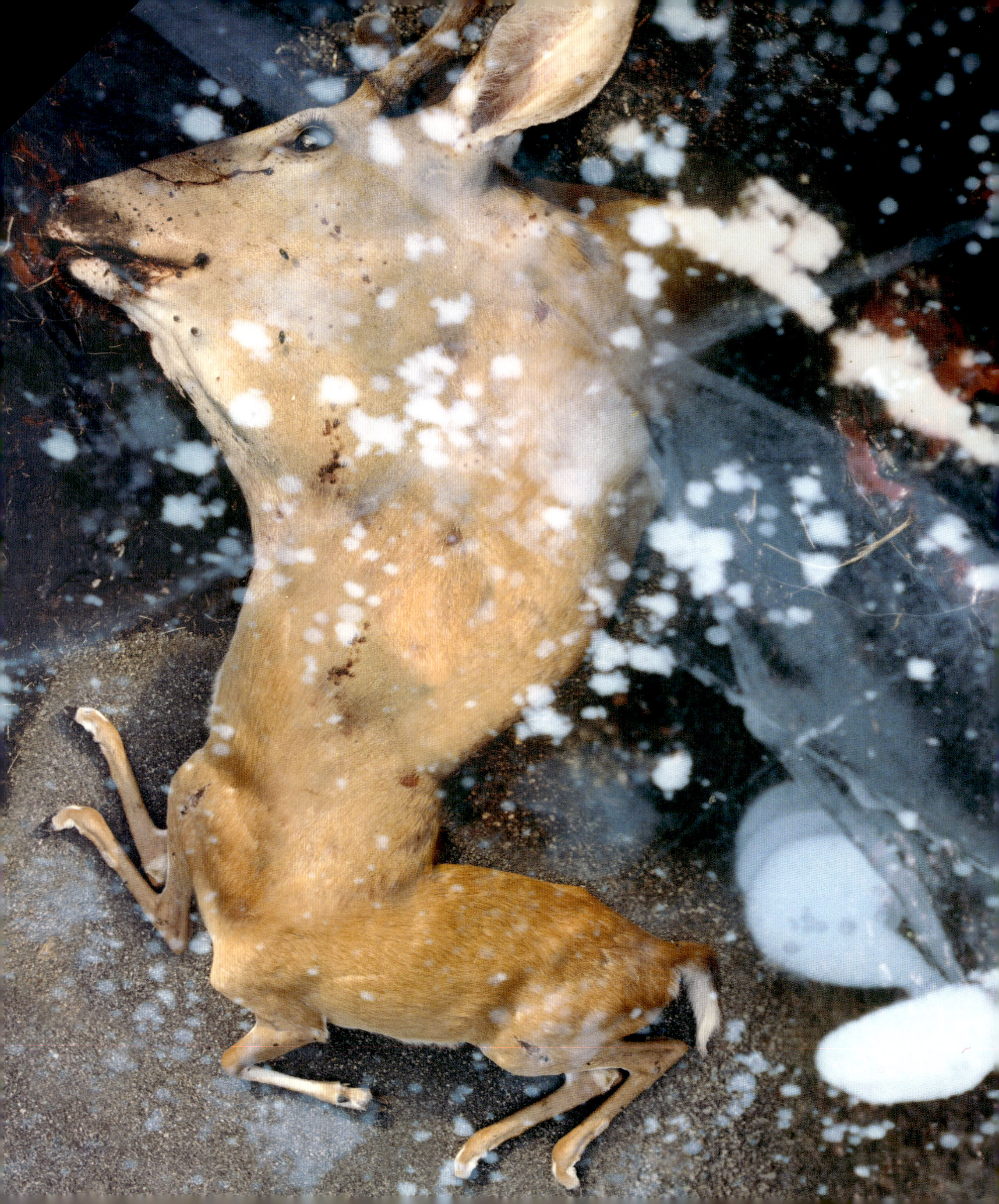

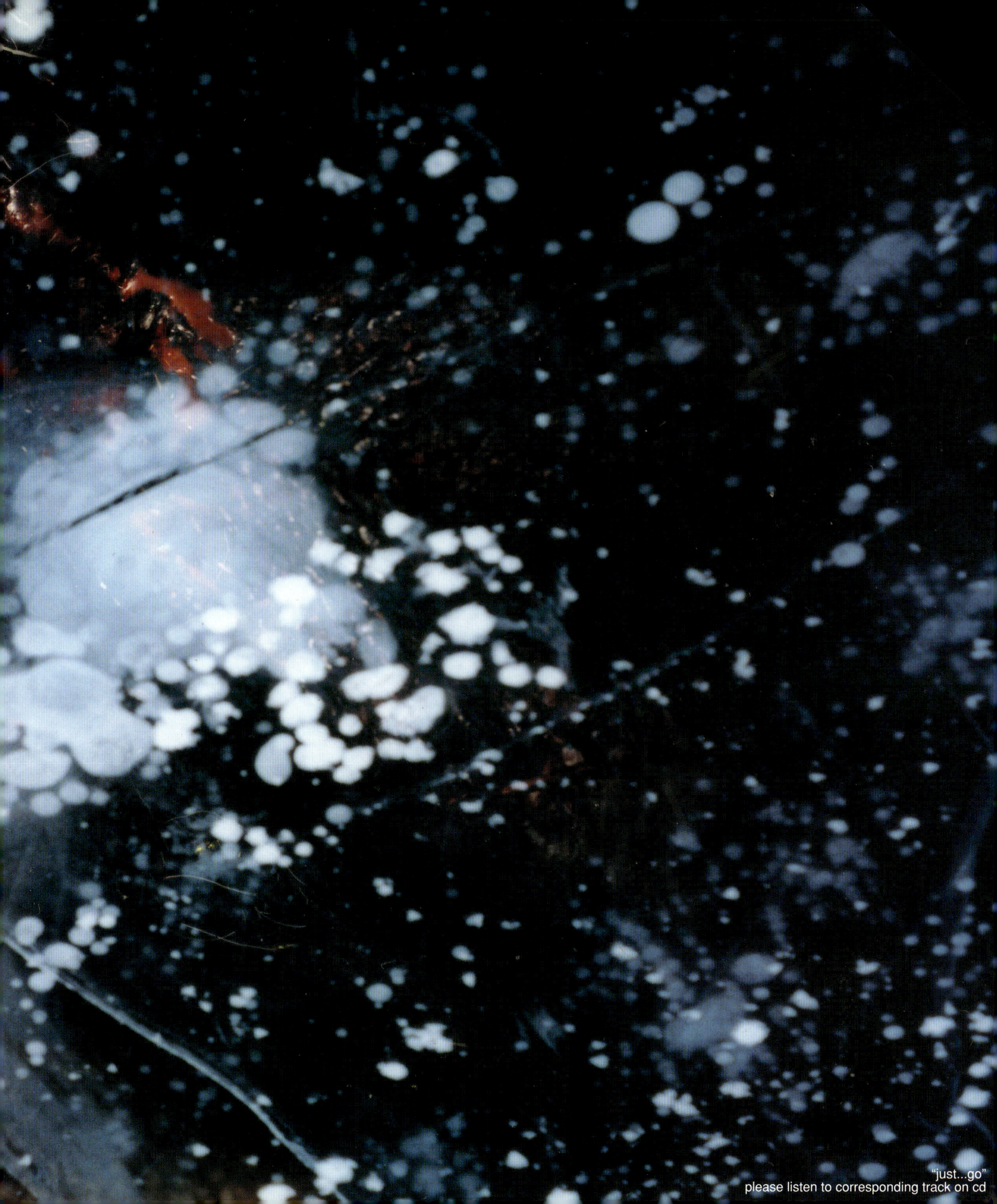

"just...go"
please listen to corresponding track on cd

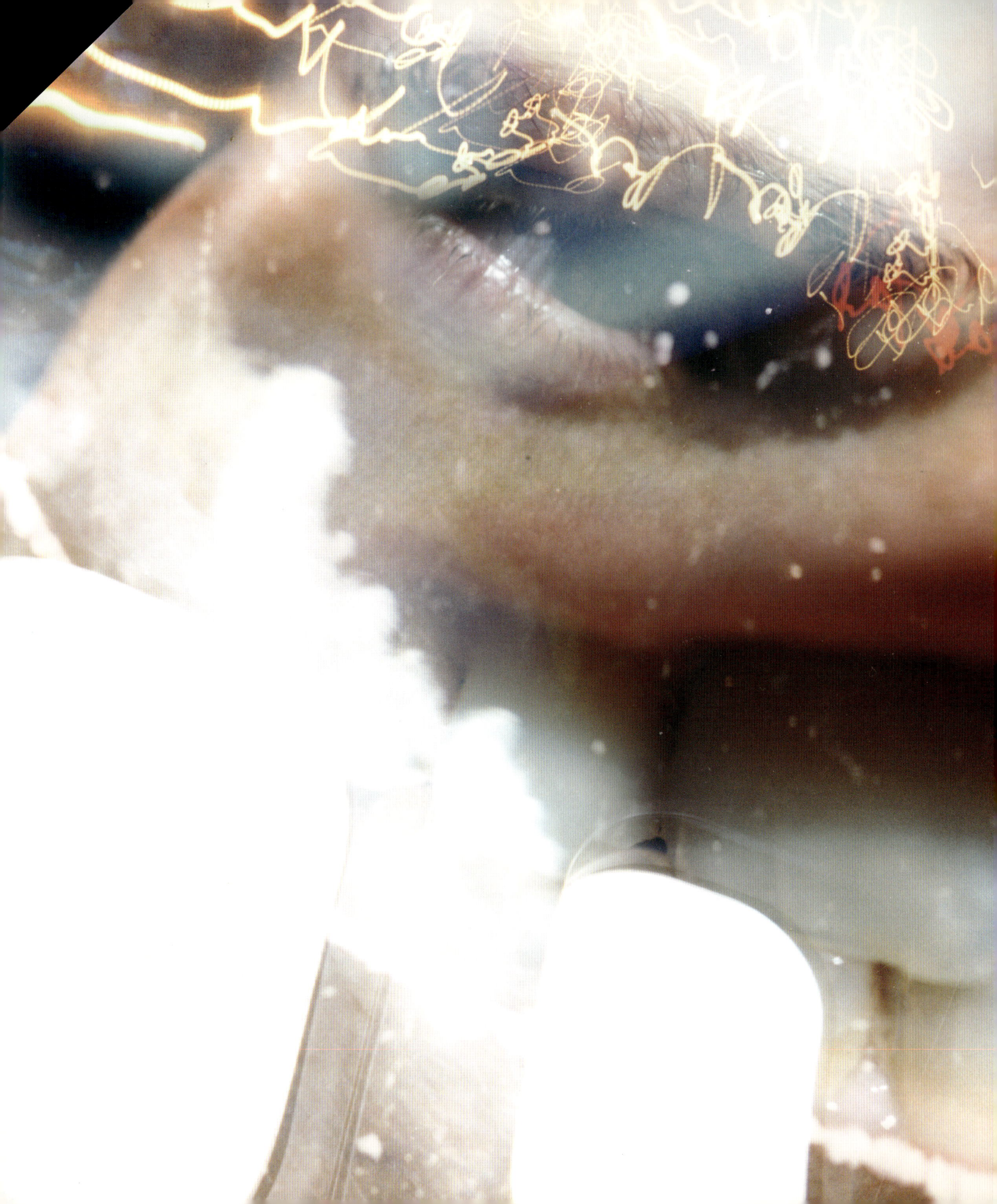

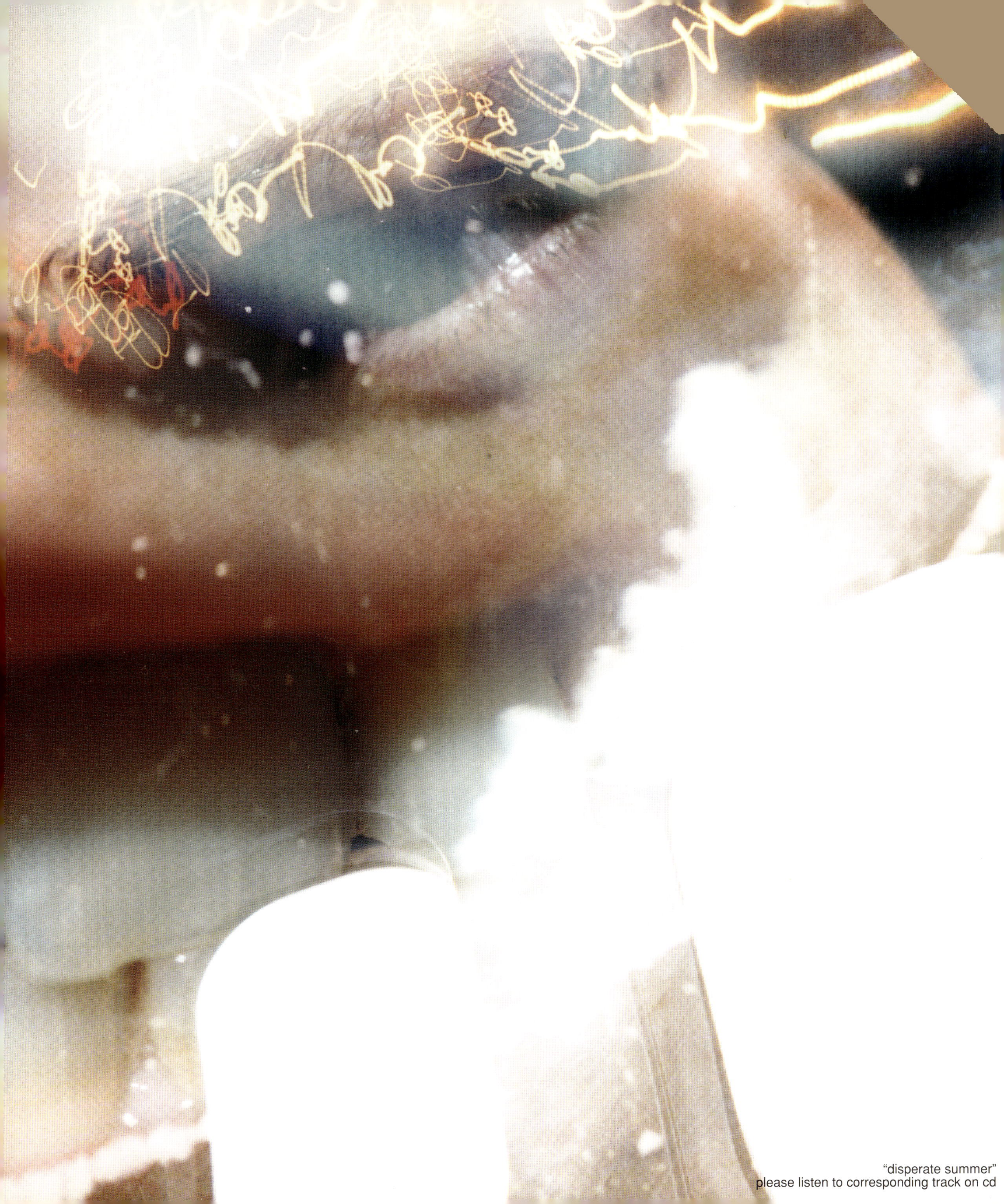

"disperate summer"
please listen to corresponding track on cd

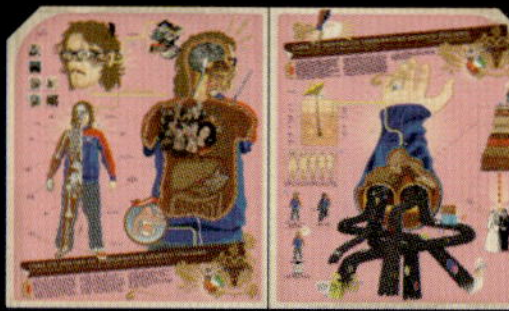
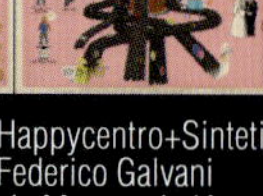
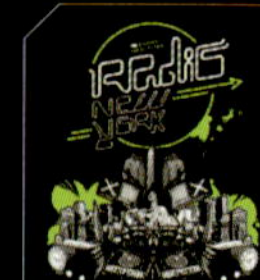
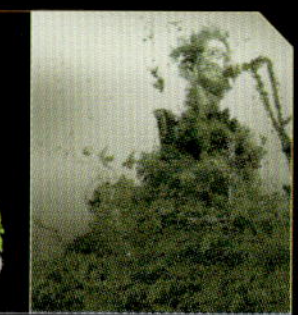
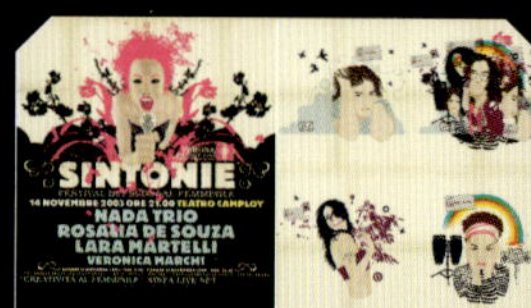
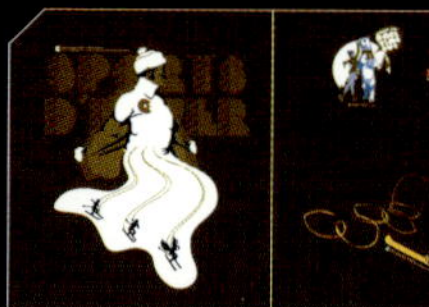
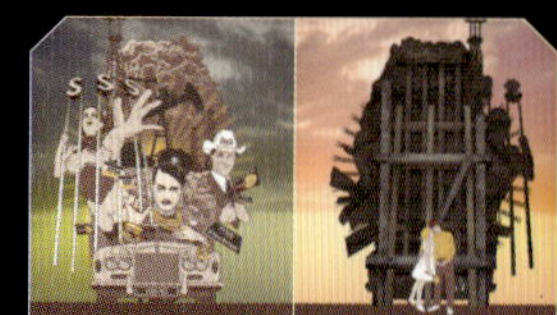

NAME: Happycentro+Sintetik
ART DIRECTOR: Federico Galvani
ADDRESS: via Morgagni, 4A
37135 Verona

WEB: www.happycentro.it
www.sintetik.it
E-MAIL: info@happycentro.it
info@sintetik.it

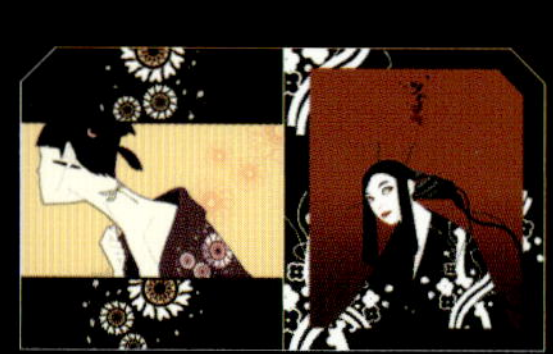

NAME: Shindra
ART DIRECTOR: Fabio Danisi

WEB: www.shindra.net
E-MAIL: shindra@shindra.net

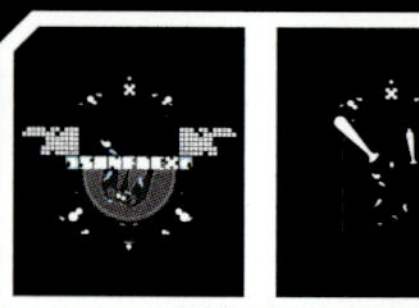
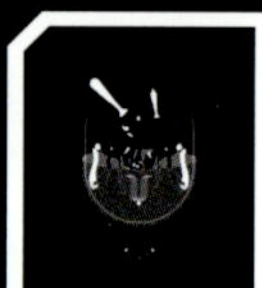
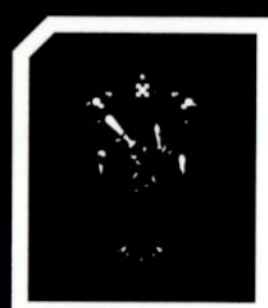
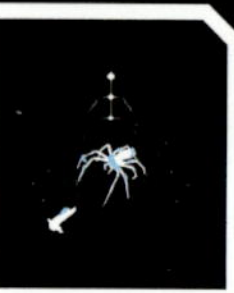
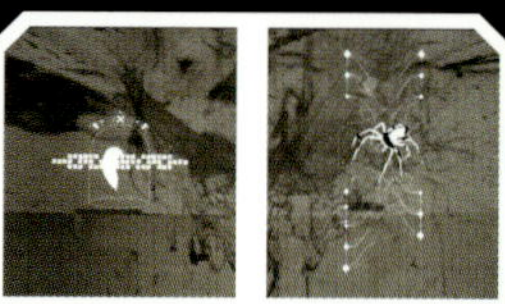
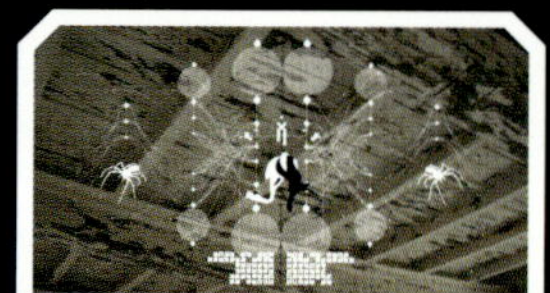

NAME: Federico Pepe
ART DIRECTOR: Federico Pepe

E-MAIL: pepe_federico@libero.it

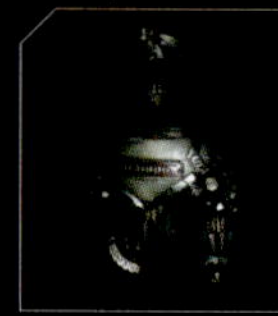
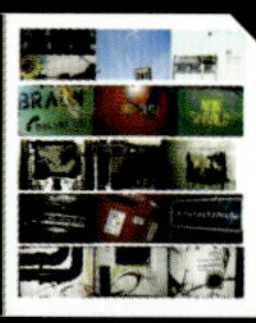
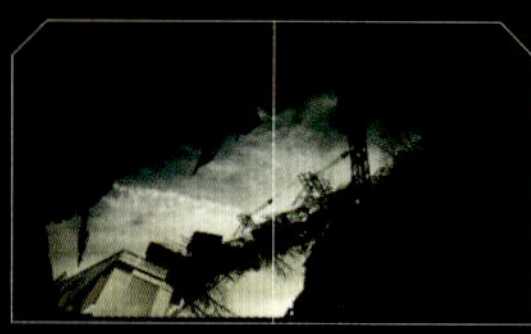
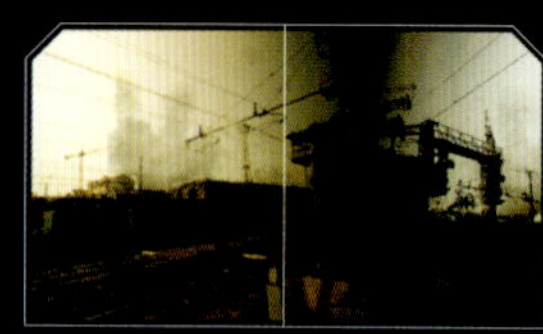
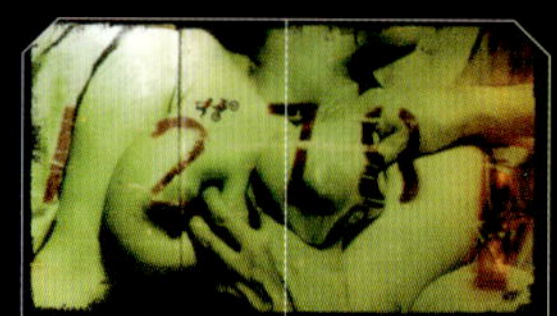

NAME: Eramaxima
ART DIRECTOR: Mauro Lovisetto
ADDRESS: via Loschi , 4
31100 Treviso

WEB: www.eramaxima.com
E-MAIL: info@eramaxima.com

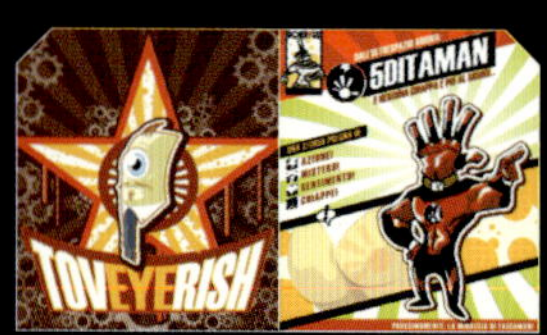
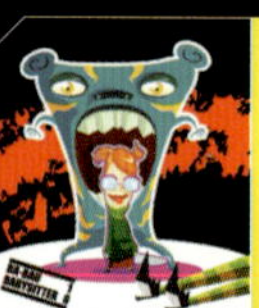
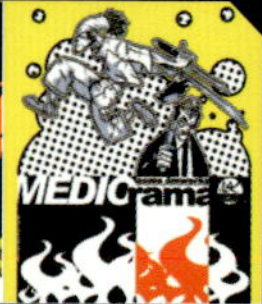

NAME: Dokhaüs
ART DIRECTOR: Michele del Nobolo

WEB: www.dokhaus.com
E-MAIL: emme@dokhaus.com

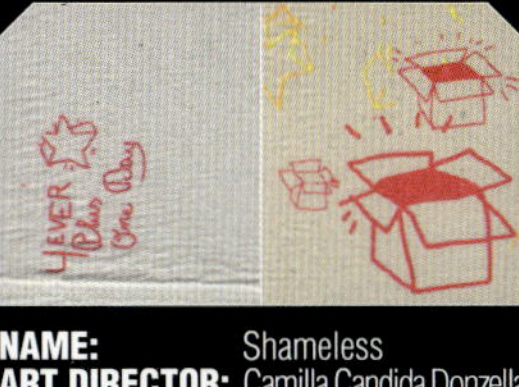
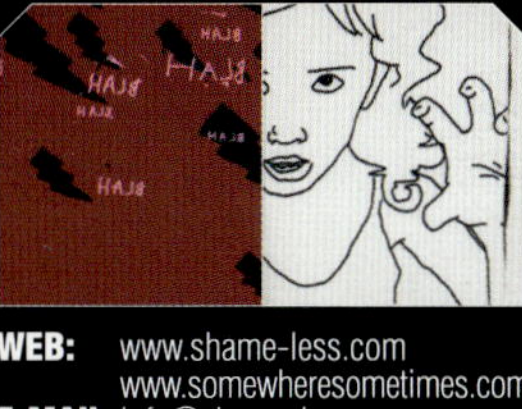

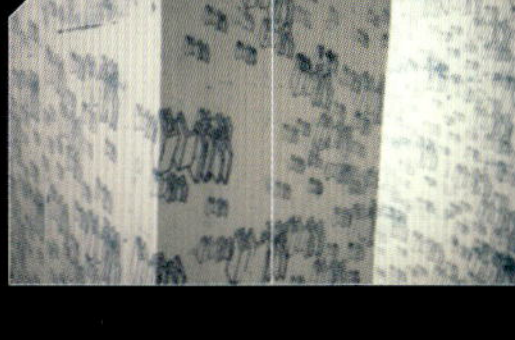

NAME: Shameless
ART DIRECTOR: Camilla Candida Donzella
ADDRESS: via farini, 2
20154 Milano

WEB: www.shame-less.com
www.somewheresometimes.com
E-MAIL: info@shame-less.com

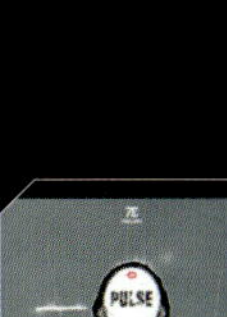
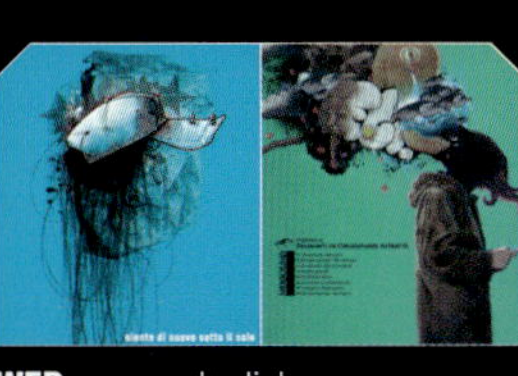

NAME: Deadink
ART DIRECTOR: Gianluca Ciufoli
ADDRESS: via P. E. Sfondrati, 77
00168 Roma

WEB: www.deadink.com
E-MAIL: info@deadink.com

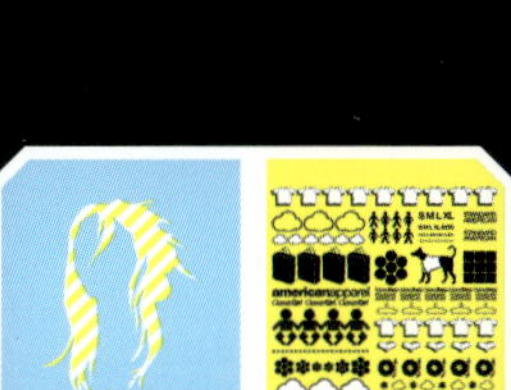
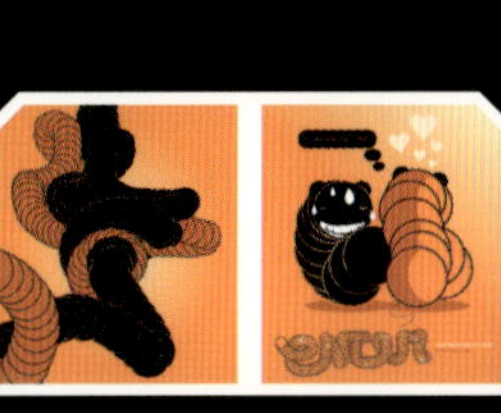
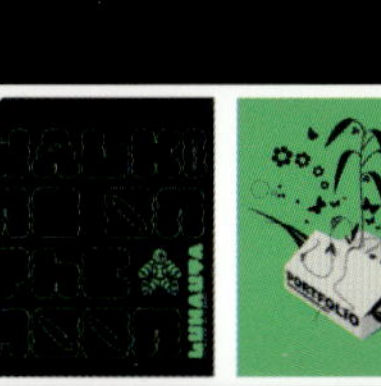
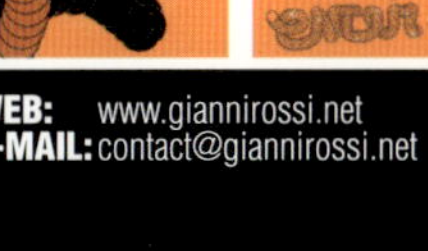

NAME: Gianni Rossi
ART DIRECTOR: Gianni Rossi
ADDRESS: via Confine 1008
47023 Cesena FC

WEB: www.giannirossi.net
E-MAIL: contact@giannirossi.net

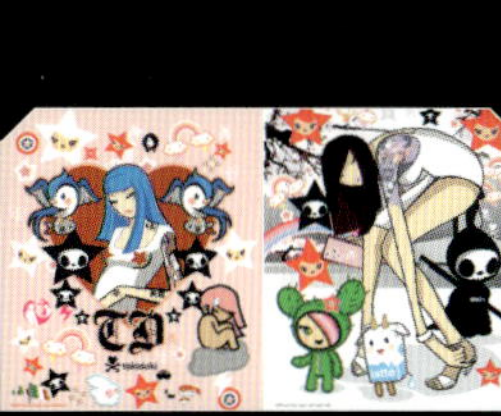
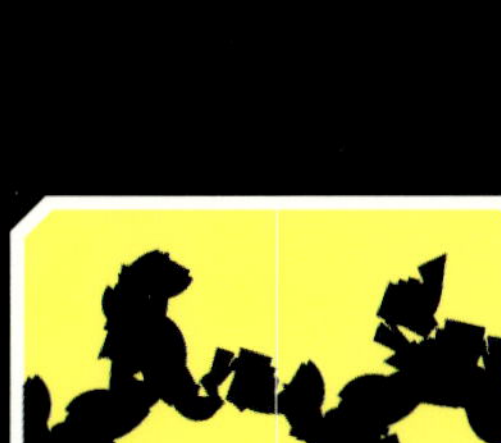

NAME: Canefantasma
ART DIRECTOR: Mimmo Manes
ADDRESS: Str. di Montalbuccio, 140
53100 Siena

WEB: www.canefantasma.com
E-MAIL: m@canefantasma.com

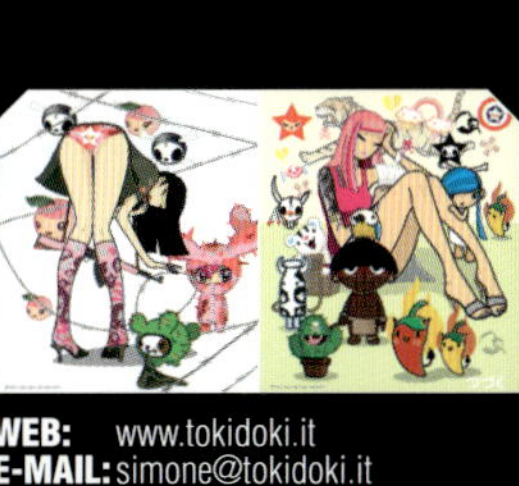
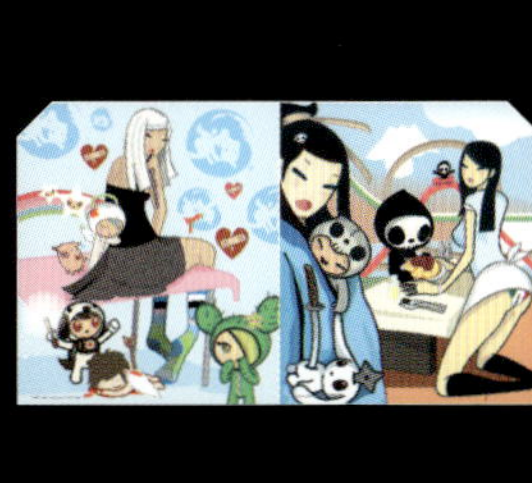

NAME: Tokidoki/SimoneLegno
ART DIRECTOR: Simone Legno
ADDRESS: 127 East 9th Street #205,
Los Angeles
CA90015 U.S.

 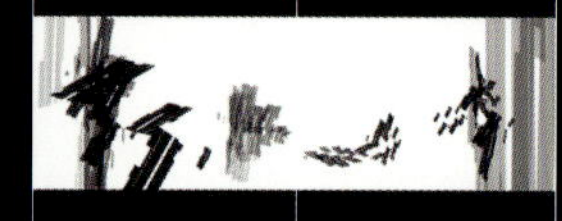 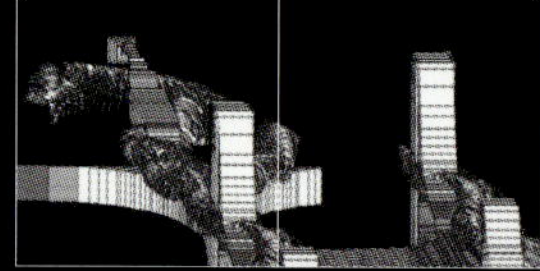

NAME: Otolab
ART DIRECTOR: dies_, orgone, xo00
ADDRESS: via Crema 12
20135 Milano

WEB: www.otolab.net
E-MAIL: contacts@otolab.net

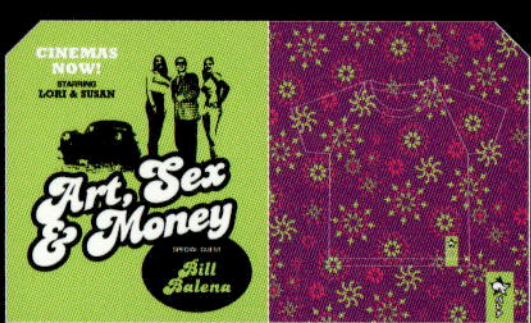 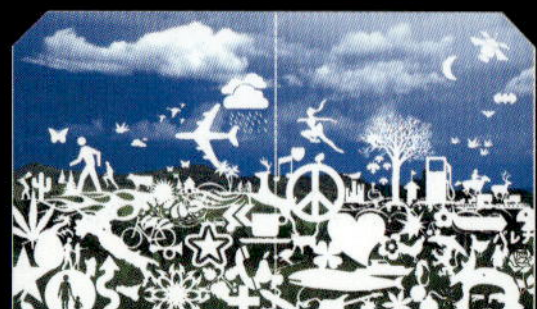 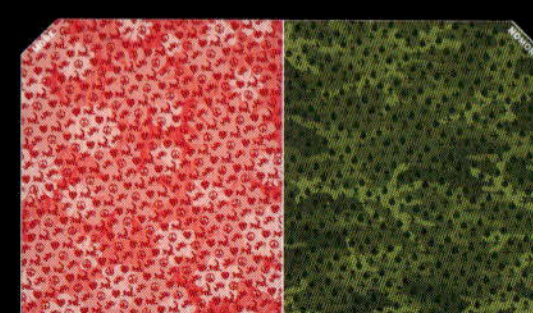

NAME: Balena Corporation
ART DIRECTOR: Matteo Righi
ADDRESS: via del Papa 112
40010 Caselle
BOLOGNA

WEB: www.balena.it
E-MAIL: info@balena.it

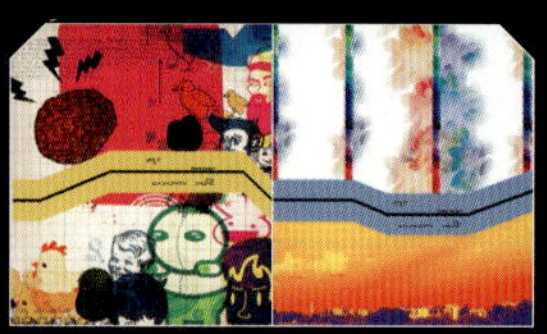 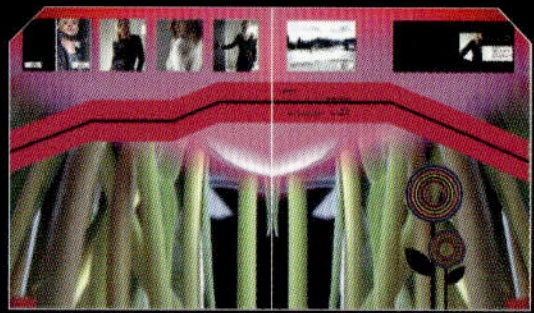

NAME: Dinamo Project
ART DIRECTOR: Marco Bedeschi
ADDRESS: via Selice, 6
40026 Imola
BOLOGNA

WEB: www.dinamoproject.com
E-MAIL: 961@dinamoproject.com

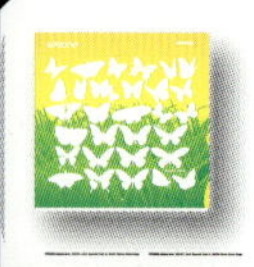 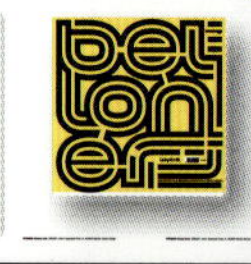 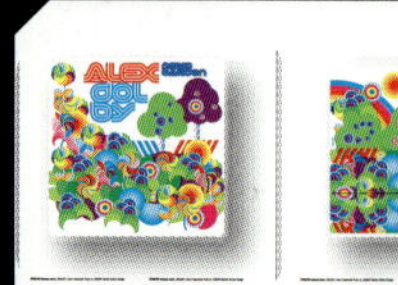 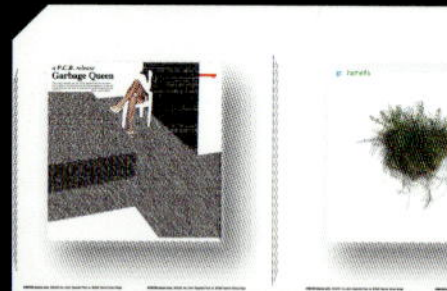 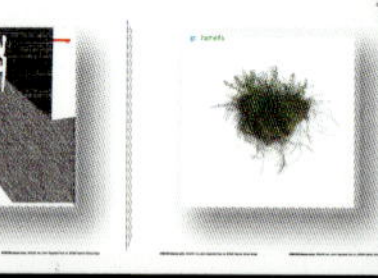 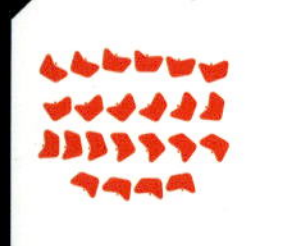 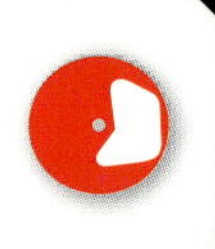 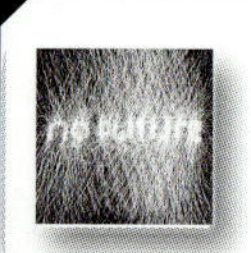 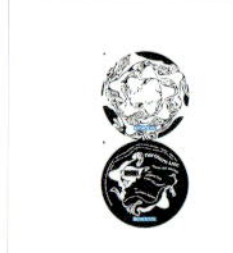

NAME: Fabrizio Schiavi
ART DIRECTOR: Fabrizio Schiavi
ADDRESS: via Vignola, 31
29100 Piacenza

WEB: www.fsd.it
E-MAIL: fabrizio@fsd.it

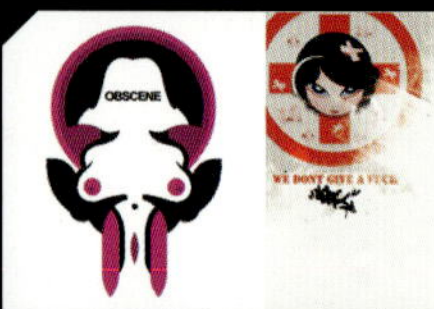 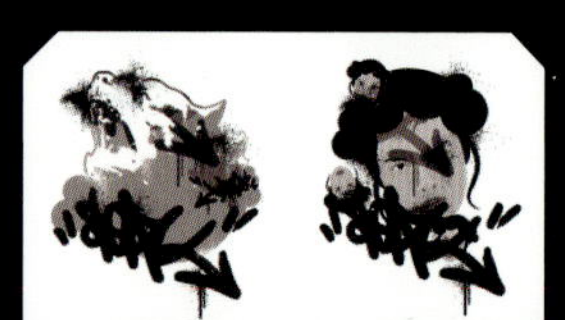 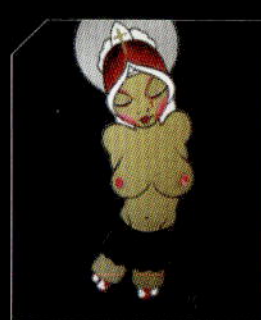 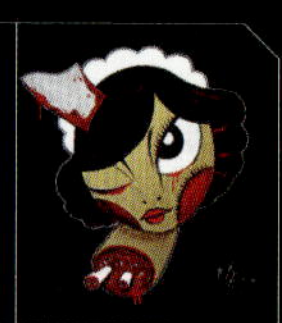

NAME: Manuel Musilli
ART DIRECTOR: Manuel Musilli
ADDRESS: Via Siro Corti 10
00135 Roma

WEB: www.digitalultras.com
E-MAIL: manuel@digitalultras.com

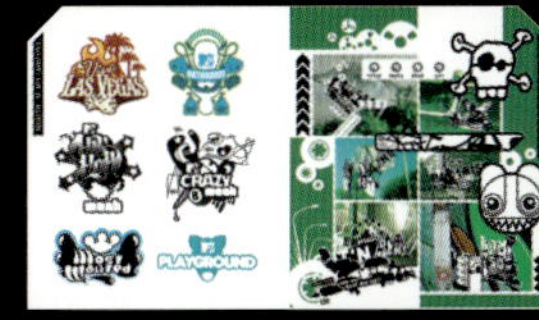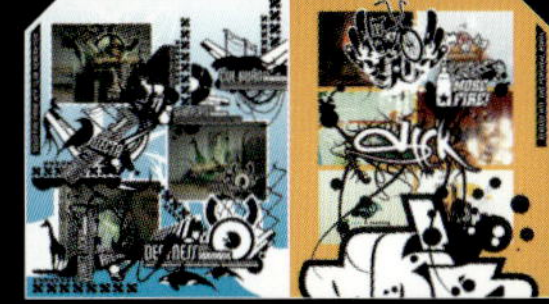

NAME: Lorenzo Banal
ART DIRECTOR: Lorenzo Banal
ADDRESS: Milano

WEB: www.nklz.com
E-MAIL: lorenzo@nklz.com

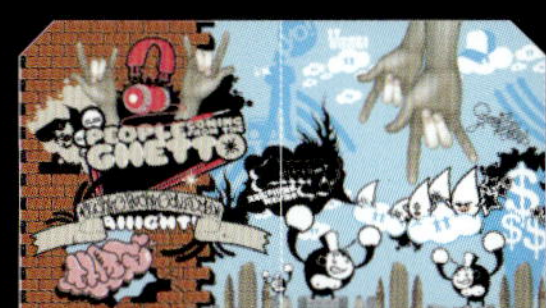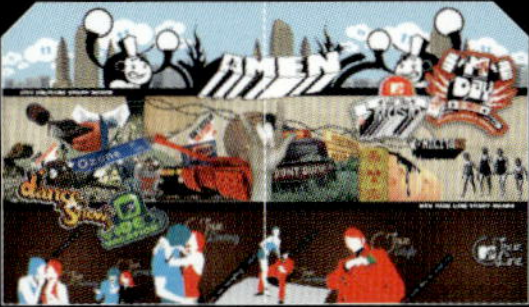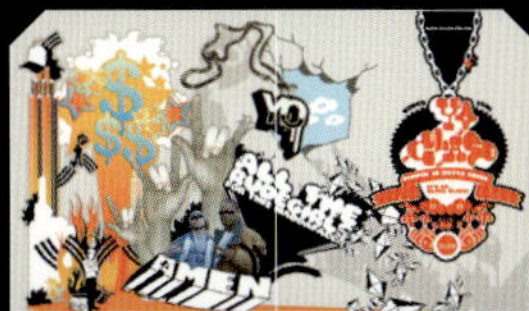

NAME: Fabio Berton
ART DIRECTOR: Fabio Berton

WEB: www.clasdesign.com
E-MAIL: info@clasdesign.com

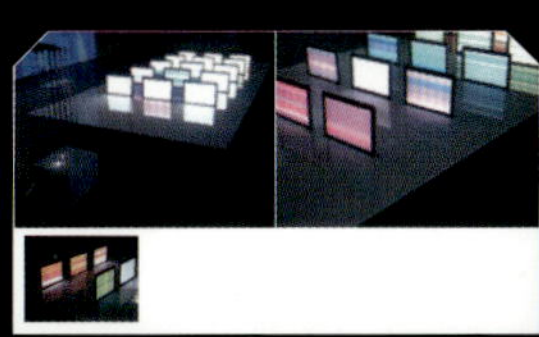

NAME: Limiteazero
ART DIRECTOR: Limiteazero

WEB: www.limiteazero.net
E-MAIL: info@limiteazero.net

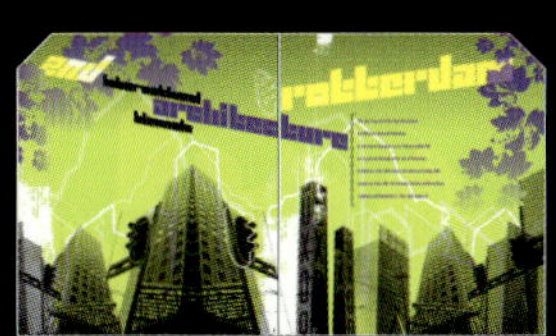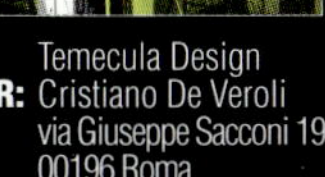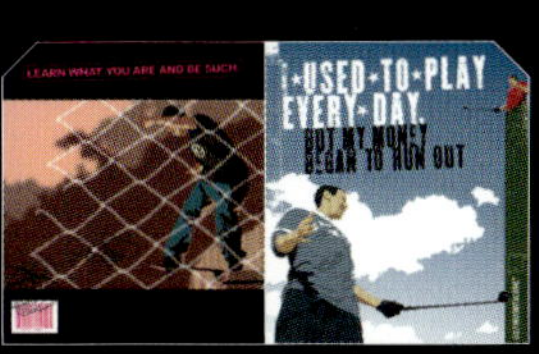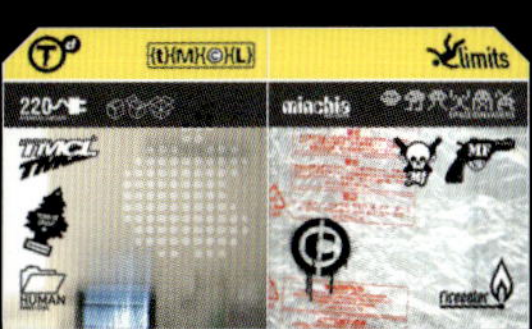

NAME: Temecula Design
ART DIRECTOR: Cristiano De Veroli
ADDRESS: via Giuseppe Sacconi 19
00196 Roma

WEB: www.temeculadesign.it
E-MAIL: info@temecula.it
c.deveroli@temecula.it

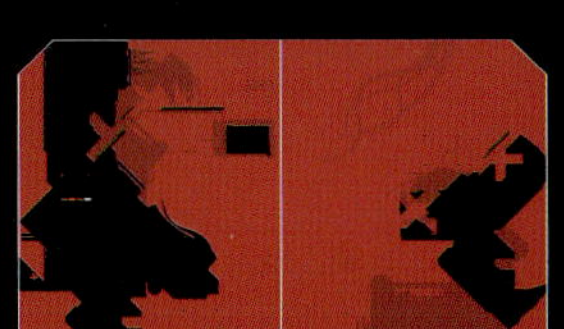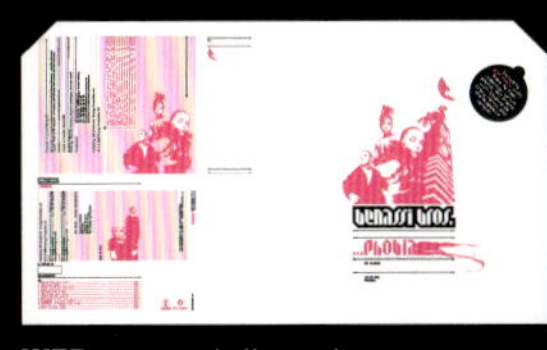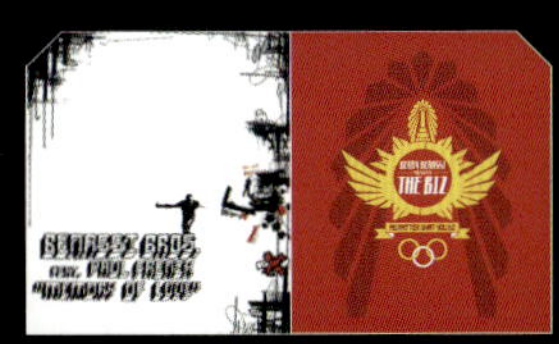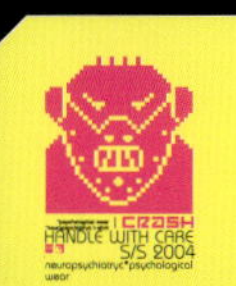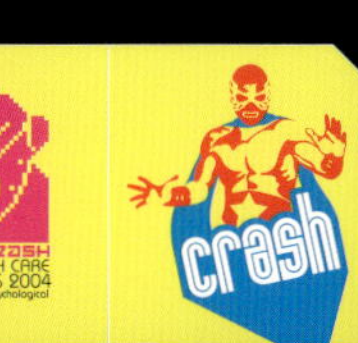

NAME: Kalimera
ART DIRECTOR: Kalimera
ADDRESS: via Tiarini, 7
42100 Reggio Emilia

WEB: www.kalimera.it
E-MAIL: staff@kalimera.it

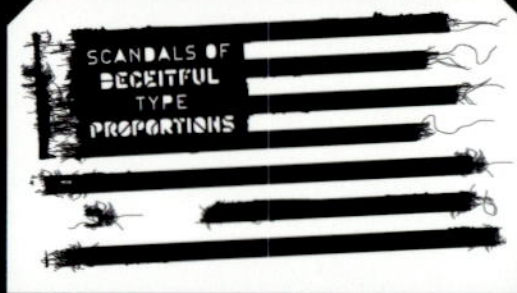
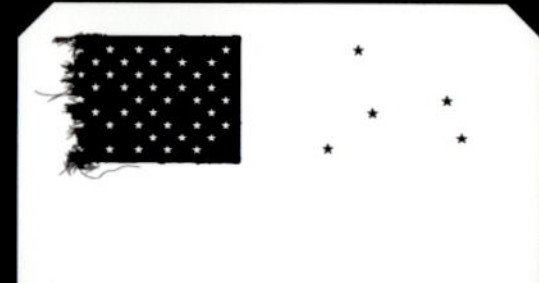

NAME: Roberto Bagatti
ART DIRECTOR: Roberto Bagatti

E-MAIL: rbagatti@yahoo.it

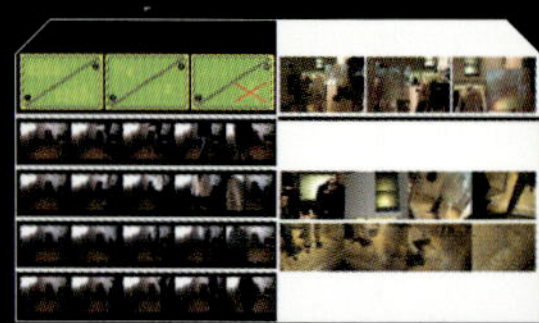

NAME: Matteo Guidi
ART DIRECTOR: Matteo Guidi
Samantha Turci
ADDRESS: via Massa, 1920
47020 Longiano
Forlì-Cesena

WEB: www.matteoguidi.it
E-MAIL: info@matteoguidi.it

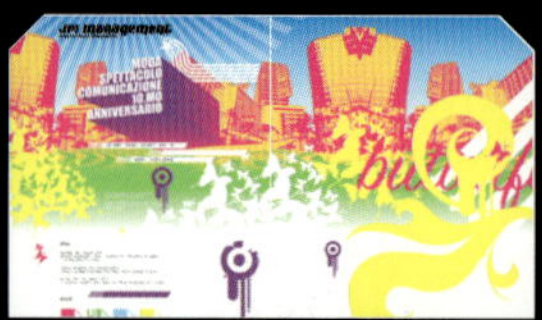
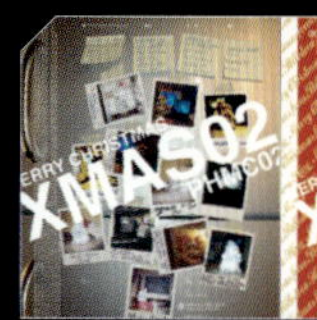
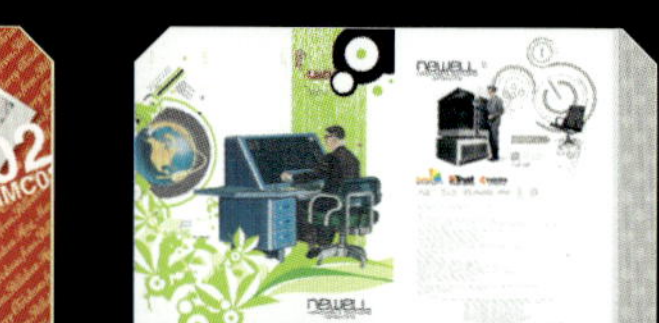

NAME: Aspirine
ART DIRECTOR: Gian Pietro Farinelli
ADDRESS: via Zucchini, 79
44100 Ferrara

WEB: www.aspirine.co.uk
E-MAIL: info@aspirine.co.uk

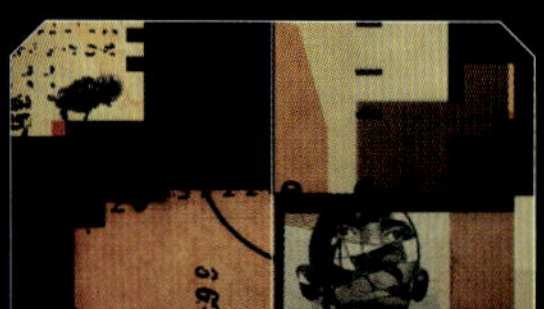
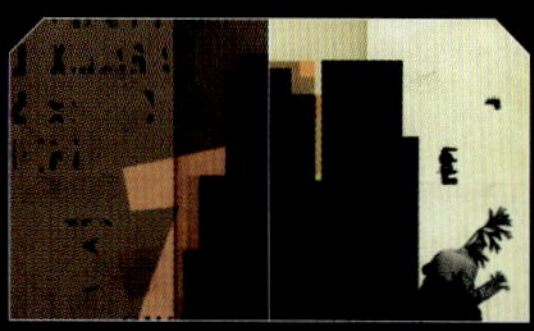

NAME: Air Studio
ART DIRECTOR: Giacomo Stazio Mojetta
ADDRESS: Via Teodosio 85
20131 Milano

WEB: www.spazio.org/airstudio
E-MAIL: info@spazio.org

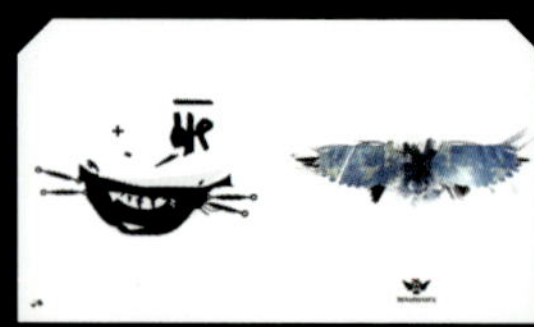
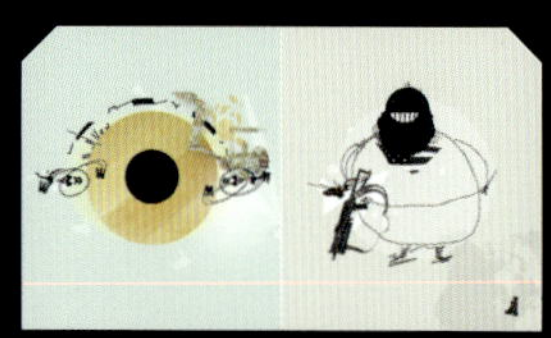
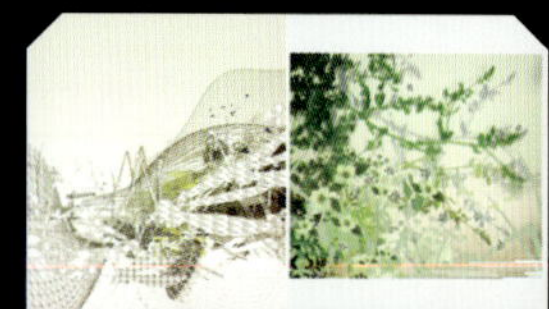

NAME: Ackurat
ART DIRECTOR: Marco Di Noia
ADDRESS: via Aleardi 10
20154 Milano

WEB: www.ackurat.net
E-MAIL: marco@ackurat.net

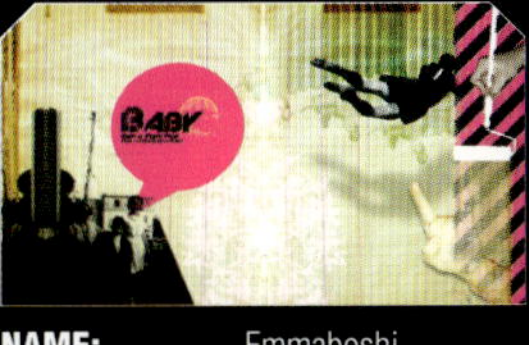 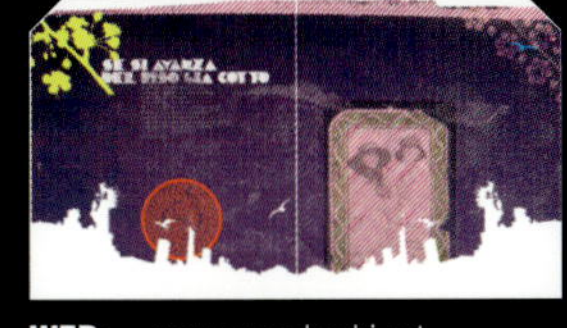 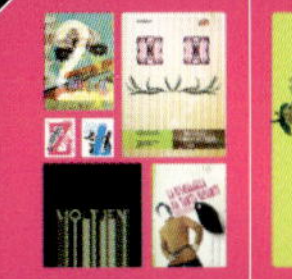 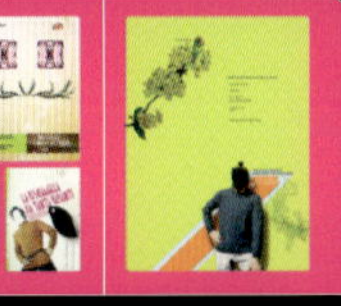

NAME: Emmaboshi
ART DIRECTOR: Emanuele Centola
ADDRESS: via Cattani 7
40026 Imola
Bologna

WEB: www.emmaboshi.net
E-MAIL: touch@emmaboshi.net

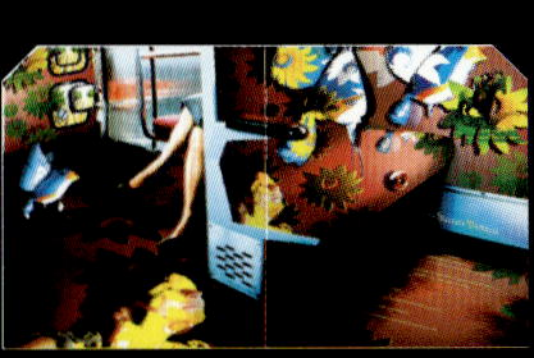 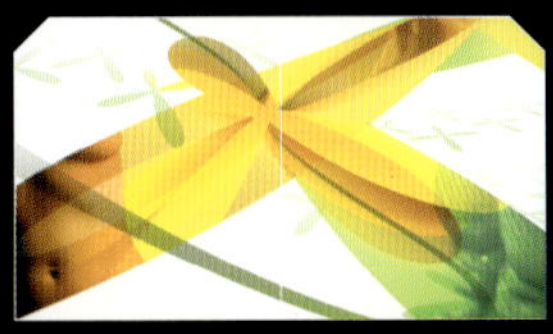 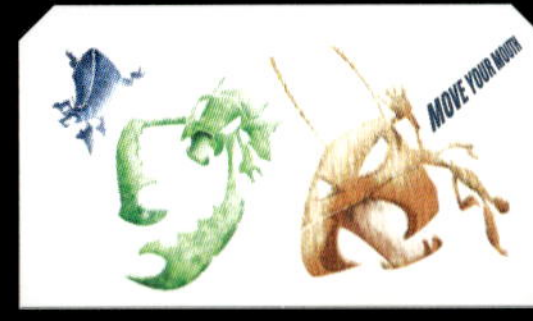

NAME: Matitegiovanotte
ADDRESS: via Schio 49
47100 Forlì

WEB: www.matitegiovanotte.com
E-MAIL: info@matitegiovanotte.com

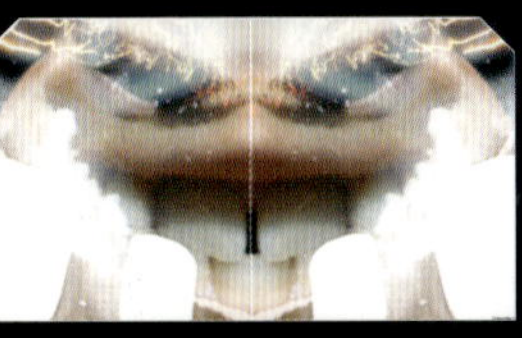

NAME: Claudio Sinatti
ART DIRECTOR: Claudio Sinatti
ADDRESS: via Ariosto 26
20145 Milano

WEB: www.claudiosinatti.com
E-MAIL: info@claudiosinatti.com

10 COSE DA FARE ASSOLUTAMENTE IN ITALIA (PRIMA DI MORIRE)
10 THINGS TO ABSOLUTELY DO IN ITALY (BEFORE DYING)

ACKURAT:
1. Mangiare una vera pizza
2. Attraversare le terre che dalla Puglia portano in Basilicata
   e poi la Toscana e la Sila.
3. Vedere ogni città d'arte e assaggiarne ogni piatto tipico.
4. Un bagno in un tratto di mare ancora pulito.
5. Una festa in parlamento.
6. Un'altra in Vaticano con un papa nero che balla.

1. Eat a real pizza.
2. Cross the lands that form Apulia lead to Basilicata,
   and then Tuscany and the Sila.
3. Visit every city of art and taste their local dish.
4. Bathe in a clear stretch of sea
5. Have a party in the Parliament.
6. And one in the Vatican, with a black pope dancing.

AIRSTUDIO:
1. Mangiare la torta al cioccolato della pasticceria
   "dolci tradizioni" di via Ampere a Milano
2. Fare il bagno all'isola dei Conigli (Lampedusa)
3. Visitare il cimitero monumentale di Milano
4. Mangiare la pizza a Napoli.
5. Bere una bottiglia intera di vino sassicaia
6. Sputare in testa ai turisti in cima alla torre di Pisa
   mentre contempli il murales di Keith Haring
7. Comprare un quadro di Giacomo Spazio
8. Invitare a suonare Fabio Bonelli
   "la musica della cucina" a casa vostra.

1. Eat the chocolate cake of the pastry shop
   "Dolci Tradizioni" in Ampere Street, Milan
2. Bathe in the sea around Conigli Island (Lampedusa)
3. Visit the monumental cemetery in Milan
4. Eat pizza in Naples
5. Drink a whole bottle of sassicaia wine
6. Spit on tourists' heads from the top of Pisa Tower
   while admiring Keith Haring's murals
7. Buy a painting by Giacomo Spazio
8. Invite Fabio Bonelli at your house
   and ask him to perform "Kitchen noises"

ASPIRINE:
Non bastano "10 cose da fare" prima di morire...
ma sicuramente mi farei una pizza in compagnia.

"10 things to do" before dying are not enough...
but for sure I'd have a pizza in good company.

DOKHAUS:
10 cose!?! direi che 5 sono più che abbastanza...
dire, fare, baciare, lettera e testamento

10 things!?! I daresay 5 are more than enough...
say, do, kiss, letter and will

EMMABOSHI:
1. Lasagne.
2. Aperitivo.
3. Walzer alla Festa de l'Unità (in provincia).
4. Girare in bicicletta (anche senza mani).
5. Cercare un treno in orario.
6. Caffé
7. Giocare a briscola (in canottiera).
8. Non guardare la televisione.
9. Andare a Napoli e farsi raccontare Maradona.
10. Andare a Bologna e farsi delle Tagliatelle.

1. Lasagna.
2. Appetizer.
3. A waltz at the "festa de l'Unità" (in a small town)
4. Ride the bicycle (also with one's hands off the handlebars)
5. Try to find a train that is on time
6. Coffee
7. Play briscola (in undershirt)
8. Do not watch TV
9. Go to Naples and hear about Maradona
10. Go to Bologna and eat tagliatelle

ERAMAXIMA:
Ripristinare la monarchia ed incoronare re d'italia vincent gallo...
Il resto venga da sé. Amen

Restore monarchy and crown Vincent Gallo king of Italy.
The rest will come by itself. Amen

FABRIZIO SCHIAVI:
1. Progettare e costruirmi una casa
2. Acquistare la terra dei vicini
3. Acquistarne ancora
4. Piantare tanti alberi
5. Avere figli
6. Acquistare un'auto a energia alternativa
7. Viaggiare su un jet privato come Renzo Piano
8. Fare un partito
9. Diventare primo ministro
10. Campare della pensione di primo ministro

1. Design and build my own house
2. Buy my neighbours' land
3. Buy more of it
4. Plant lots of trees.
5. Have babies
6. Buy a car powered by alternative energy
7. Travel on a private jet, like Renzo Piano
8. Found a political party
9. Become Prime Minister
10. Live on a Prime Minister's pension.

GIANNI ROSSI:
1. Innanzitutto toccarmi i "maroni" in osservanza
   delle vigenti norme sugli scongiuri.
2. Riscuotere tutti i crediti maturati, se non altro per principio.
3. Salire sulla torre di Pisa sperando di non cadere.
4. Scendere dalla torre di Pisa sperando di non cadere.
5. Buttare fuori dalla finestra tutti i televisori di cui sono in possesso
6. Disegnare uno slogan satirico su BBB (Bush, Blair, Berlusconi)
   e sperare che faccia il giro del mondo
7. Divulgare il dialetto romagnolo, in particolare le imprecazioni
8. Salvare tutti i files col nome.
9. Assicurarmi che siano giunti i 10 punti a Kalimera.
10. Predisporre la piantagione di un albero in ricordo di me.

1. First of all touch my balls according
   to the current regulations on touching wood
2. Recover all the accrued credits, as a matter of principle.
3. Walk to the top of Pisa tower and hope not to fall down.
4. Walk down Pisa tower and hope not to fall down.
5. Throw out of the window all my TV screens.
6. Draw a satiric slogan on BBB (Bush, Blair, Berlusconi)
   and hope that it will be known all over the world.
7. Publicize the dialect from Romagna, in particular the curses.
8. Save all of one's files with a name.
9. Make sure that Kalimera gets this list.
10. Arrange the plantation of a tree in memory of myself.

HAPPYCENTRO+SINTETIK:
1. Suonare di fronte a migliaia di persone indossando
   una tutina in spandex fucsia (in Italia)
2. Spostare la pietra che blocca l'uscita del mio sepolcro (in Italia)
3. Non ho piani per oggi pomeriggio (in Italia)
4. Prendere parte a un menàge a troi - Stefano neosposo - (in Italia)
5. Restaurarmi la casa e i denti (in Italia)
6. Viaggiare nel tempo (in Italia)
7. Far scoprire a più persone possibile il piacere
   di leggere un buon libro (in Italia)
8. Produrre un album di cover cantate da me
   disponibile solo su LP in vinile (in Italia)
9. Fare un lungometraggio di animazione
   realizzato interamente in XPress 4.0 (in Italia)
10. Far capire ai grafici veronesi che la domanda dice "in Italia"
    per evitare che aggiungano poi le parentesi.

1. Play in front of thousands of people wearing
   a skin-tight fuchsia overall made of spandex (in Italy)
2. Remove the stone that blocks the exit of my grave (in Italy)
3. I do not have any plans for this afternoon (in Italy)
4. Take part in a menage a troi - by just-married Stefano - (in Italy)
5. Do up my house and my teeth (in Italy)
6. Travel through time (in Italy)
7. Make as many people as possible enjoy the pleasure
   of reading a book (in Italy)
8. Sing an album of covers available only on vinyl LP (in Italy)
9. Realize a cartoon entirely with Xpress 4.0 (in Italy)
10. Make designers from Verona understand that the question
    says "in Italy" so to prevent them from adding the brackets.

KALIMERA:
1. Liberarla dagli italiani.
2. Far gestire le coste dagli svedesi, le ferrovie dagli svizzeri,
   le autostrade dai tedeschi, i campeggi dai francesi,
   il sesso dagli olandesi, le droghe dai giamaicani,
   le feste dagli americani.
3. Rivedere la faccia del presidente operaio
   alla fine di Milan-Liverpool (finale di Champions 2005).
4. Aprire un negozio di cavalletti in piazza Navona a Roma.
5. Giocare a calcetto in ufficio.
6. La bara.
7. Possibilmente far funzionare word in amministrazione.
8. Fare l'A1 in bicicletta col casco.
9. Mangiare un pandoro con lo zucchero a velo,
   ripieno di nutella, ricoperto di savoiardi bagnati nel caramello
   ... e non bere.
10. Guardare una faccia-a-faccia politico in TV
    (capirci qualcosa non è importante).

1. Free Italy from Italians.
2. Have our coasts run by the Swedes, railways run by the Swisses,
   motorways run by the Germans, camps by the French,
   sex by the Dutch, drugs by the Jamaicans, parties by the Americans.
3. Look again at the president's face at the end of Milan-Liverpool
   (Champions 2005 final match).
4. Set up an easel shop in Piazza Navona, in Rome.
5. Play five-a-side football in the office.
6. The coffin.
7. Have Microsoft Word fully operating in our accounts departement.
8. Ride a bike on A1 motorway with a helmet.
9. Eat a pandoro spread with confectioner's sugar, filled with nutella,
   covered with sponge fingers soaked in caramel... without drinking.
10. Watch a political confrontation on TV
    (never mind if you don't understand a thing)

MATITEGIOVANOTTE:
1. Riscoprire il valore della lentezza.
2. Farsi più coccole (sia subite che autogestite).
3. Battersi affinché tutti i lavoratori abbiano gli stessi diritti
   (e mi riferisco anche agli imprenditori onesti)
4. Investire più denaro nella ricerca.
5. Agevolare gli scambi culturali tra paesi lontani.
6. Regolamentare più equamente le gare d'appalto
7. Eliminare la TV spazzatura, incoraggiare la lettura.
8. Educare alla pace e alla convivenza.
9. Dichiarare anticostituzionale l'attuale Parlamento.
10. Fare il maggior numero di esperienze possibili (preferibilmente legali).

1. Rediscover the value of slowness
2. Cuddle ourselves more (and be cuddled more, as well!)
3. Fight for equal rights for all workers
   (and I include honest entrepreneurs, as well)
4. Invest more money in the research.
5. Facilitate cultural exchanges among distant countries.
6. Ensure fairer tenders.
7. Sweep off trashy TV, encourage reading.
8. Educate youth to peace and intercultural dialogue.
9. Declare the present Parliament unconstitutional.
10. Have the biggest possible number of (preferably legal) experiences

OTOLAB:
1. La rivoluzione (non violenta)
2. La liberalizzazione delle sostanze psichedeliche
3. L'abolizione del Vaticano
4. L'abolizione delle automobili
5. La chiusura delle scuole
6. La chiusura delle caserme e dell'esercito
7. La rivoluzione radicale della TV
8. L'abolizione dell'industria alimentare
9. L'eliminazione delle insegne pubblicitarie
10. Tutto il potere alla cassa

1. (Non violent) revolution
2. Liberalization of psychedelic drugs
3. Abolition of the Vatican
4. Abolition of cars
5. Closing down of schools
6. Closing down of barracks and of the army
7. A radical revolution of TV
8. Elimination of food industry
9. Elimination of advertising signboards
10. All the power to the bass-drum

CLAUDIO SINATTI:
Essere gentili con uno sconosciuto

Be friendly to a stranger

SHAMELESS:
Ovunque sei prendi una bici e pedala, tutto il resto viene da sé.

Wherever you are get on a bicycle and ride it,
all the rest will come by itself.

SHINDRA:
1. Fare snowboard sulle alpi
2. Giocare a pallone con la maglietta della nazionale
3. Pagare le tasse
4. Andare in sardegna
5. Accoppiarsi sulla spiaggia
6. Mangiare gli spaghetti
7. Imparare a suonare il mandolino
8. Fare finta di essere mafiosi
9. Andare da uno straniero e digli "la bombetta, l'ombrello,
   le piume da indiano o il cappello da cowboy dove sono?"
10. Imparare a contare

1. Go snowboarding in the Alps
2. Play soccer wearing the t-shirt of our national team
3. Pay taxes
4. Go to Sardinia
5. Make love on the beach
6. Eat spaghetti
7. Learn to play the mandolin
8. Pretend to be members of the Mafia
9. Stop a foreigner and ask him "Where is your bowler hat
   (or your umbrella, the Indian feathers, your cowboy hat)?"
10. Learn to count

TOKIDOKI/SIMONELEGNO:
1. Mangiare la porchetta ad Ariccia e bere il vino dei castelli romani
2. Visitare Venezia possibilmente con un compagno/compagna e bere uno Spritz
3. andare allo stadio a vedere una partita di calcio (possibilmente la AS Roma all'Olimpico)
4. Guardare una partita dei mondiali di calcio a casa di una famiglia italiana
   per vedere il comportamento e sentire le loro emozioni
5. Visitare il Salento e mangiare ricci e cozze sul mare
6. Girare Roma di notte con il motorino (possibilmente con turista giapponese seduta/o dietro)
7. Fare il "pasto del muratore" (birra Peroni e panino con la mortadella) davanti alla fonatana di Trevi.
8. Andare in un posto sulle Alpi, camminare fra i boschi e bere un paio di grappini prima di dormire.
9. Dormire sul fieno dopo una bella cena in qualsiasi localita' nella campagna Toscana.
10. Non dimenticare come prima cosa in qualsiasi città di munirsi di guida turistica
    e visitare le meraviglie che sono in ogni localita' italiana.

1. Eat porchetta at Ariccia and drink Roman Castels' vine.
2. Visit venezia possibly with a friend and drink a spritz.
3. Go to the stadium and watch a soccer match (preferably AS ROMA team at Olimpico Stadium)
4. Watch a soccer match of World Cup at the house of an Italian family
   to see the behaviour and feel their emotions
5. Visit Salento and eat sea urchins and mussels by the sea
6. Travel through Rome with a light motorcycle (possibly with a Japanese tourist on the back of it)
7. Eat the "bricklayer's lunch" (Peroni beer and sandwich with mortadella) in front of Trevi Fountain
8. Go to a place on the Alps, walk through the woods and drink grappa before going to sleep
9. Sleep on hay after a big dinner in a place in Tuscany country
10. Do not forget as first thing to do in every town to bring a turist guide
    and visit the wonders that are in every Italian town

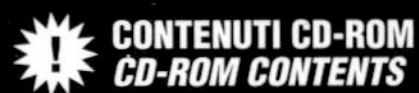

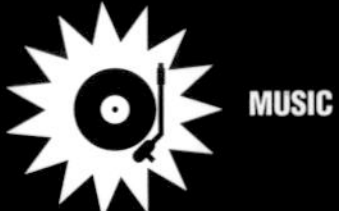

MUSIC

WALLPAPER

DESIGNER	AUTOR	TITLE	**
ACKURAT	ST.RIDE	TRACK 6	2:31
ACKURAT	ST.RIDE	TRACK 9	2:02
AIRSTUDIO	GIACOMO SPAZIO	A NU C AGE	6:55
BALENA CORPORATION	DIH	HAIL TO THE BOMB	6:01
BALENA CORPORATION	DIH	HERE TODAY	3:31
CANEFANTASMA	MARCO IACOBONI	VOGLIO	2:17
CANEFANTASMA	MARCO IACOBONI	MANIFEST(O)	2:51
CLAUDIO SINATTI	ANDREA GABRIELE	JUST...GO	1:26
CLAUDIO SINATTI	ANDREA GABRIELE	DESPERATE SUMMER	3:42
FABIO BERTON	STEFANO BREDA	CITY ROCKERZ	3:52
FABRIZIO SCHIAVI	FABRIZIO SCHIAVI	TIME-S	2:19
FEDERICO PEPE	FEDERICO PEPE	TWELVE INSTALLATIONS	11:30
GIANNI ROSSI	DUSTIN O'HALLORAN	TWIN STARS	5:28
GIANNI ROSSI	TIBERIO PEDRINI	OG	4:32
HAPPYCENTRO+SINTETIK	MÜRMÜR	BASS	2:56
HAPPYCENTRO+SINTETIK	MÜRMÜR	KAZOO	2:58
KALIMERA	FILIPPO QUAGLIA	ARREDO SONORO 1	2:33
KALIMERA	FILIPPO QUAGLIA	ARREDO SONORO 2	3:00
LORENZO BANAL	LORENZO BANAL	SHE	2:02
OTOLAB	DIES_	OUVERTURE	7:12
OTOLAB	MAIKKO	AFTERMATH	11:16
OTOLAB	MAIKKO	UNVOLUNTRYMANTRA	4:21
OTOLAB	MUD	ECSTATIC PLANES	8:36
OTOLAB	sn	01KW1 (4.53 MHZ)	9:34
SHAMELESS	S.MONIK	ALL THE LIES	3:29
SHAMELESS	S.MONIK	INFINITES CIRCLES	2:34
SHAMELESS	TUFUHOUSE	COLAZIONE	0:55
SHAMELESS	TUFUHOUSE	INTERSTIZIO	6:06
TOKIDOKI/SIMONELEGNO	EMANUELE TOMASI	EMOSPHERE	1:43
TOKIDOKI/SIMONELEGNO	EMANUELE TOMASI	SEGMENTS	1:53
TOKIDOKI/SIMONELEGNO	EMANUELE TOMASI	TOKIDOKI	2:04

WALLPAPER

- ACKURAT
- AIRSTUDIO
- BALENA CORPORATION
- CANEFANTASMA
- CLAUDIO SINATTI
- DOKHAÜS
- EMMABOSHI
- ERA MAXIMA
- FABRIZIO SCHIAVI
- LORENZO BANAL
- OTOLAB
- SHAMELESS
- TEMECULA